Persönlichkeitsbeurteilung

Persönlichkeitsbeurteilung

Zu Theorie und Praxis
des psychologischen Gutachtens

Eine Einführung

von

Hermann-Josef Fisseni

mit einem Vorwort von Prof. Dr. H. Thomae

2. Auflage

Hogrefe
Verlag für Psychologie
Göttingen · Toronto · Zürich

Druck- und Bindearbeiten: Allgäuer Zeitungsverlag GmbH,
8960 Kempten (Allgäu)
Printed in Germany
Auf säurefreiem Papier gedruckt
ISBN 3-8017-0184-0

Meiner Frau

Motto:

"Diagnostizieren lohnt sich gegenüber dem, was die Gesellschaft sonst macht" (Hörmann 1967, 126).

VORWORT

Dem Wunsch von Herrn PD Dr. Fisseni, für sein Buch über die "Persönlichkeitsbeurteilung" ein Vorwort zu schreiben, komme ich gern nach. Er hat bestimmte Grundsätze der psychologischen Begutachtung systematisiert und sie eingehend beschrieben und begründet. Dabei kam ihm seine langjährige Erfahrung in der Abfassung von Gutachten und in der Vermittlung der Gutachtentechnik bei der Ausbildung von Diplompsychologen an der Universität zustatten. Die Festlegung bestimmter Regeln bei der Ausarbeitung psychologischer Gutachten muß als Vorbedingung der weiteren Konsolidierung der Mitwirkung des Psychologen im forensischen Rechtswesen, in der Verwaltung und in der Wirtschaft angesehen werden. Die "Persönlichkeitsbeurteilung" von H.J. Fisseni leistet zu dieser Konsolidierung einen wichtigen Beitrag. Ich wünsche dem Buch daher den verdienten Erfolg.

Prof.Dr. H. Thomae

INHALTSVERZEICHNIS

EINFÜHRUNG

Ein Klavierlehrer, der einem Arthur Rubinstein Ratschläge erteilen wollte, gäbe sich der Lächerlichkeit preis. Ein Klavierlehrer, der seine Schüler daran erinnert, daß auch ein Arthur Rubinstein mit Fingerübungen begonnen hat, darf mit Kopfnicken und Zustimmung rechnen.

Als Fingerübung für Anfänger, als Anleitung zu ersten Schritten der Persönlichkeitsbeurteilung wurde diese Studie entworfen. Wer das siebenundsechszigste Gutachten entworfen und vertreten hat, gehört nicht zu der Gruppe, an die als Leser gedacht war, - es sei denn, der Eingeweihte und Kundige wolle sich seiner eigenen Etüden erinnern.

Als Leser kommen in Betracht Interessenten, die sich mit psychologischer Persönlichkeitsbeurteilung vertraut machen wollen: Studenten der Psychologie, der Pädagogik, Anwärter für das Lehramt. Vorausgesetzt wird, daß sie über die Kenntnis psychodiagnostischer Verfahren verfügen, also eingeführt sind in die Handhabung von Tests, Fragebögen, explorativen Methoden - von projektiven Verfahren soweit, daß man sie einordnen kann.

Was die Studie nicht voraussetzt, aber auch nicht vermittelt, ist die Vertrautheit mit einem Kanon juristischer Vorschriften oder praktisch-pragmatischer Regelungen, die bei der konkreten Gutachtertätigkeit zu beachten sind: dieses Gebiet wird nur gestreift.

Die Studie beschränkt sich darauf, in die Abfassung gutachterlicher Texte einzuführen, also die Voraussetzung zu schaffen, von der her eine konkrete Gutachtertätigkeit sich überhaupt erst rechtfertigt.

Die Beispiele beruhen auf echten Fällen. Aus Gründen des Datenschutzes wurde aber kein Originaltext aufgenommen, aus Gründen der Lebensnähe jedoch kein Gutachten erfunden. Namen, Daten, Orte, Untersuchungstermine wurden so weitgehend verändert, daß eine Identifizierung des Originals ausgeschlossen sein dürfte.

Es wurde Wert darauf gelegt, nicht nur Beispiele zu bringen, die aus der Feder des Autors stammen, sondern von anderen Kollegen Texte zu übernehmen.

Der Problematik einer Gutachtenerstellung bin ich mir wohl

bewußt. Die Kontroverse, die geführt wird über Zustand und Möglichkeit psychologischer Diagnostik - (Diagnostik nur als Sammlung "perfektionierter Bauernregeln", Kaminski 1967, 112) - bezieht jeden Versuch einer "Persönlichkeitsbeurteilung" mit ein. Das Motto der Studie, ein Zitat von Hörmann (1967, 126), nennt die Rechtfertigung: Konkrete Diagnostik erscheint fragwürdig, wenn man sie vergleicht mit einer idealen Theorie, die einmal erstellt werden sollte (Herrmann 1967, 124). Aber - "Diagnostizieren lohnt sich gegenüber dem, was die Gesellschaft sonst macht".

Das Motto läßt eine Problematik anklingen, die speziell das Gutachten betrifft: Ein Gutachten ist handlungsorientiert, es soll eine Intervention vorschlagen, die jemandem zuliebe oder zuleide geschieht. Ein Gutachten steht nie in einem neutralen Kontext. Unter Titeln wie Sachlichkeit (unparteiisches Verhalten), Respekt, Verantwortung ist der Gutachter auf dieses Problemfeld bezogen.

Wenn also die Regeln einer Persönlichkeitsbeurteilung eine 'neutrale Diktion' nahelegen, so bezeichnet der Ratschlag keine Indifferenz gegenüber dem Schicksal des Beurteilten. Gedacht ist an etwas anderes. 'Neutrale Diktion' ist Gegenstand einer Forderung, die besagt: der urteilende Psychologe solle Sprachwendungen vermeiden, die ungeprüfte Vorannahmen enthalten (vorweggenommene Herabsetzungen oder gar Verurteilungen), er müsse vielmehr nach Formulierungen suchen, die - wenn nicht frei, so doch - weniger befrachtet sind von unkontrollierten Zuordnungen.

Die Studie gliedert sich in zwei Teile, die komplementär konzipiert sind. Teil I ist als theoretischer Beitrag zur Persönlichkeitsbeurteilung gedacht, Teil II soll anhand von Beispielen einführen in eine bestimmte Gutachtenform, - die ihrerseits (nur) ein Grundmuster repräsentiert, das die Abfolge der Erkenntnisschritte klar sehen läßt.

Während meiner Arbeit an der Studie bin ich eine Dankesschuld bei allen eingegangen, die mir auf unterschiedliche Art geholfen haben.

Mein Dank gilt an erster Stelle meinem Lehrer, Professor Dr. Dr. Hans Thomae, der meine Neugier für Persönlichkeitsbeurteilung geweckt und mich zu gemeinsamer Begutachtung eingeladen hat.

Mein Dank richtet sich sodann an meinen Kollegen, Dr. F.J.

Mathey, für die Zusammenarbeit bei der Erstellung von Gutachten und für lange Stunden der Diskussion über konkrete und prinzipielle Probleme einer Persönlichkeitsbeurteilung.

Meiner Kollegin, Frau Dr. Annette Kipnowski, danke ich sehr herzlich für ihre Bereitschaft, Kapitel um Kapitel 'gegenzulesen', ungenaue Darstellungen zu kritisieren und genauere Fassungen vorzuschlagen.

Es bedeutete eine große Erleichterung für mich, die Manuskriptteile jeweils Frau Diplompsychologin Rita Thomas anzuvertrauen, in dem Wissen, rasch eine Stellungnahme und eine Reinschrift in Händen zu halten.

Vor allem möchte ich mich bei meiner Frau bedanken: Bis tief in die Nacht hat sie neue Fassungen mit mir besprochen und angefertigt, endlose Diskussionen hat sie durchgestanden. Ohne ihre Geduld und Ermunterung wäre die Studie nicht abgeschlossen worden.

Hermann-Josef Fisseni

TEIL I

ZUR THEORETISCHEN EINBETTUNG DER PERSÖNLICHKEITSBEURTEILUNG

Das Wort Gutachten bezeichnet verschiedenartige Texte. Ein Teil von ihnen bildet den Gegenstand dieser Studie. Gutachten heißt zum Beispiel die Stellungnahme zu einem wissenschaftlichen Projekt, das bei der Deutschen Forschungsgemeinschaft beantragt wird. Gutachten heißt ebenso das Urteil eines Sachverständigen über einen Gegenstand des täglichen Gebrauchs. Von solchen Gutachten wird hier nicht die Rede sein.

Die psychologischen Gutachten, mit denen sich die Studie befaßt, liegen weder allein im Bereich wissenschaftlicher Prinzipien noch allein im Umfeld praktischer Fragen; aber sie sind von beiden, von Wissenschaft und Praxis, bestimmt und geprägt. Diese Zuordnung ist jedoch nicht klar genug, um eine einheitliche Leitidee sichtbar zu machen. In vier Kapiteln soll Teil I zu einer Verdeutlichung beitragen:

Zuerst wird an Gutachten-Beispielen eine Gutachten-Umschreibung erarbeitet (1.0). Dann wird die Rolle des Gutachters erläutert (2.0). Im Anschluß daran werden aus der Literatur Ratschläge zum gutachterlichen Urteilsprozeß referiert (3.0). Schließlich wird die Fragestellung erweitert: es wird der Zusammenhang zwischen Persönlichkeitsbeurteilung und Persönlichkeitspsychologie besprochen (4.0).

In diesem Rahmen stellen sich weitere Fragen: Gutachten und Persönlichkeitsmerkmale, Gutachten und psychodiagnostisches Instrumentar, Gutachten und sprachlicher Stil. Um jedoch den Umfang des Buches zu begrenzen, bleiben diese Fragen ausgespart.

1.0 DAS GUTACHTEN: EINE UMSCHREIBUNG

Wer eine Vielzahl psychologischer Gutachten mustert, entdeckt einen großen Anteil an Gemeinsamkeit, aber auch eine erhebliche Variationsbreite, ja Gegensätzlichkeit an Darstellungsformen. Gleichartigkeit und Vielförmigkeit seien zuerst an drei Beispielen veranschaulicht, dann anhand von Literatur über Gutachten diskutiert.

Drei Gutachtenbeispiele

Die drei Beispiele sind Ausschnitte aus echten Gutachten. Doch wurde der Wortlaut so verändert, daß die Anonymität von Autor und Proband geschützt blieb. Das erste betrifft einen Therapieklienten, das zweite einen Kraftfahrer, das dritte einen des Totschlags angeklagten Mann.

Als erstes Beispiel wird ein Gutachten angeführt, das ein Psychoanalytiker verfaßt hat; es ist für einen Psychiater bestimmt, der mitentscheiden soll, ob der Bewerber einer Therapie gewachsen sei. Was folgt, ist ein kurzer Ausschnitt.

Erstes Gutachtenbeispiel: Therapieklient

"Der Klient machte auf mich einen sehr ruhigen und gediegenen Eindruck. Ich muß sagen, daß ich ihn sehr sympathisch fand. Nachdem er sich gesetzt hatte und auf meine Frage hin, was ihn zu uns führe, zu erzählen begann, fiel mir seine umständliche, haftende Art auf, und ich stellte fest, daß ich immer wieder auf die Uhr schaute.

Das Gespräch war sehr quälend, weil der Klient zwar immer wieder erwähnte, daß er auf sein Hauptproblem komme, aber sich auch immer wieder in Details verlor. Erst gegen Ende, als ich klare Anstalten machte, das Gespräch zu beenden, kam der Klient darauf zu sprechen, was ihn am meisten beschäftigt, nämlich seine sexuellen Phantasien, die Genitalien von zehn- oder zwölfjährigen Mädchen zu sehen, und seine als schuldhaft erlebte Zugehörigkeit zum FKK. Der Anblick kleiner nackter Mädchen versetze ihn in Erregung. Mir wurde deutlich, wie der Klient im FKK die Möglichkeit hat, seine voyeuristischen und exhibitionistischen Tendenzen auszuleben.

Es handelt sich um einen Klienten mit einer Zwangsstruktur, der unbewußte homosexuelle Gefühle abwehren muß. Sicherlich ist er überdurchschnittlich intelligent, doch ist seine Intelligenz durch Konfliktabwehr in ihrer Funktionstüchtigkeit erheblich behindert. Darum weiß ich nicht, ob er in der Lage ist, Einblick in seine Konflikte zu gewinnen.

Was die Motivation angeht, so wäre er, da er von sich aus gekommen ist, zu einer Therapie sicher bereit. Ich habe ihm vorgeschlagen, an einer ärztlichen Untersuchung teilzunehmen, um so einen klareren Einblick in seine Konflikte zu finden. Das Ergebnis könnte vielleicht auch die Entscheidung erleichtern, ob wir dem Klienten eine volle Therapie oder nur einige Beratungsstunden empfehlen."

Das zweite Gutachten stammt von einem Diplompsychologen, der in T. arbeitet. Wieder ist der Text nur ein Auszug.

Zweites Gutachtenbeispiel: Kraftfahrer

"Herr X. ist wegen mehrerer Alkoholdelikte im Straßenverkehr auffällig geworden, zuletzt 1971, als ihm wegen Trunkenheit am Steuer der Führerschein zum dritten Male entzogen wurde. Vor einer Wiedererteilung der Fahrerlaubnis veranlaßte die zuständige Behörde eine medizinisch-psychologische Untersuchung. Sie fand im hiesigen Institut am 12. April 1974 statt.

Die Ergebnisse der funktionspsychologischen Untersuchung lassen im großen und ganzen in den für die Verkehrsteilnahme bedeutsamen Leistungsbereichen ausreichende Leistungsmöglichkeiten erkennen.

Konstanz und Zuverlässigkeit der Leistungsbemühung sowie die Verhaltenskontrolle und -steuerung während der Untersuchung zeigten zwar gewisse Schwankungen, die jedoch nicht als grob auffällig zu bezeichnen sind und daher keine eindeutig negativen Schlüsse hinsichtlich der Fahreignung zulassen. Im Bereich des Konzentrationsverhaltens arbeitete der Proband etwas zu rasch und überhastet, sodaß er hinsichtlich der Fehlerleistung nur knapp ausreichende Resultate erzielen konnte.

Seine allgemeinen Intelligenzleistungen genügen den zu stellenden Anforderungen, es kann davon ausgegangen werden, daß der Proband hinreichend in der Lage ist, auch wechselnden Verkehrssituationen zu begegnen.

Die Untersuchung zentrierte sich im Sinne der Fragestellung auf die Persönlichkeitsbeurteilung des Probanden, da im Hinblick auf seine Verkehrsauffälligkeiten weniger Leistungsmängel und / oder Leistungsbeeinträchtigungen vorzuliegen schienen.

Die Ergebnisse der persönlichkeitsspezifischen Untersuchungen ließen in mehreren Bereichen deutliche Einschränkungen erkennen. Recht auffällig waren die Einschränkungen der kritischen Funktionen. Herr X. neigt zum Bagatellisieren und Beschönigen seines bisher gezeigten Fehlverhaltens und läßt tiefergehende oder verhaltenswirksame Einsicht vermissen.

Er neigt zu objektkritischer Verarbeitung des eigenen Fehlverhaltens, was sich besonders darin ausdrückt, daß immer wieder äußere Umstände erschwerend oder zum Teil als unfallverursachend angegeben wurden. Da die eigentlichen Bedingungen und Umstände seines bisherigen Fehlverhaltens bei ihm wenig kognitiv repräsentiert sind, kann aus dem Erfahrungsbereich des Probanden kaum eine positive Erfahrungsbildung erwartet werden.

Da sich im vorliegenden Falle im Vergleich zu Vorgutachten keine Befundänderungen ergeben haben, legen die hier erhobenen Daten in bezug auf die Beantwortung der Frage nach der Wahrscheinlichkeit eines erneuten Rückfalles zum Führen von Kraftfahrzeugen unter Alkoholeinfluß eine ungünstige Prognose nahe, so daß vom Standpunkt verkehrspsychologischer Eignungsbegutachtung von der Teilnahme am motorisierten Straßenverkehr im vorliegenden Falle dringend abgeraten werden muß."

Das dritte Gutachten, erstellt von einem frei praktizierenden Psychologen in B., ist für ein Gericht bestimmt. Herr W. ist angeklagt wegen Tötung seiner Bekannten. Der Gutachter soll Stellung nehmen zur "Schuldfähigkeit" von Herrn W. gemäß § 20 und 21 StGBnF (§20: "Schuldunfähigkeit wegen seelischer Störungen", § 21: "Verminderte Schuldfähigkeit"). Es folgt ein Auszug:

<u>Drittes Gutachtenbeispiel:</u> Des Totschlags Angeklagter

"Herr W. wurde am 13.2.1975 von mir untersucht. Ich

verwandte folgende Verfahren: Exploration, Tests, TAT, Rorschach 1) ...

Aus der psychologischen Untersuchung geht hervor: Bei Herrn W. hat sich in der Zeit vor der Tat infolge Dauerkränkung, die er von seiner Freundin erlitt, eine chronische Affektspannung aufgebaut. Sein Selbstwertgefühl war tief verletzt. Daraus entwickelte sich ein Bestreben nach aggressiver Entladung: ein Verlangen, auch die Freundin zu verletzen. Es kam zur Tat, als sich diese Antriebe bis zu einem Maximum gesteigert hatten.

Psychodiagnostisch ließen sich bei Herrn W. folgende Wesenszüge erkennen: labile, egozentrische, unreife Affektivität, neurotische Mechanismen, hysterieformes Naturell. Diese Persönlichkeitseigenschaften begünstigten einen protrahierten, lange sich hinziehenden Affektstau, bei dem sich Demütigungs- und Kränkungserlebnisse überlagerten, bis sie zur Tat führten."

(Nach weiteren Abschnitten folgt im Original eine Diskussion der Kriterien für Zurechnungsfähigkeit. In der Stellungnahme wird die "Schuldfähigkeit" als "vermindert" beurteilt im Sinne des § 21 StGBnF.)

Gemeinsamkeit und Verschiedenheit in den drei Beispielen

Bei der Kürze der Ausschnitte verbietet es sich, die Gutachten nach ihrer Qualität in eine Rangreihe zu bringen. Doch lassen sich ohne Wertung, rein beschreibend, Gleichheit und Verschiedenheit herausstellen. Zunächst sei auf Unterschiede hingewiesen:

- Die Gutachten haben verschiedenartige Adressaten. Das erste (Therapiefrage) wendet sich an einen Psychiater, das zweite (Fahrtauglichkeit) an eine Verwaltungsbehörde, das dritte (Tötungsfall) an ein Schwurgericht.

---

1) TAT: Thematischer Apprezeptionstest. Autor: H.A. Murray. Cambridge, Mass.: Harvard Univ. Press, 1943
Rorschach: Formdeuteverfahren nach H. Rorschach. Vgl. Rorschach, H.: Psychodiagnostik, Bern: Huber, 1962, 8. Auflage.

- Verschieden ist auch das Untersuchungsinstrumentar. Der erste Gutachter sucht seine Information durch Empathie zu gewinnen, durch einen Prozeß intersubjektiven Verstehens und Deutens. Der zweite und dritte verwenden Exploration und psychometrische Verfahren, der dritte darüberhinaus projektive Instrumente (TAT und Rorschach).

- Die Diktion des ersten Gutachtens bleibt der Alltagssprache am nächsten, die des dritten nähert sich am weitesten einer Fachterminologie, fast einem Fachdialekt ("protrahierter Affektstau", "aggressive Entladung"), die des zweiten Gutachtens verwendet zwar normierte Begriffe ("funktionspsychologische Untersuchung", "Konzentrationsverhalten"), nähert sich einer Fachsprache aber nicht in dem Grade wie das dritte.

- Verschieden sind die Beschreibungsdimensionen. Im ersten Gutachten werden Eindrucksqualitäten wiedergegeben (der Proband macht einen "ruhigen und gediegenen Eindruck", er hat eine "umständliche, haftende Art des Redens"). Das zweite Gutachten bringt Aussagen, die vom beobachteten Verhalten zwar weit abstrahieren, aber immer noch auf konkretes Verhalten rückführbar sind (der Proband neigt zu "objektkritischer Verarbeitung", das heißt, dazu, äußere Umstände für sein Fehlverhalten verantwortlich zu machen). Das dritte verwendet Bezeichnungen, die von beobachtbaren Verhaltensweisen am weitesten absehen ("chronische Affektspannung", "hysterieformes Naturell").

- Die Art, wie der Untersucher sich einschaltet, wechselt erheblich. Der erste Gutachter führt sich als Betroffenen ein, der den Probanden als Gegenüber erlebt und dieses Erleben zur Beschreibung einsetzt. Der zweite spricht in der Rolle eines scharfsichtigen Sachverständigen, der objektiv gefundene Ergebnisse kommentiert. Der dritte gibt Auskunft als Kenner, der die Probleme des Probanden klar durchschaut hat.

Bei allen Unterschieden zwischen den drei Gutachten sind die Gemeinsamkeiten nicht zu übersehen:

- In allen drei Fällen ist der Fragesteller genau angebbar (Klient, Kraftfahrer, Gericht).

- In allen drei Fällen ist der Adressat eindeutig benennbar (Fachkollege, Behörde, Gericht).

- Jedesmal geht es um Probleme innerhalb einer persönlichen Biographie (sexuelle Wünsche, die als abnorm erlebt werden; Wiedererlangung des Führerscheins; Schuldfähigkeit). Es geht um existentielle Fragen, nicht um Probleme rein wissenschaftlicher Natur.

- Der Autor wird als Sachverständiger anerkannt und nimmt eine solche Rolle auch in Anspruch.

- In allen drei Gutachten verwendet der Sachverständige Untersuchungsverfahren, die er innerhalb seiner Disziplin als wissenschaftlich betrachtet.

- Er versteht sein Urteil als Schlußfolgerung aus den Untersuchungsergebnissen.

- Jedes Gutachten endet mit einer Stellungnahme zu der aufgeworfenen Frage.

Ein Definitionsvorschlag

Ähnliche Unterschiede und Gemeinsamkeiten, wie sie in den drei Beispielen auftauchten, finden sich auch in der Literatur über Gutachten, beispielsweise in Nachanalysen von Brandner (1972), Osswald (1976), Madeja (1976), Diesinger (1976), Langwieler (1977), Pfäfflin (1978).

Was die **Divergenzen** betrifft, so faßt Diesinger (1976, 93) nach einem Vergleich von 240 Fällen ihr Urteil in den Sätzen zusammen: Die Gutachten sind "heterogen aufgebaut sowohl hinsichtlich der Form als auch des Inhalts. Vom Umfang her variieren sie zwischen wenigen Seiten, auf denen nur das Notwendigste gerafft dargestellt wird, bis hin zu über hundert Seiten langen Ausarbeitungen mit mehrfachen Wiederholungen teils für die Begutachtung völlig irrelevanter Details."

In ähnlichem Sinne spricht sich Pfäfflin (1978) aus, nachdem er 208 Gutachten über Sexualstraftäter analysiert hat: In Umfang und Sprachstil, in Informationsmenge und Argumentationsweise zeigte sich eine derartige Variationsbreite, daß ein Vergleich nur möglich wurde, weil die Kategorien dafür sehr global gefaßt waren.

Was die **Gemeinsamkeiten** angeht, die gleichwohl zwischen den vielfältigen Erscheinungsformen von Gutachten anzutreffen sind, so lassen sie sich sehr klar anhand einiger Definitionen herausstellen.

Heiß bestimmt das Konzept des Gutachtens wie folgt: "Unter einem Gutachten verstehen wir die aufgrund unserer Untersuchungen gegebene zusammenfassende Darstellung" (1964, 975). Demnach müssen zwei Voraussetzungen erfüllt sein, damit eine 'Darstellung' als Gutachten gelten könne: Erstens, es gehen 'Untersuchungen' voraus, mit wissenschaftlichen psychodiagnostischen Verfahren als Basis eines Urteilsprozesses. Zweitens, die 'Darstellung' bleibt nicht dabei stehen, Ergebnisse aufzuzählen, sondern setzt die Resultate in Beziehung zueinander, - 'faßt sie zusammen'.

Als eine Differenzierung dieser Definition läßt sich die Umschreibung von Dietrich und Walter betrachten: "Ein psychologisches Gutachten faßt die aufgrund von Testabnahme, Verhaltensbeobachtung und Gespräch gewonnenen Befunde zusammen und interpretiert diese im Sinne der Ausgangsfragestellung" (1970, 125). Was Heiß global 'Untersuchungen' nennt, zerlegt diese Bestimmung in 'Testabnahme, Verhaltensbeobachtung und Gespräch'; das Moment der 'Zusammenfassung' erweitert sie um das der 'Interpretation' aus der Perspektive der 'Ausgangsfrage'. Somit ist ein Gutachten zu verstehen als eine Antwort auf eine Frage, - wobei die Frage eine Leitfunktion ausübt bei Formulierung der Antwort, die ihrerseits eine 'Interpretation' ist. (Ähnlich argumentiert auch Heiß im Kontext der angeführten Definition: 1964, 976, 986).

In eine neue Richtung erweitert Dorsch die Umschreibung, indem er das Gutachten ein Urteil nennt, das ein psychologischer Fachmann abgibt, - vielleicht kommt in dieser Festlegung das Gegenüber von Fachmann und Laien in den Blick. Ein Gutachten, heißt es, ist "ein auf Gründe gestütztes fachmännisches Urteil und die Darstellung eines Untersuchungsbefundes (Diagnose)" (1964, 145). Wenn die Darstellung der Untersuchungsbefunde nur als 'Diagnose' interpretiert wird, dürfte die Grenze zu eng gezogen sein. In Befunden können, wie die Gutachten-Beispiele belegen, Bezüge zu zukünftigem Verhalten erkennbar werden, und damit die Möglichkeit einer 'Prognose'

Was bei Dorsch höchstens anklingt (Gutachten als Gespräch zwischen Fachmann und Laien), wird von Thomae thematisiert "Jedes Gutachten ... ist ... ein Versuch der Kommunikation zwischen Denkweise, Erkenntniswelt und Terminologie einer bestimmten Wissenschaft und der Öffentlichkeit ..." (1967, 745).

Diese Definition ordnet das Gutachten in einen wissenschaftstheoretischen Rahmen. Wissenschaft geht nicht darin auf, zur Bewältigung konkreter Lebensfragen beizutragen. Eine ihrer Aufgaben wird hier aber darin gesehen, daß sie Kenntnisse und Technologien, methodisch regulierte Systeme der Überprüfung von Erfahrung bereitstellt, um außerwissenschaftliche Probleme, auch praktische Lebensfragen, lösen zu helfen. Eingeschlossen in diese Bestimmung ist eine anthropologische Zuordnung: Jemand, der mehr weiß, stellt sein Wissen dem zur Verfügung, der weniger weiß. - Colloquium zwischen Laien und psychologischem Fachmann: damit ist ein entscheidendes Kriterium für das Gutachten genannt, wie es in dieser Studie verstanden wird.

Eine Gutachten-Umschreibung

Für die Vielfalt an Vorgehens- und Darstellungsweisen, die unter dem Titel von 'Gutachten' anzutreffen sind, können die drei Beispiele am Kapitelbeginn nicht repräsentativ sein. Repräsentativ sind auch die zitierten Definitionen nicht. Ausgesucht wurden sie mit dem Ziel, Charakteristika zu erarbeiten. Als charakteristisch für das psychologische Gutachten wird hier betrachtet:

- erstens, daß eine Frage aufgeworfen wird, die sich 'aus dem Leben' ergibt (nicht aus rein wissenschaftlicher Auseinandersetzung);
- zweitens, daß die Frage einem Psychologen vorgelegt wird, weil er als kompetent dafür gilt;
- drittens, daß der Fachmann seine Untersuchung führt mit einem Instrumentar, das wissenschaftlich anerkannt ist;
- und viertens, daß er die Frage in einer Form beantwortet, die dem Laien als Fragesteller den Urteilsgang verständlich macht.

Kürzelartig läßt sich das Gutachten, wie es hier verstanden wird, umschreiben als eine explizite psychologische Antwort auf eine explizit gestellte Lebensfrage. Doch erhält ein solches Kürzel seine Eindeutigkeit nur aus dem Kontext, dem es zugehört.

Streng genommen heißt Gutachten nur die sprachliche Endgestalt von Anfrage und Antwort, bezeichnet also ein Resultat. Es liegt aber nahe, auch von der Begutachtung zu sprechen, also dem Urteilsprozeß, der zu dem Resultat führt.

Arten von Gutachten

Urteilsprozeß und Urteilsresultat bestimmen sich in weitem Maße an dem Zweck, dem ein Gutachten dient. Nach diesem Zweck unterscheidet Heiß, auf einer sehr abstrakten Ebene, drei Arten (1964, 976): (a) Darstellendes Gutachten (in dem "nur eine Schilderung der Person" vorgelegt wird), (b) Urteilendes Gutachten (in dem "ausdrücklich eine Entscheidung gefordert") und (c) Beratendes Gutachten (in dem "eine Hilfe" bei einer Entscheidung angeboten wird).

Auf einer konkreteren Ebene lassen sich andere Unterscheidungen treffen: (a) nach dem Darstellungsmedium, etwa die zwischen mündlichen und schriftlichen Gutachten, (b) nach dem Arbeitsfeld, etwa die zwischen forensischem, pädagogischem, arbeitsrechtlichem oder klinischem Gutachten.

Den verschiedenen Arten sei nicht weiter nachgegangen, sie seien hier als unterschiedliche Repräsentanten desselben Grundgedankens betrachtet, - die sich allerdings in einem Maße verselbständigen können, daß sie einander kaum noch gleichen.

Zusammenfassung

An drei praktischen Beispielen und an einigen theoretischen Überlegungen wurde für das psychologische Gutachten, wie es in dieser Studie verstanden wird, ein Konzept entwickelt. Vier Merkmale wurden als charakteristisch betrachtet: Im Gutachten geht es um eine 'Lebensfrage' (nicht um ein rein wissenschaftliches Problem). Zur Lösung der Frage wird dem Psychologen eine Fachkompetenz zuerkannt. Dieser setzt zur Antwortfindung ein wissenschaftliches Instrumentar ein. Er gibt seine Antwort in einer Weise, die dem Fragesteller, einem psychologischen Laien, den Urteilsgang verständlich macht.

Wie die Gutachtengestalt im Einzelfalle aussieht, bestimmt sich zu großen Teilen vom jeweiligen Zweck des Gutachtens und von dem Arbeitsfeld, auf dem es entworfen wird. Dabei bilden sich sehr unterschiedliche Arten von Gutachten heraus.

2.0 DER GUTACHTER: EINE ROLLENBESCHREIBUNG

Zu sagen, ein Gutachten sei nur soviel wert wie der Gutachter, dürfte eine zu einfache Formel sein (denn die Verfahren, auf die sich ein Gutachten stützt, bestimmen die Qualität entscheidend mit). Daß der Satz aber ein zentrales Problem markiert, sei im einzelnen verdeutlicht.

Diagnostikverfahren, für sich genommen, liefern keine eindeutigen Ergebnisse, selbst wenn sie vollständig quantifiziert sind und der Untersucher sie 'nur anzuwenden' braucht.

> Das LPS 1) ist ein vollständig quantifiziertes Verfahren. Wird es etwa eingesetzt, um die intellektuelle Kapazität eines 39-Jährigen abzuschätzen, der den Antrag gestellt hat, als Frührentner anerkannt zu werden, dann nützt die volle Objektivierung wenig: der Untersucher muß feststellen, ob der Proband seine Kapazität überhaupt manifestiert, ob er nicht vielleicht simuliert.

Der Untersucher muß selber abschätzen, wieweit die Aussage, die er aus einem Verfahren ableitet, im konkreten Falle objektiv, reliabel und valide sei. Die klassischen Kennwerte des Verfahrens leisten ihm dabei zwar Erkenntnishilfe, ersetzen aber das konkrete Urteil nicht.

Damit ist ein Moment eingeführt, das als 'subjektiv' eingestuft werden kann. In der Gutachtenerstellung ist es nicht zu eliminieren, sehr wohl aber zu kontrollieren. Von der Theorie her betrachten wir die Möglichkeit dazu in diesem Kapitel 2, von der Praxis her in Teil II. Für jetzt grenzen wir zwei Aspekte aus, den Anteil des Gutachters an der Erstellung (2.1), und an der Anwendung des Gutachtens (2.2). Es folgt, mehr als Anhang, ein Hinweis auf die Arbeitsfelder des Gutachters (2.3).

2.1 Gutachter und Gutachtenerstellung

Wo der Gutachter Wahlmöglichkeiten hat im Verlauf der Informationsgewinnung und -verarbeitung, dort wird sein Einfluß auf die Gutachten-Erstellung besonders deutlich. Solche Wahlmöglichkeit hat er an sehr vielen Stellen, beispielsweise

- bei der Annahme eines Auftrages (annehmen heißt: der Gutachter entscheidet, daß er zur Beantwortung der Fragestellung in der Lage ist);

---

1) LPS: Leistungsprüfsystem. (Ein Intelligenztest), Autor: W. Horn. Göttingen: Hogrefe, 1962

- bei dem Entwurf des Untersuchungsdesigns, bei der Festlegung der zeitlichen und instrumentellen Vorgehensweise (der Gutachter legt fest, welches Instrumentar der Fragestellung angemessen sei);

- bei der Durchführung der Untersuchung selber (die Interaktion zwischen Proband und Untersucher bestimmt die Ergebnisse mit);

- bei der Gruppierung und Aufbereitung der Untersuchungsergebnisse (der Gutachter befindet, welche Ergebnisse einander stützen, welche einander widersprechen);

- bei der Anwendung der Ergebnisse auf die Fragestellung (der Gutachter bestimmt den Umfang, in dem die Ergebnisse die Fragestellung aufhellen);

- bei der Mitteilung der Antwort an den Fragesteller als Laien (der Gutachter übersetzt die wissenschaftlichen Befunde in die Sprache des jeweiligen Laien).

Die Rolle des Gutachters in diesem Entscheidungsprozeß charakterisieren wir einmal mehr deskriptiv und einmal mehr präskriptiv. Dabei orientieren wir uns an Autoren wie Cline (1955), Heiß (1964), Hörmann et al. (1967), Thomae (1967), Meehl (1967), Bierkens (1968), Kaminski (1970), Taft (1971), Vossen (1976), Langwieler (1977), Pfäfflin (1978), Grubitzsch und Rexilius (1978).

Die Rolle des Gutachters deskriptiv zu charakterisieren soll heißen, Faktoren anzugeben, die den Urteilsprozeß tatsächlich beeinflussen (ob anerkannt oder nicht). Die präskriptive Beschreibung soll demgegenüber Imperative nennen (oder bescheidener: Leitideen), denen die Urteilsbildung folgen soll.

Deskriptive Rollencharakterisierung

Wenn wir das Wort 'Rolle' nicht umgangssprachlich verwenden (synonym hier etwa mit Aufgabe oder Funktion), sondern sozialpsychologisch auslegen, dann interpretieren wir die gutachterliche Urteilsbildung als Resultante aus Umwelteinfluß und individueller Gestaltung. Damit betrachten wir den Gutachter in einem sozialen und individuellen Kräftefeld. - Zunächst sei die Rede von sozialen Einflußfaktoren.

Der Fragesteller (Einzelperson oder Institution) verbindet mit seinem Auftrag bestimmte Normen: implizit z.B. in Gestalt von Einstellungen (etwa Testgläubigkeit) oder von Übertragung und Identifikation ("Sie sind unser Mann!"), explizit z.B. in Form beschränkter Fragestellungen ("Bitte nur Intelligenzmessung!") oder einer Begrenzung von Zeit und Mitteln. Solche Festlegungen können den Freiheitsraum des Gutachters erheblich einengen.

Sozial prägend wirkt sich die Arbeitssituation aus. Gedacht ist an Raumgestaltung (ein freundliches oder kaltes Warte- oder Arbeitszimmer beeinflußt die Stimmung von Probanden). Gedacht ist an den Mitarbeiterkreis (wer alle Untersuchungsabschnitte allein bearbeitet, steht vor anderen Aufgaben, als wer sich mit einem Team abstimmen kann). Gedacht ist an das Repertoire von Verfahren, das ein Gutachter verwendet, an finanzielle Aufwendungen (die Einfluß haben auf die Warteliste oder auf die Zahl der täglich untersuchten Probanden).

Zu den sozialen Einflußgrößen gehören zwei weitere Variablen: Ausbildungsgeschichte des Untersuchers und soziologischer Ort der Verfahren.

Die Ausbildungsgeschichte, die ein Gutachter durchlaufen hat, wendet das diagnostisiche Denken in bestimmte Richtungen ("Nur Tests!", "Nie Tests!", "Nie projektive Verfahren!").

Der soziologische Ort des diagnostischen Instrumentars, das zur Verfügung steht, bestimmt die Ergebnisse, die Interpretationen mit (ein Intelligenztest: für Minderbegabte adaptiert oder nicht; ein Fragebogen: bei Strafgefangenen angemessen oder nicht).

Alle diese Faktoren beeinflussen die Rolle des Gutachters gleichsam vom sozialen Umfeld her. Abgehoben von ihnen, aber nicht disjunkt trennbar, ist eine Gruppe von Determinanten, die eher zu der individuellen Ausstattung des Gutachters zählen.

Genannt sei als erstes das fachliche Anspruchsniveau des Untersuchers (geprägt von der Lerngeschichte). Gemeint sind intellektuelle Kapazität, Schulung an naturwissenschaftlichen oder geisteswissenschaftlichen Paradigmen, Training in diagnostischer Klassifikation und Urteilsbildung, Einschätzung und Bevorzugung bestimmter Verfahren.

Zu den individuellen Einflußgrößen rechnet auch die Art der Kontaktaufnahme und der Kommunikation mit dem Probanden:

es geht um betont distanzierte oder betont warmherzige Informationssuche, um Anteilnahme, die bei dem einen mehr parteiisch, bei dem anderen mehr therapeutisch, bei dem dritten ganz neutral ausfällt.

Hierhin gehört der Stil, in dem der Untersucher mit sich selber umgeht: mit seiner Arbeitslust und seiner Ermüdung, mit seiner Neugierde und seinen Verstimmungen, mit seinen Übertragungen und Widerständen gegenüber Probanden.

Zum Abschluß seien zwei Faktoren mehr erwähnt als erläutert: individueller Arbeitsstil (Zeitbudget, Literaturbenutzung, Aktualisierung des gespeicherten Wissens) und individuelle Anfälligkeit für Fehlertendenzen (Vereinfachung, Pointierung, geringe oder große Selektivität in der Wahl der Instrumente). Merkmale wie diese prägen Informationssuche und -verarbeitung wesentlich mit.

Die deskriptive Charakterisierung soll an Einflüsse erinnern, mit denen der Gutachter rechnen muß. Keineswegs handelt es sich einfachhin um Störvariablen. (Zu Störvariablen könnten sie werden, wenn der Gutachter sie außer Betracht läßt.)

Präskriptive Rollenbeschreibung

Unter dem Titel einer präskriptiven Rollenbeschreibung seien Vorschläge, Hinweise, Ratschläge zusammengefaßt, die den Gutachter anleiten, wie er seinen Urteilsgang transparent gestalten könne. In diesem Sinne geht es um Imperative.

Der Gutachter sollte sich bewußt sein, wieviele implizite Determinanten sein Vorgehen mitbestimmen, und daß er sie, wie Meehl hervorhebt (1967, 596), keineswegs alle artikulieren oder gar eliminieren kann. (Diese Unmöglichkeit muß aber die Richtigkeit seines Urteils keineswegs gefährden.)

Die eigene Vorgehensweise sollte nicht bloß pragmatisch begründet sein, sondern an übergeordneten Ansätzen ausgerichtet werden (Kaminski 1970, 423). So dürfte ein Vorschlag, welche weiterführende Schule der 10-jährige Michael besuchen solle, nicht allein beruhen auf den Scores von LPS und KLT 1).

1) KLT: Konzentrations-Leistungs-Test. Autoren: Düker, Lienert Göttingen: Hogrefe 1965 (2. Auflage).
LPS: Leistungsprüfsystem. (Intelligenztest). Autor: W. Horn Göttingen: Hogrefe 1962

Der Rat müßte eingebettet sein in Reflexionen über Schullaufbahn, kognitive und soziale Bedingungen für Schulerfolg.

Bei der Informationssammlung und -verarbeitung sollten konkrete Kontrollen zu Hilfe genommen werden, die garantieren, daß die Informationen vollständig (und nicht nach Zufall) ausgeschöpft werden. Solche Hilfen können darin bestehen, Listen von Verfahren oder von Ergebnissen anzulegen, die der Untersucher abhakt, wenn sie abgerufen sind. Solche Hilfen können in Schemata bestehen, die den komplexen Urteilsgang übersichtlich halten. (Konkrete Schritte wie diese können dem Sättigungseffekt entgegenwirken, der bei Informations-Integration zu Informations-Verlusten führen kann: Barendregt 1961, Pelzmann 1972, Leichner 1975, Haas 1975).

Die eigenen Urteile sollten einer Supervision unterworfen werden. Das ist auf zweifachem Wege möglich: durch Gespräch (auch kontroverser Art) mit Kollegen und durch Vergleich mit Veröffentlichungen.

Generell sollte das eigene Vorgehen einer angebbaren Struktur folgen (etwa einem bestimmten Gutachten-Schema). Diese Struktur sollte modifizierbar sein: wobei eine Revision den Glauben an die eigene Lernfähigkeit erhält (Kaminski 1970, 242).

Die Befolgung von Imperativen, referiert unter dem Titel einer präskriptiven Rollencharakterisierung, bürgt nicht für fehlerfreie Gutachten, sie trägt aber dazu bei, den 'Fehleranteil' in den Aussagen zu reduzieren und den 'wahren Anteil' zu vergrößern.

2.2 Gutachter und Gutachten-Anwendung

Was mit einem fertigen Gutachten geschieht, ob seine Vorschläge beachtet oder verworfen werden, liegt nicht in der Hand des Gutachters, sondern im Ermessen des Empfängers: des Richters, des Lehrers, der Verwaltung. Der Gutachter vollstreckt keine Entscheidung, er trägt zu einer Entscheidungsfindung nur bei.

Diese Rolle des Gutachters wurde vom Bundesverwaltungsgericht in einem Urteil vom 20.12.1963 festgelegt. Veranlaßt wurde die Entscheidung zwar im Zuge eines Rechtsstreites (ausführlicher bei Thomae 1967, 744; bei Grubitzsch und Rexilius 1978, 168-183). Aber die Rollenfestlegung gilt, wie die Richter betonen, für jede Art gutachterlicher Stellungnahme. - Hier ein

Auszug aus dem Urteil:

"Aus der Gehilfenrolle des Sachverständigen folgt ..., daß dieser die rechtliche Würdigung und Entscheidung dem Richter nicht abnehmen kann. ... Gericht und Verwaltungsbehörde dürfen sich daher nicht mit einer summarischen Beantwortung ... im Gutachten des Sachverständigen begnügen, sondern müssen selbst prüfen, welche einzelnen Eigenschaften der Sachverständige festgestellt hat und ob nach dem Stand der wissenschaftlichen Erkenntnis diese Feststellungen ... der Beurteilung zugrunde gelegt werden können."

Im forensischen Raum muß der Gutachter - dies ist die Folgerung - sein Gutachten so einsichtig begründen, "daß dem Gericht die gebotene eigenverantwortliche Nachprüfung möglich ist" (Jessnitzer 1980, 73). Verallgemeinert lautet das Postulat: der Gutachter müsse sein Gutachten so anlegen, daß der jeweilige Empfänger dem Urteilsgang folgen könne. Um eine Teilaussage hervorzuheben: nicht für Jedermann muß das Gutachten durchsichtig sein, durchsichtig muß es sein für seinen Adressaten.

Ob die Bestimmung, daß der Gutachter ein 'Gehilfe' ist, mehr bedeutet als eine juristische Festlegung, ob sie sachlich begründet sei, ist ein kontroverses Thema. Pfäfflin (1978, 5) sieht in der Rollen-Festlegung, bezogen auf den forensischen Bereich, "die Verteidigung eines erheblich gefährdeten Anspruchs der Richterrolle". Gefährdet erscheint die Rolle, wenn dem Sachverständigen nicht nur Fachkompetenz, sondern auch Entscheidungsbefugnis zuerkannt wird (Schreiber u. Müller-Dethart 1977; Pfäfflin 1978; vgl. auch Thomae 1977, 242-243).

In diesem Rahmen läßt sich die Forderung stellen, daß der Gutachter den Einfluß, den er hat, nicht selber einschränke, - indem er sich in Abhängigkeit begibt, etwa durch Identifikation mit dem Auftraggeber, mit dem Richter, mit einer Institution; daß er vielmehr seinen Freiheitsraum vollständig ausschöpfe und die Unabhängigkeit des Urteils wahre.

> Ob es generell zu wünschen sei, daß der Gutachter Einfluß habe auf die Realisierung seiner Vorschläge, scheint eine gesellschaftspolitische Frage von hohem Range zu sein. Wie die "Trennung der Gewalten" politisch ein großer Gewinn war: könnte so nicht auch die Funktionstrennung von "beratenden" und "ausführenden" Kräften den Vorteil bieten, daß sich der Berater dem Diktat des bloß "Zweckhaften", des bloß "Machbaren" entziehen kann?

Bei solchen Fragen ist allerdings zu bedenken, daß zur praktischen Gutachtertätigkeit ein Kanon juristischer Kenntnisse gehört, weil bestimmte Gutachten nur in Abstimmung auf existierende Gesetze abzufassen sind. Es gibt Vorschläge, die psychologisch sinnvoll, aber praktisch wertlos sind, weil gesetzliche Regelungen ihre Realisierung nicht erlauben.

2.3 Arbeitsfelder des Gutachters

Wo stellt sich für den Gutachter die Aufgabe, Gutachten zwar anzufertigen, ihre Anwendung aber nicht durchsetzen zu müssen? Gutachten im Sinne dieser Studie beziehen sich auf 'existentielle' Probleme. Als Antwort legt sich darum die Umkehr nahe: Wo solche 'Lebensprobleme' manifest werden, dort stellt sich für den Psychologen die Aufgabe der Begutachtung.

Mehr beiläufig seien im Anschluß an Thomae (1977, 205-254) einige Arbeitsfelder skizziert. Vier Bereiche seien genannt: Recht, Pädagogik, Gesundheitswesen, Beruf/Wirtschaft.

Als erstes sei das forensische Arbeitsfeld umrissen. Gutachten werden angefordert von Gerichten (etwa zur Feststellung der strafrechtlichen Verantwortlichkeit), von Strafverfolgungsbehörden (etwa im Rahmen des Strafvollzuges), von Verwaltungen (etwa bei verkehrsrechtlichen Fragen, beispielsweise der Wiedererteilung des Führerscheins). Die Rolle des Gutachters als eines Gehilfen dürfte im forensischen Bereich am augenfälligsten festgelegt sein.

Wie bedeutsam diese Tätigkeit ist, geht hervor aus Untersuchungen wie denen von Diesinger (1976, 147), die nach einem Vergleich von 240 Gutachten und den korrespondierenden Urteilen feststellt: "Die Ergebnisse zeigen einen statistisch gesicherten Zusammenhang zwischen der Beurteilung der Gutachter und dem Gericht" (Übereinstimmung in 78 % der Fälle). - Wie problembeladen gleichwohl diese Arbeit ist, belegt Pfäfflin (1978) an 208 Gutachten über Sexualstraftäter: an vielen Beispielen weist er Informations-Verzerrungen nach.

Ein zweites Arbeitsfeld bietet der pädagogische Raum, mit den Sonderbereichen Schulpsychologie, Erziehungs-, Lebens- und Eheberatung. Jeder dieser Sonderbereiche hat sich verselbständigt, in jedem ist die gutachterliche Tätigkeit nur ein Teil der Gesamtaufgabe (neben Beratung und Therapie).

Das Gesundheitswesen umschreibt ein drittes Arbeitsfeld. Der Schwerpunkt psychologischer Begutachtung liegt in den psychiatrischen Disziplinen. - Wie bei der forensischen Gutachtertätigkeit die Dominanz dem Richter oder der Behörde zufällt, so ist es auf diesem Felde der Arzt, der sich einen Vorrang zuspricht und den Psychologen häufig als seinen Untergebenen betrachtet.

Ein viertes Arbeitsfeld eröffnet sich in dem sehr umfassenden beruflich-wirtschaftlichen Bereich. Verwiesen sei nur auf die zwei großen Teilbereiche Arbeitsamt und Betrieb, mit den Aufgaben der Berufsberatung, Personalauslese und Personalschulung.

Wenn mehrfach betont worden ist, es liege im Ermessen des Empfängers, nicht des Gutachters, was am Ende von einem Gutachten realisiert werde, so verweist ein solcher Satz nur auf die juristische Seite des Sachverhaltes. Der tatsächliche Einfluß kann über die juristisch festgelegte Grenze weit hinausgehen, er hängt mit ab von dem Engagement, dem Können, dem taktischen Geschick des Psychologen selber.

Zusammenfassung

Das Kapitel beschreibt die Rolle des Gutachters bei der Erstellung und bei der Anwendung des Gutachtens, es nennt einige der Arbeitsfelder.

Was die Gutachten-Erstellung angeht, so unterliegt sie sozialen Einflüssen, wie der Erwartungshaltung des Fragestellers oder der Arbeitssituation des Gutachters; sie unterliegt ebenso individuellen Bestimmungen, wie dem fachlichen Anspruchsniveau, dem Arbeits- oder Kommunikationsstil des Gutachters. - Zu den Größen, an denen sich der Gutachter ausrichten sollte, zählen Leitideen wie übergeordnete Denkmodelle, Nutzung konkreter Hilfen und Selbstkorrektur durch Supervision.

Was die Gutachten-Anwendung betrifft, so ist die Rolle des Gutachters umschrieben als die eines Helfers bei der Entscheidungsfindung (nicht als die eines Vollstreckers von Beschlüssen).

Es wurde auf vier Arbeitsfelder hingewiesen: den forensischen, den pädagogischen, den beruflich-wirtschaftlichen Bereich und das Gesundheitswesen.

3.0 GUTACHTENERSTELLUNG: PRINZIPIEN, TECHNIKEN, AUFBAUVORSCHLÄGE

"Der Gutachter folgt ... wissentlich und bewußt, zumeist aber unwissentlich und ohne methodische Überlegung bestimmten Konstruktionsprinzipien. Diese bestimmen das Gutachten weit mehr als ein äußerlich verstandener Vorgang der Formgebung" (Heiß 1964, 984).

Von solchen Konstruktionsprinzipien seien die wichtigsten zusammengetragen, - unter der Annahme, daß die Literatur, die konsultiert wurde, die wichtigsten zur Sprache gebracht hat. Im ersten Teil des Kapitels erscheinen allgemeine Regeln und Techniken (3.1), im zweiten Teil konkrete Vorschläge zu Gutachten-Aufbau und -Gliederung (3.2).

Die beiden Teile sind nicht gleichgewichtig: der erste Abschnitt ist der wichtigere, der zweite ist gedacht als Illustration der Vielfalt konkreter Vorschläge.

3.1 Prinzipien und Techniken der Gutachtenerstellung

Die Prinzipien zur Gutachtenerstellung lassen sich nicht eindeutig voneinander abgrenzen. Hier sei eine Dreiteilung versucht: Zuerst werden Ratschläge besprochen, welche die Sprachgestalt betreffen (3.1.1), dann Prinzipien referiert, die sich der Probanden-Beschreibung zuordnen lassen (3.1.2), schließlich Hinweise zusammengefaßt, die sich als formale Leitideen bestimmen lassen (3.1.3).

3.1.1 Sprachliche Transparenz

Behn (1953) und Salber (1955) sehen im Gutachter vor allem den schöpferischen Autor, von seinem Werk erwarten, ja fordern sie einen hohen sprachlichen Rang. Daß ihre Vorstellung realisierbar ist, belegen sie mit zahlreichen Beispielen. Dennoch - wieviele praktisch tätigen Gutachter können sich solchen Erwartungen und Forderungen anschließen?

Wie bedeutsam die Sprachgestalt für das Gutachten ist, läßt sich kaum hoch genug veranschlagen: aber in welchem Sinne? Der Gutachter soll um ein Stück guter Prosa ringen (Hartmann macht dazu konkrete Vorschläge: 1973, 110-119). Vorrang hat aber die Forderung, daß der Text für den Empfänger verständlich sei. Die beiden Forderungen (Eleganz, Verständlichkeit) müssen einander nicht widersprechen, im Idealfall schließen sie einander ein. Bei der täglichen Fron der Gutachtenarbeit können sie aber in Spannung zueinander treten.

Wenn das Prinzip sprachlicher Transparenz an die Spitze der Vorschläge gerückt wird, so aus der Absicht, darin das Gesamtanliegen zusammenzufassen: Gutachten als Kommunikation zwischen Gutachter und Fragesteller. Thomae entwickelt sein Konzept vollständig von diesem Gedanken her (1967, 745). Ähnlich äußern sich Lückert (1964), Herrmann (1967), Graumann (1967), Jessnitzer (1969), Arnold (1972), Brandenberger (1976).

Es muß aufmerken lassen, wenn Graumann (1967, 124) einem Gutachten, das nur schriftlich angeboten wird, nicht den Grad an Klarheit zutraut, der sicherstellt, daß ein "diagnostisches Urteil in dem gemeinten Sinne" aufgenommen werde. Dafür lasse sich nur in mündlicher Wechselrede sorgen.

3.1.2 Beschreibung des Probanden

Unter dem Titel der "Probanden-Beschreibung" seien fünf Vorschläge wiedergegeben. (Die Formulierung der ersten drei orientiert sich an Pfäfflin: 1978, 65.)

- Die Darstellung muß umfassend,
- die Beschreibung sachlich sein.
- Das Gutachten darf nicht zusätzlich schaden.
- **Ob die Aussage um Dominanten zu gruppieren seien, ist eine umstrittene Frage.**
- **Die Darlegungen sollen ein individuelles Profil erkennen lassen.**

Umfassende Darstellung

Umfassend soll das Gutachten sein (Pfäfflin 1978, Lückert 1964, Heiß 1964, Thomae 1967, Arnold 1972): was kann diese Forderung bedeuten? Soll ein Gutachten so umfassend sein, wie es die Fragestellung erfordert? Dieses Kriterium nennt das Urteil des Bundesverwaltungsgerichtes von 1963: Jede Gutachtenaussage muß in Zusammenhang stehen mit der Frage, die dem Gutachter gestellt ist. Eine solche Begrenzung beläßt indessen einen weiten Spielraum.

So fordert Jessnitzer eine "strenge Beschränkung auf das Beweisthema, also auf die Beantwortung der ... gestellten Frage" (1969, 855). Dagegen heißt die Forderung für Lückert, daß ein Gutachten von verschiedenen Bereichen her konzipiert werde und in diesem Sinne vollständig sei (1964, 416, Leitsatz 3). Arnold erweitert diesen Gedanken, indem er fordert, daß ein Gutachten so ausführlich sei "wie die Persönlichkeit inhaltsreich" (1972, 323, Leitsatz 9). In dem gleichen Sinne äußert sich Heiß: "Der hin und wieder vertretenen Meinung, daß allein die Fragestellung den diagnostischen Ansatz bestimmt, können wir nicht zustimmen. Die Erfahrung zeigt immer wieder, daß bestimmte Erscheinungen, vor allem auch Verhaltensstörungen ihren Grund in Vorgängen haben, die sich in einem ganz anderen Funktionsbereich des seelischen Geschehens abspielen" (1964, 983).

Offenbar kann 'umfassende Darstellung' zweierlei bedeuten: (1) Die Probanden-Beschreibung wird (nur) soweit ausgedehnt, bis die Fragestellung in einen Erklärungszusammenhang gerückt ist: die Fragestellung setzt das Maß für die 'umfassende Darstellung'. - (2) Die Beschreibung wird so angelegt, daß die Gesamtpersönlichkeit in den Blick kommt: die Persönlichkeit des Probanden setzt das Maß für die 'umfassende Darstellung'.

Worum handelt es sich hier: um eine unterschiedliche Akzentuierung oder um einen fundamentalen Gegensatz? Steht auf der einen Seite die Annahme, Teilbereiche des Verhaltens (umschrieben in der 'Fragestellung') ließen sich autonom 'erklären'? Wird auf der anderen Seite die Auffassung vertreten, eine Erklärung für einen Teilbereich des Verhaltens könne nur die Zuordnung zum Gesamtverhalten, eben: zur Persönlichkeit des Probanden, liefern?

Der Kontrast zwischen den beiden Erklärungsansätzen soll nicht verwischt werden: er muß sich auf die Anlage einer Untersuchung auswirken. Dennoch, - könnte es nicht so sein, daß keine der beiden Ansätze eine generelle Lösungsstrategie anbietet, daß vielmehr fallbezogen einmal das eine, ein andermal das andere Vorgehen vorherrschen darf (bei peripheren Fragen die Erklärung vom Teil, bei zentralen Fragen die vom Gesamtzusammenhang her)?

Wie auch immer: den Erklärungszusammenhang für beide Strategien dürfte die Biographie des Probanden abgeben. Soweit seine 'Lebensprobleme' aus seiner Biographie verständlich werden, dürfte eine 'Erklärung' den Fragesteller befriedigen. Wer eine Deutung nur von einer Beschreibung der Gesamtpersönlichkeit erwartet, sollte bedenken: "Auch noch so umfangreiche Persönlichkeitsbeschreibungen können nur für eine begrenzte Anzahl von Entscheidungen Material liefern, können quasi nur auf diese hin abgefaßt werden" (Jäger, 1967, 124).

Sachliche Beschreibung

Es ist leichter, zu bestimmen, wann ein Gutachten unsachlich, als wann es sachlich sei: ein sachliches Gutachten ist unauffällig.

Unsachlich ist ein Gutachten, das soziale Vorurteile enthält, in der Anrede oder in den Aussagen: "Dieser Müller ist als Mensch völlig heruntergekommen."

Unsachlich ist ein Gutachten, das den Probanden moralisch abwertet: "Dieser Müller ist derart pervers, daß ..."

Unsachlich ist ein Gutachten, das aus Verhaltensweisen, die nachgewiesen sind, auf Verhaltensweisen schließt, die nicht beobachtet worden sind: "Dieser Müller hat sich gegenüber seinem Opfer derart gefühllos verhalten, daß er auch gegenüber seiner Frau und seinen Kindern kalt und feindselig sein muß."

Sachlichkeit erfordert eine unparteiische Haltung, gleich weit entfernt von Anklage wie von Verteidigung, von Widerstand gegen den Probanden wie von Identifikation mit ihm.

Ein sachliches Gutachten strebt eine Wortgebung an, die wertfrei bleibt. (Aus diesem Grunde spricht es eher von "geringer" als von "schlechter" Begabung.)

Ein sachliches Gutachten beruht auf Informationen, die der Empfänger nachkontrollieren kann, das heißt: es gibt seine Informationsquellen genau an.

In einem sachlichen Gutachten werden die Schritte der Schlußfolgerung sichtbar gemacht, das Urteil tritt in seinem Ablauf, tritt als Urteilsgang hervor.

Wie die 'umfassende Darstellung', so gehört die 'sachliche Beschreibung' zu den fundamentalen Kategorien, denen ein Gutachten entsprechen muß (Pfäfflin 1978, Lückert 1964, Heiß 1964, Thomae 1967, Arnold 1972). Begründen läßt sich die Forderung von der Position des Gutachters als eines Sachverständigen her. Dies gilt auch von der nächsten Beschreibungsdimension.

Kein zusätzlicher Schaden

Die Formel von Pfäfflin (1978, 65), ein Gutachten solle nicht zusätzlich schaden, setzt zwei Arten von Schaden voraus: Schaden, der einem Gutachten aus Sachzwang entspringt, und Schaden, der zusätzlich, aber unnötigerweise folgt. Ein Beispiel kann die Unterscheidung veranschaulichen.

Ein Gutachten, das dem des Totschlags angeklagten Herrn Müller strafrechtliche Verantwortlichkeit zuspricht, trägt zu seiner Verurteilung bei: der Sachzusammenhang führt zu diesem Schaden. - Zusätzlichen Schaden könnte der Gutachter anrichten, wenn er Herrn Müller herabsetzt (dann wäre das Gutachten aber nicht sachlich), oder wenn er Entlastungsgründe außer Betracht läßt (dann wäre das Gutachten nicht umfassend). Darüberhinaus kann der Gutachter Schaden zufügen, wenn er Sachverhalte aufdeckt, die nicht zur Fragestellung gehören, die aber strafbar sind.

Wie das Beispiel verdeutlicht, kann die Formel 'kein zusätzlicher Schaden' die Forderung nach sachlicher und umfassender Darstellung einschließen: dann ist die Formel redundant, sie führt keinen neuen Gedanken ein. Über die beiden Forderungen geht die Formel erst hinaus, wenn sie einen Schaden bezeichnet, der aus einem Gutachten folgt, obwohl es sachlich und umfassend angelegt ist: In sachlicher und umfassender Weise können Sachverhalte zur Sprache kommen, die dem Probanden schaden, die aber nicht zum Beweisthema des Gutachtens gehören.

Aus dieser Sachlage ergeben sich zwei Folgerungen: eine Feststellung und eine Frage. Die Feststellung heißt: die Formel, daß ein Gutachten nicht zusätzlich schade, kann einer umfassenden Darstellung Grenzen setzen. - Die Frage lautet: Könnte hier, in dem Widerstreit zweier Forderungen, nicht ein ethischer Konflikt von erheblicher Sprengkraft aufbrechen (vgl. Seite 117)?

Ebenso wie die Formel 'kein zusätzlicher Schaden' berühren auch die zwei letzten Prinzipien der Probanden-Beschreibung heikle Fragen, sie betreffen Dominantenbildung und die Schilderung der Individualität des Probanden.

Dominanten bilden?

Um Individuen zu charakterisieren, stellen Schriftsteller gerne einzelne Merkmale heraus und gruppieren die übrigen Merkmale um diese Dominanten. Wieweit dieses Stilmittel im Gutachten zu verwenden sei, darüber gehen die Meinungen auseinander. Die Empfehlungen kontrastieren.

Für Dominantenbildung (im 'darstellenden Gutachten') spricht Heiß sich aus: "Wir suchen nach gewissen Kernqualitäten der Persönlichkeit, die dominant sind, wir entwickeln die jeweils damit zusammenhängenden Eigenschaften, wir fügen in das Bild auch Abhängigkeiten und Bedeutungsverhältnisse ein und entwickeln ein strukturelles Gefüge, welches von einem oder mehreren Blickpunkten aus die Persönlichkeit zur Erscheinung bringt" (1964, 77). Einen ähnlichen Rat geben Lückert (1964, 417: Leitsatz 9) und Arnold (1972, 322: Leitsatz 5).

Vorbehalte meldet Thomae an: "Die Zeichnung eines Persönlichkeitsbildes von einer Dominante aus hat zweifellos den Vorzug, daß sie dieses 'Bild' gut überschaubar werden läßt ... Auf der anderen Seite muß doch die konstante Unterordnung aller Verhaltensweisen unter ein 'Thema' ... eher als Kennzeichen eines 'Idealtypus' als das einer realen Persönlichkeit angesehen werden. Deshalb kann das Verfahren der Strukturierung der Verhaltensweisen um eine Persönlichkeitsdominante nur als der Ausnahmefall und nicht als die Regel angesehen werden" (1967, 749).

Persönlichkeitstheoretisch begründet Mischel, warum er sich gegen eine solche Typisierung wendet: "Wenn menschliches Verhalten bestimmt ist von vielen Interaktionsvariablen - lokalisierbar in der Person selbst oder in ihrer Umgebung - dann wird eine Zentrierung um eine einzige Variable zu begrenzten Vorhersagen oder Generalisationen führen" (1977, 246).

In der Literatur bleibt die Diskussion offen. Indessen dürfte eine Schlußfolgerung kaum fehlgehen, die annimmt, daß die Vorliebe für Dominanten gekoppelt sei mit der Vorstellung, ein Individuum lasse sich bestimmten Typen zuordnen; daß hingegen die Vorbehalte gegen Dominanten verbunden seien mit der Deutung, ein 'Typus' sei nur ein Grenzfall, sei nur eine Limesformel der Beschreibung menschlichen Verhaltens.

Das Problem der Dominantenbildung leitet über zu der Frage, wie sich die Individualität eines Menschen charakterisieren läßt: Dominantenbildung, sollte sie berechtigt sein, wäre eines der Stilmittel, der Forderung zu entsprechen.

Die Individualität schildern

Wenn gefordert wird, der Untersucher solle die Individualität des Probanden zu erfassen trachten, so drückt sich darin die Absicht aus, die Frage des Gutachtens als Einzelproblem zu behandeln, nicht als einen üblichen Fall unter schon gelösten Fällen. Das Prinzip setzt voraus, daß sich bei einer Person Fähigkeiten und Motivationen, biographische Gegebenheiten und individuelle Lebensleistungen in einer Weise konstellieren, die sie einzigartig macht.

Erhoben wird die Forderung von vielen Autoren. Arnold verlangt, im Gutachten müsse "das Bild eines bestimmten Charakters" entstehen (1972, 323, Leitsatz 11). Lückert erwartet, daß ein "individueller und konkreter Charakter" geschildert werde (1964, 416, Leitsatz 1). In ähnlichem Sinn sprechen sich Thomae (1967, 748 und 751) und Heiß (1964, 979), Fehlow (1973, 542), Mehl (1970, 33) und Spörli (1978, 97) aus.

Wie man die Individualität beschreibe, ist eine Frage, die nicht nur die Psychodiagnostik, sondern auch die Persönlichkeitspsychologie beschäftigt. Das nächste Kapitel (Persönlichkeitsbeurteilung und Persönlichkeitstheorie) wird das Thema zwar zur Sprache bringen, aber nur beiläufig behandeln. Hier, an dieser Stelle, sei das Problem darum (etwas) ausführlicher dargestellt (gründlich diskutieren diese Frage Thomae 1968, 10-32; Herrmann 1972, 43-54).

Für einen groben Überblick läßt die Literatur eine Dreiteilung zu:

(1) Individuen werden beschrieben, indem ihnen auf allgemeinen Dimensionen unterschiedliche Positionen zuerkannt werden: gemeint ist der nomothetische Beschreibungsmodus.

Seien einige Probanden etwa charakterisiert durch die Scores eines mehrdimensionalen Fragebogens, beispielsweise die zwölf Skalen des FPI 1). Die Einzelskala repräsentiert

---

1) FPI: Freiburger Persönlichkeitsinventar.
Autoren: Fahrenberg, Selg, Hampel. Göttingen: Hogrefe 1973 (2. Auflage).

die 'allgemeine Dimension': ein Merkmal, das prinzipiell allen Probanden zugesprochen werden kann. Die Einzelscores repräsentieren Abstufungen des Merkmals, durch die sich Individuen voneinander unterscheiden: verschiedene Probanden haben verschieden hohe Scores.

Die nomothetische Beschreibung stellt eine Individualität (nur) soweit dar, wie es eine 'allgemeine Dimension' zuläßt: allen Probanden mit gleichem Skalenprofil wird die gleiche 'Individualität' zugesprochen. Mehr kann / will dieser Beschreibungsmodus nicht leisten. Andere Versuche reichen weiter.

(2) Ein Individuum wird in einer Weise beschrieben, die es ihm ermöglicht, sich in seiner ganzen Unverwechselbarkeit wiederzuerkennen: erfaßt werden müßte also das Erleben der unvergleichbaren Subjektivität. Diese "Unvergleichbarkeit verbietet die Verallgemeinerung und die Abstraktion vom Einzelfall" (Herrmann 1972, 45). Mit dieser Folgerung ist festgestellt, daß es hier nicht um eine wissenschaftliche Aufgabe geht (Wissenschaft setzt Verallgemeinerung voraus), - allenfalls handelt es sich um den Auftrag an einen Schriftsteller.

(3) Individuen werden mit allgemeinen Dimensionen beschrieben (andere stehen der Wissenschaft nicht zur Verfügung), aber die allgemeinen Dimensionen werden durch zusätzliche Angaben eingeengt, die der individuellen Biographie entstammen: es geht um den idiographischen Beschreibungsmodus; er erlaubt es, in die Beschreibung mehr Unverwechselbarkeit aufzunehmen als der nomothetische Ansatz.

Die Beschreibung eines Individuums mit dem FPI, idiographisch angelegt, müßte genauer erläutern, wie die Skalendimensionen im Einzelfall zu verstehen seien: beispielsweise wie sich die 'Depression' von Skala 3 oder wie sich die 'Offenheit' von Skala 9 im persönlichen Umfeld ausdrücke. 'Depressive' oder 'offene' Verhaltensweisen, die bei Frau Müller auftreten, dürften sich anders darstellen als die gleichen Verhaltensweisen, die bei Frau Schmitz erscheinen.

Die Hinweise verdeutlichen: zwischen nomothetischem und idiographischem Beschreibungsversuch wird hier kein Gegensatz, sondern eine kontrapunktische Spannung angenommen. Beide Darstellungsarten können in demselben Gutachten vorkommen, doch ist der idiographische Zugang dem gutachterlichen Urteilsverlauf enger verwandt.

3.1.3 Formale Leitideen der Gutachtenerstellung

Von den Prinzipien, die mehr eine Probanden-Beschreibung betreffen, lassen sich einige Empfehlungen abheben, die mehr die formalen Darstellungsschritte regeln. Unter drei Titeln lassen sie sich zusammenfassen:

- Es empfiehlt sich, die Vorlage und die Bewertung der Informationen zu trennen.
- Für die definitiven Gutachten-Aussagen werden Mehrfachbelege erwartet.
- Die Aussagen sollten nicht isoliert stehenbleiben, sie sollten integriert werden.

Trennung der Vorlage und der Bewertung von Informationen

Thomae weist verschiedenen Gutachten-Abschnitten verschiedene Funktionen zu (1967, 748): in einigen Abschnitten solle die Information vorgelegt werden ohne (explizite) Stellungnahme des Gutachters, also ohne "ätiologische oder andere diagnostische Deduktionen"; in anderen Abschnitten solle die Information bewertet, diagnostisch oder prognostisch ausgelegt werden. (In dem zweiten Teil dieses Kapitels (3.2) werden diese Abschnitte kurz vorgestellt (Seite 30), in Teil II der Studie durch Beispiele veranschaulicht.)

Die Funktionstrennung soll die Transparenz des Urteilsganges erhöhen und dem Empfänger (aber auch dem Gutachter) die Kontrolle erleichtern.

Mehrfachbeleg

Das Prinzip des Mehrfachbelegs beschreiben Tismer-Puscher et. al. wie folgt (1976, 907): "In den Befund werden nur Aussagen aufgenommen, die durch wenigstens zwei verschiedene Verfahren abgesichert sind. Feststellungen, die auf nur einem Untersuchungsinstrument basieren, sollten die Ausnahme darstellen."

Spörli beschreibt das Vorgehen anschaulich in dem "Prinzip des aufgeschobenen Urteils" (1978, 97): Eine Information, die erstmals auftaucht, wird keineswegs den Gutachten-Aussagen zugezählt, sie wird als eine Angabe betrachtet, die durch nachfolgende Angaben gestützt oder entkräftet (verifiziert oder falsifiziert) wird.

In gleichem Sinne äußern sich Dietrich und Walter (1970, 125): "Der Gutachter sollte ... darauf achten, die Konstatierung von ... Fähigkeiten und Eigenschaften ... möglichst mehrfach zu belegen." Ähnlich urteilen Arnold (1972, 323) und Thomae (1967, 747).

Heiß (1964, 975) begründet die Forderung mit den Hinweisen, (1) die Anwendung verschiedener Verfahren ermögliche es, eine Person von verschiedenen Aspekten aus zu sehen; (2) sie vermeide Einseitigkeiten, die an die spezielle Technik von Einzelverfahren gebunden seien; (3) der Vergleich der Ergebnisse mehrerer Verfahren könne Fehler korrigieren, "die sonst unentdeckt" blieben.

> Um es deutlich herauszustellen: das Prinzip des Mehrfachbeleges bezieht sich auf sogenannte 'definitive' Gutachten-Aussagen, also auf Feststellungen, die als Resultate des gesamten Urteilsprozesses vorgelegt werden. Einzelbelege erscheinen demgegenüber als vorläufige Aussagen in Zwischenschritten.
>
> Dieser Hinweis gilt auch für den nächsten Vorschlag, das Prinzip der Aussagenintegration.

Integration von Aussagen

Gutachten-Aussagen sollten nicht beziehungslos nebeneinander stehen, sie sollen zueinander in Beziehung gesetzt werden. Spörli ordnet auch dieses Vorgehen dem 'Prinzip des aufgeschobenen Urteils' zu: jeder Einzelbefund bedeute etwas und müsse mit anderen Befunden verglichen, von ihnen abgehoben oder mit ihnen vereinigt werden.

Zur Aufgabe der Integration zählt, was Lückert fordert, wenn er sagt: zwar müsse sich der Gutachter vor inadäquaten Harmonisierungen hüten, aber er dürfe Unstimmigkeiten als solche nicht stehen lassen, sonst entstehe ein "Sowohlalsauchgutachten" (1964, 417, Leitsatz 6 und 7). Die gleiche Forderung erhebt Arnold, verdeutlicht die Aufgabe aber, indem er den Satz, ein Gutachten lasse keine "widersprechenden Tatsachen" zu, durch den Hinweis ergänzt, sehr wohl gestatte es die Darstellung "innerseelischer Widersprüche" (1972, 323, Leitsatz 6).

Einen spezifischen Vorgang im Verlaufe der Integration stellt Heiß heraus (1964), wenn er schreibt: Angesichts der Datenfülle eines Gutachtens, einer "theoretisch fast unbegrenzten Variationsbreite der Befunde muß klar gesagt werden, daß der konstruktive Akt des Gutachtens in jedem Falle ein deutender ist" (986). "Deuten heißt, einen Sachverhalt in einen übergeordneten strukturellen Zusammenhang eingliedern" (976).

Um diesen "konstruktiven Akt" zu kontrollieren, schlägt Mehl drei getrennte Schritte vor (1970, 33): Zuerst seien Zusammenhänge zu beschreiben aufgrund quantitativer Scores. Dann seien hypothetische Konstrukte einzuführen, die weitergehende interpretative Zusammenhänge erkennen ließen. Schließlich sei eine 'Theorie der Person' abzuleiten: "Der Diagnostiker entwickelt ein Arbeitsbild oder ein Modell der Person, das aus einer Anzahl von Hypothesen besteht" (1970, 34).

Der Vorschlag von Mehl nähert sich den konkreten Anweisungen, die zur Erstellung eines Gutachtens gegeben werden: sie werden im nächsten Abschnitt referiert. Zuvor seien die allgemeinen Hinweise in einem Resümee zusammengefaßt.

Resümee

Wir haben aus der Literatur Prinzipien zusammengestellt, die die Gutachtenerstellung betreffen, aber noch keine konkrete Textgestalt anregen:

Das Gutachten soll umfassend sein (bezogen auf Fragestellung oder Gesamtpersönlichkeit). Es soll sachlich sein (neutral gegenüber Proband und Empfänger). Es soll nicht zusätzlich schaden (keine weiteren Delikte anhaften).

Das Gutachten soll so angelegt werden, daß es den Probanden als Individuum charakterisiert,- strittig ist, ob dies durch Dominantenbildung geschehen könne. Das Gutachten soll die einzelnen Aussagen auf Mehrfachbelege stützen, soll sie zueinander in Beziehung setzen (sie integrieren) und dabei, zur Kontrolle, die Abschnitte der Informationsvorgabe und der Informationsbewertung trennen.

Sprachlich sollte der Gutachter seinen Text so gestalten, daß der jeweilige Empfänger den Erkenntnisschritten folgen kann (sprachliche Transparenz).

3.2 Vorschläge zu Aufbau und Gliederung des Gutachtens

Den allgemeinen Prinzipien der Gutachtenerstellung folgen Vorschläge zur konkreten Textgestalt: zu Aufbau und Gliederung. Zuerst werden Gliederungen vorgestellt, denen der gleiche Grundriß zugrundeliegt (3.2.1), dann Aufbauvorschläge, die untereinander sehr verschieden sind (3.3.2).

3.2.1 Gleicher Grundriß in Gutachten-Gliederungen

Einen allgemeinen Rahmen für den Gutachten-Aufbau gibt Jessnitzer vor, wenn er eine Darstellung in drei Stufen für angemessen hält (1969, 854): "Die **Tatsachen**, welche die Grundlage der fachkundigen Beurteilung durch den Sachverständigen bilden, müssen im Gutachten angegeben werden." Es "folgt die eigentliche Begutachtung, d.h. die **Beantwortung** der gestellten Frage". Der Gutachter sollte "das Ergebnis seiner Überlegungen am Schluß noch einmal **zusammenfassen**" (1969, 854).

Thomae schlägt eine Gliederung vor, welche die Funktionstrennung, wie sie bei Jessnitzer anklingt, noch schärfer zum Ausdruck bringt (1967, 745-753). Er gruppiert Information und Stellungnahme in sechs Abschnitte: der Abschnitt 1 gibt einen Überblick, die Abschnitte 2-4 legen die Informationen vor, die Abschnitte 5-6 werten sie aus und wenden sie auf die Fragestellung an.

1. Die **Einleitung** nennt Fragesteller und Fragestellung, gibt Untersucher und Untersuchungstermine an, zählt Informationsquellen und Untersuchungsverfahren auf.

2. Die **Vorgeschichte** referiert Informationen, die schon vorlagen, als der Gutachter seine Untersuchung einleitete.

3. Der **Untersuchungsbericht** legt die Informationen vor, die der Untersucher selber erhoben hat.

4. Der **Befund** integriert (aus Vorgeschichte und Untersuchungsbericht) Aussagen über Verhaltensweisen von relativer Konstanz.

5. Die **Diagnose** erkärt das Verhalten aus Lebensgeschichte, aus Umwelteinflüssen gemäß den vorliegenden Untersuchungsergebnissen.

6. Die **Beurteilung** wendet Befund und Diagnose auf die Frage-

stellung an.

Dieser Aufbau wird in Teil II ausführlich besprochen.

Vielleicht läßt sich der gemeinsame Grundriß auch in den drei "Aufgaben" erkennen, die Heiß dem Gutachter stellt (1964, 987):

1) Bewertung der Einzelbefunde,
2) Syndromatische Zusammenfassung der Befunde,
3) Eingliederung der Syndrome in ein umfassendes Gefüge.

Hier ordnen sich die Hinweise von Dietrich und Walter ein, nach denen ein Gutachten wie folgt angelegt sein soll (1970, 125):

a) Fragestellung der Untersuchung,
b) Äußerer Aufbau der Untersuchung,
c) Verwendete Verfahren,
d) Objektive Darstellung der Testergebnisse, der Beobachtungsdaten und der aus dem Gespräch entnommenen Informationen,
e) Interpretation im Hinblick auf die Fragestellung,
f) Zusammenfassende Stellungnahme.

Den Aufbauvorschlägen, wie sie hier als erste referiert wurden, liegt eine Gliederung des Urteilsganges in drei Etappen zugrunde: Informationsvorgabe, Informationsbewertung, Anwendung auf die Fragestellung. - Anders sind die Vorschläge angelegt, über die nun zu berichten ist.

3.2.2 Unterschiedlicher Grundriß in Gutachten-Gliederungen

Die Gutachten-Schemata, die im folgenden Abschnitt besprochen werden, orientieren sich an Grundrissen der unterschiedlichsten Art.

Den Vorschlägen des vorherigen Abschnitts kommt die Gliederung von Gruhle noch am nächsten (1955, 2-3):

I. Fragestellung;
II. Lebensgeschichte:
    a) ihr sozialer Ablauf,
    b) alles Krankheitsgeschehen;
III. Klagen;
IV. Befund:
    a) körperlich

b) psychisch,
c) die Stellung des Kranken zur Krankheit, zum Unfall, zur Entmündigung;

V. Diagnose (mit Begründung);
VI. Auswertung der Diagnose für die spezielle Fragestellung (das eigentliche Gutachten).

Eine solche Gliederung kann Gesichtspunkte der Analyse auch für den Untersucher liefern, der einen anderen Aufbau vorzieht.

Einen Vorschlag, der zwar auf die Wiedergabe von Rorschach-Befunden abhebt, aber allgemein auf Gutachten anwendbar ist, hat Klopfer gemacht (1954, 608-609). Er regt folgende Gliederung an:

A. Intellectual Functioning;
B. Affective Factors in Functioning;
C. Roles and Relationships;
D. Diagnostic Formulation;
E. Prognostic Statement.

Hier werden die Informationen zunächst in drei Gruppen geordnet (A: Kognition, B: Emotion/Motivation, C: Soziale Interaktion), dann diagnostisch und prognostisch verwertet (D,E). - Was nicht geschildert wird, ist die Ermittlung der Einzelinformationen (wie etwa im Untersuchungsbericht bei Thomae), auch nicht die Schritte der Zusammenführung von Einzelergebnissen.

Die folgenden Vorstellungen von Huber (1961, 25-26) werden nur wiedergegeben, weil sie auf zwei Grundtypen des gutachterlichen Berichts aufmerksam machen: den chronologischen und den topologischen (1961, 25). Der chronologische Bericht folgt der Lebensgeschichte des Probanden, ähnelt einer Biographie (27). Der topologische beschreibt Verhaltensbereich um Verhaltensbereich, er verliert sich leicht in Wiederholung und Detailschilderung (27). Die sinnvollste Lösung ist darum eine Mischung aus beiden Formen, wie sie z.B. in folgender Gliederung vorgesehen ist:

1. Functioning: intellectual functioning, capacity;
2. Dynamics: thoughts and feelings, conflict, anxiety;
3. Development: How did his present situation arise? Pressures and supports given by significant figures; sequence of learning;

4. Prognosis: pressures, supports, and strenghts (environmental and intrapsychic) which can change his life.

Die Abschnitte 1 und 2 (Functioning, Dynamics) repräsentieren eher einen topologischen, die Abschnitte 3 und 4 (Development, Prognosis) einen chronologischen Zugang.

Zum Abschluß seien drei Vorschläge sklettartig wiedergegeben, - jeder ist so vielgestaltig, daß eine vollständige Wiedergabe eine Übersicht sprengt. Es geht um die Gliederung von Schubens (1967), von Arnold (1972) und von Lückert (1964).

Das Schema von Schubens (1967) gliedert die Information nach aktuellen und zukünftigen Verhaltensdeterminanten. Die Gliederung für Teil A sei vollständig wiedergegeben, die für Teil B nur angedeutet:

Teil A: Das gegenwärtige Verhalten der Person:
I. Verhaltensdeterminanten in der Person
a) **gegenwärtig wirksame Verhaltensdeterminanten**
1. äußere Erscheinung
2. Perzeption und Reaktion
3. Leistungen, Erfahrungen
b) **Entwicklung** der Verhaltensdeterminanten
1.)
2.) wie bei a)
3.)
II. Verhaltensdeterminanten in der Umwelt
a) **gegenwärtig wirksame Verhaltensdeterminanten**
1. Familie
2. Umgebung der Familie
3. Schule und Beruf
4. weitere Umgebung der Familie
b) **Entwicklung** der Verhaltensdeterminanten
1.)
2.) wie bei a)
3.)
4.)

Teil B: Das künftige Verhalten der Person
I. Künftige Verhaltensdeterminanten in der Person usw. wie in Teil A
II. Künftige Verhaltensdeterminanten in der Umwelt usw. wie in Teil A

Ein solches Schema, wörtlich genommen, dürfte schwer zu handhaben sein. Nützlich kann es sich erweisen als Kontroll-

Liste bei der Prüfung, ob wichtige Aspekte einer Gesamtsituation in den Blick gekommen sind.

Ähnliches dürfte zutreffen für den Überblick, den Arnold (1972) gibt. Er schlägt vor, fünf Bereiche zu behandeln:

1. Körperliche Entwicklung (soweit vom Psychologen feststellbar):
   Körpergröße und Gewicht
   Körperkonstitution, usw.
2. Soziale Verhältnisse und soziales Verhalten:
   Abstammung (Eltern, Geschwister)
   Umwelt (eigene Familie, berufliche Umwelt, Freunde)
3. Verstandesanlagen:
   Auffassung (gründlich oder oberflächlich)
   Aufmerksamkeit (gleichmäßig oder schwankend)
   Denken (denkfreudig, denkträge), usw.
4. **Begabung und Interessen:**
   theoretische Begabung (rechnerisch-kaufmännisch)
   praktische Begabung (Handwerk, Handarbeit), usw.
5. **Charakter:**
   Temperament (schwungvoll, frisch)
   Gefühl (ansprechbar oder teilnahmslos)

Über Lückerts Vorschläge (1964) zu referieren ist deswegen schwierig, weil er selber das tut, was wir hier versuchen: er gibt einen Überblick über die Vorschläge anderer Autoren. Er bringt fünf Beispiele für "Begutachtungsgesichtspunkte bei der Erstellung von Gutachten" (389), wir referieren nur ein Beispiel (das vierte):

A) Kurzer einleitender Überblick über die Gesamtpersönlichkeit
   1) körperlicher Eindruck
   2) Gesamtverhalten, Ausdruck, mitmenschlicher Bezug
   3) Persönlichkeitsstruktur (Stabilität oder Labilität)
B) Aufgegliederte Ausführung
   I. Die Hauptfunktionen nach Stärke und Richtung, erreichte Entwicklungshöhe in ihrer Auseinandersetzung mit dem Lebensgeschehen - Grundformen des Verhaltens und Leistens
      1. Antriebe und Reagieren
      2. Gefühle
      3. Grundbedürfnisse
      4. Wille
      5. Intelligenz
   II. Verantwortung in den Hauptbereichen der Umwelt

(Einstellung, Verhalten, Leistung)
1. Mitmenschliche Umwelt
2. Bereich der Arbeit und der tatsächlichen Leistung
3. Wertwelt

C) Zusammenfassung und Schlußfolgerung, Ratschläge und psychologische Beurteilung

Resümee:

Im zweiten Teil dieses Kapitels wurden Vorschläge zum Gutachten-Aufbau referiert. In dem ersten Abschnitt wurden Gliederungen wiedergegeben, die dem gleichen Grundriß folgen: Informationsvorgabe, Informationsbewertung, Anwendung auf die Gutachten-Fragestellung. In dem zweiten Abschnitt wurden Gliederungen vorgestellt, die unter sich so unterschiedlich sind, daß sie sich kaum zusammenfassen lassen.

Die Vielfalt der konkreten Vorschläge, einer Auswahl nur, signalisiert, daß man das Anliegen, eine Persönlichkeit zu beschreiben, auf sehr unterschiedliche Weise verwirklichen kann.

Was Sader (1980, 56) mit Blick auf den charakterkundlichen Traditionsstrang der Persönlichkeitsforschung schreibt, dürfte auch von diesen Vorschlägen gelten: Wir sollten "den heuristischen Wert einzelner Systemteile als Anregung und Ausgangspunkt der Forschung nicht unterschätzen. ... Für die Abfassung von schriftlichen Arbeiten gilt es allgemein als beherzigenswerter Ratschlag, man solle vor dem Beginn des Schreibens ein Stück guter deutscher Prosa lesen. In analoger Weise könnte man sich vorstellen, daß man vor der schriftlichen oder mündlichen Formulierung von Aussagen über andere Menschen Nutzen daraus ziehen könnte, ein Stück deutscher charakterkundlicher Literatur zu lesen".

4.0 PERSÖNLICHKEITSBEURTEILUNG UND PERSÖNLICHKEITSTHEORIE

Ein Gutachter orientiert sich nicht nur an den Prinzipien, wie Kapitel 3 sie beschreibt, er verwendet sehr viel mehr Informationen. Richtiger gesagt, die Prinzipien, denen er folgt, stecken einen Rahmen ab, der weiter reicht, als es zunächst scheint.

Persönlichkeitsbeurteilung setzt Persönlichkeitstheorie voraus,

Persönlichkeitstheorie beruht auf vielen psychologischen Disziplinen: Allgemeiner Psychologie, Entwicklungs-, Sozialpsychologie, Pädagogischer oder Klinischer Psychologie. (Lückert 1964, 374; Heiß 1964, 965; Thomae 1967, 748-749; Hörmann, Jäger, Kaminski, Cohen, Herrmann, Graumann 1967).

Der Wechselbezug zwischen Diagnostik und anderen psychologischen Fachzweigen sei betrachtet am Beispiel der Beziehung zwischen Persönlichkeitsbeurteilung und Persönlichkeitspsychologie; diese Verbindung ist besonders eng: - jedenfalls wird das herkömmlicherweise behauptet. Wir nehmen zunächst die Gegenposition ein: daß Persönlichkeitsbeurteilung ohne Persönlichkeitspsychologie auskomme. Für diese Gegenthese spricht sehr viel. Wir formulieren vier Gegenargumente.

Vier Gegenargumente

Ersten, das **Problem** eines Gutachtens wird außerhalb eines persönlichkeitstheoretischen Rahmens vorgebracht, also kann es ohne einen solchen Rahmen gelöst werden.

Den gutachterlichen Prozeß stößt der Fragesteller oder der Proband an, indem er ein 'Lebensproblem' schildert (vgl. die Gutachtenbeispiele Seite 2-5): sexuell deviante Wünsche, Führerscheinentzug wegen Alkoholdelikten im Straßenverkehr, konflikthafte Zuspitzung des Verhältnisses zur Freundin. Dem Gutachter werden diese Probleme beschrieben in der Alltagssprache. Von persönlichkeitstheoretischen Konzepten kann keine Rede sein, die Darstellung ist völlig atheoretisch.

Warum soll der Gutachter verpflichtet sein, den Sachverhalt mit persönlichkeitstheoretischen Kriterien zu messen?

Zweitens, das **Instrumentar** des Gutachters ist keineswegs persönlichkeitstheoretisch zugeschnitten, also bedarf seine Handhabung auch keiner persönlichkeitstheoretischen Nachhilfe.

Zählen wir einige Instrumente auf: Intelligenz- oder Leistungstests leiten sich in ihrer Mehrzahl nicht von einer Persönlichkeitstheorie ab. - Persönlichkeitsfragebogen lassen in ihrer Überzahl höchstens eine Nähe zu Persönlichkeitstheorien erkennen, etwa der GT 1) zur Psychoanalyse, das EPI 2) zu Ey-

1) GT: Gießen-Test. Autoren: Beckmann und Richter. Bern: Huber 1972

2) EPI: Eysenck-Persönlichkeits-Inventar. Autor: Eysenck. Göttingen: Hogrefe 1974

sencks Persönlichkeitssystem. - Die Exploration ist keiner speziellen Theorie zuzuordnen.

Soweit ein Instrument an Persönlichkeitstheorien orientiert ist, beschränkt sich der Gebrauch nicht auf den Bereich der Theorie. Cattells 16-Pf 1) etwa, sicher zentrales Stück einer Persönlichkeitstheorie, läßt sich ebensogut außerhalb des Cattell' schen Systems einsetzen. Projektive Techniken stehen tiefenpsychologischen Schulen nahe, sie sind aber keineswegs auf den 'Schulbezirk' beschränkt.

Warum sollte dennoch ein Instrumentar, das außerhalb der Persönlichkeitspsychologie konzipiert wurde, in seiner Verwendung an persönlichkeitstheoretische Auflagen gebunden sein?

Drittens, die **Persönlichkeitsmerkmale**, die in ein Gutachten eingehen, sind der Alltagssprache entnommen; sie persönlichkeitstheoretisch auslegen hieße sie überinterpretieren.

Begabung, Konzentration, Aktivität, Sozialkontakt, introvertiert extravertiert, kooperativ, depressiv: alle diese Beschreibungsvariablen stellt die Umgangssprache zur Verfügung. Wieso bedarf ihr Gebrauch der Stütze einer Theorie? Wieso sollte der Gutachter eine Theorie befragen, bevor er Konzepte verwendet, die jedermann geläufig sind? Erfordert die kommunikative Funktion des Gutachtens nicht das genaue Gegenteil: eine Diktion, die sich freihält von der Fachsprache einer Persönlichkeitstheorie; eine Wortgebung, die sich anpaßt an die Sprache des psychologischen Laien?

Woher sollte der Persönlichkeitspsychologie das Recht zukommen, dem Gutachter die Kriterien zu liefern für die Prädikation von Eigenschaften?

Viertens, der gutachterliche **Urteilsprozeß** folgt keinem Denkgesetz, das speziell von der Persönlichkeitspsychologie her geprägt wäre; also braucht sich das Gutachten in seinen gedanklichen Verknüpfungen nicht auszurichten an speziellen Denkmethoden der Persönlichkeitstheorie.

Das gutachterliche Urteil folgt allgemeinen Denkgesetzen: es geht aus von dem Problem, das aufgeworfen wird; es vergleicht das Problem mit Sätzen, die der Gutachter aus seinem

---

1) 16 PF: The Sixten Personality Factor Questionnaire. Autor: Cattell. IPAT, Champaign, Illinois, USA, 1962

gespeicherten Wissen abrufen kann, es springt von Gewissheit zu Zweifeln, von Zweifeln zu neuer Gewißheit: wie dies aus kreativen Prozessen bekannt ist.

Wieso sollte die Persönlichkeitspsychologie spezielle Leitideen vorgeben für den Urteilsverlauf?

Fragen wir jetzt: Leisten die vier Argumente, was sie versprechen? Rechtfertigen sie die These, eine Persönlichkeitsbeurteilung sei auf Persönlichkeitstheorie nicht angewiesen? Skizzieren wir den Gedankengang noch einmal!

1) Das Problem eines Gutachtens wird außerhalb eines persönlichkeitstheoretischen Rahmens formuliert, also kann es außerhalb eines solchen Rahmens behandelt werden.

2) Das Instrumentar eines Gutachters ist nicht innerhalb der Persönlichkeitspsychologie entworfen worden, also steht seine Verwendung auch nicht unter persönlichkeitstheoretischer 'Aufsicht'.

3) Persönlichkeitsmerkmale, die im Gutachten zur Probanden-Beschreibung verwandt werden, entstammen der Umgangs-, nicht der persönlichkeitstheoretischen Fachsprache. Also kann ihre Interpretation auf persönlichkeitstheoretische Auslegungshilfe verzichten.

4) Der gutachterliche Urteilsprozeß folgt keinen speziell persönlichkeitstheoretischen Denkbahnen, also brauchen sich die Erkenntnisschritte im Gutachten nicht speziell am Denkmodell der Persönlichkeitspsychologie auszurichten.

Antwort auf die Argumente

Stützen die vier Argumente die Annahme, daß der Gutachter ohne Persönlichkeitstheorie auskommt?

Das 'Problem' wird dem Gutachter ohne theoretische Einbettung vorgetragen (erstes Gegenargument): das ist richtig, zumindest dürfte dies der Regelfall sein. Falsch ist aber die Folgerung: das Problem werde vom Gutachter auch außerhalb einer Theorie behandelt. Denn wie lautet seine Aufgabe?

Als wissenschaftlicher Fachmann muß er das Problem aus einer atheoretischen Vorgabe in einen systematischen Zusammenhang übertragen: Wissenschaft definiert sich durch Systematisierung, "sie ist ein systematisch geordnetes Gefüge von objektiven Sätzen" (Bochenski 1980, 18).

Wie lückenhaft auch immer psychologische Theorie sein mag: fundamentale Aufgabe des Gutachters ist es, das Problem des Fragestellers in einen systematischen Zusammenhang einzuordnen. Was aber setzt dieser Schritt voraus? - Sätze über Struktur und Dynamik von Individuen, systematisch geordnete Aussagen über das Verhalten, wie es bei Individuen und ihrer Interaktion mit Umwelt beobachtet worden ist.

Die Aufgabenbeschreibung umreißt eine persönlichkeitstheoretische Vorgehensweise: Herkömmlicherweise wird Persönlichkeitspsychologie verstanden als (nomothetische / idiographische) Beschreibung der einzigartigen, relativ zeit- und situationsstabilen Merkmalskonstellation(en) des Individuums (Thomae 1968, Herrmann 1972), - wie wenig Einigkeit auch bestehen mag über die Art dieser 'Beschreibung'.

Der Gutachter setzt sich selber eine Aufgabe, die dem persönlichkeitstheoretischen Vorgehen entspricht: unerheblich ist, ob er diese Analogie selber erkennt. "Jeder wissenschaftlichen Diagnose liegt eine mehr oder weniger explizite Modellvorstellung von der Struktur und Dynamik der Persönlichkeit zugrunde" (Lückert 1964, 374).

Was die **Instrumente** des Gutachters betrifft, so ist zuzugeben: in ihrer Mehrzahl sind sie nicht von einer Persönlichkeitstheorie her entworfen (zweites Gegenargument). Falsch ist aber wieder die Schlußfolgerung, ihre Handhabung benötige das persönlichkeitstheoretische Denkmodell nicht.

Anders gesagt: das Instrumentar selber setzt ein persönlichkeitstheoretisches Meßmodell voraus. Das FPI 1) ist keiner Einzeltheorie der Persönlichkeitspsychologie zuzuordnen, aber seine Anwendung folgt dem persönlichkeitstheoretischen Beschreibungsmodus, hier dem nomothetischen Zugang. Generelle Beschreibungsdimensionen (die Skalenmerkmale) dienen zur Charakterisierung von Individuen (durch unterschiedliche Skalenscores).

Wechseln wir von dem Einzelbeispiel (FPI) zu einer allgemei-

---

1) FPI: Freiburger Persönlichkeitsinventar. Autoren: Fahrenberg, Selg, Hampel. Göttingen: Hogrefe 1973 (2. Auflage).

neren Sichtweise: das gutachterliche Instrumentar läßt sich, recht grob, in fünf Klassen einteilen: Verhaltensbeobachtung, Gespräch (Exploration, Interview, Anamnese), projektive Verfahren, (Persönlichkeitstests, also) Fragebogen, Leistungstests. Bei allen fünf Klassen folgt die Beschreibung des Individuums dem gleichen Grundmuster: es werden 'Merkmale' konstruiert (Konstrukte), dem Probanden wird eine bestimmte Ausprägung des 'Merkmals' zugesprochen. Bei Verhaltensbeobachtung, bei 'Gespräch' und projektiven Verfahren ist es in weitem Umfang der Gutachter selber, der die Beschreibungsdimensionen auswählt (die Merkmale konstruiert). Bei Test und Fragebogen hat ihm der Autor diese Arbeit abgenommen.

Alle so definierten Merkmale sind anwendbar auf eine Menge von Individuen: sie sind generelle Dimensionen. Ihre Anwendung auf das Individuum geschieht dadurch, daß das generelle Konstrukt eingeengt wird, - nach Möglichkeit soweit, daß die Gesamtkonstellation der Merkmale nur auf ein Individuum paßt. - Im Prinzip befolgt der Gutachter bei jedem Instrument das persönlichkeitstheoretische Meßmodell, er nähert sich dabei einmal mehr dem nomothetischen, ein andermal mehr dem idiographischen Pol (auch innerhalb desselben Gutachten).

Daß auch die These vom theoriefreien Gebrauch von **Persönlichkeitseigenschaften** (drittes Gegenargument) nicht schlüssig ist, läßt sich noch rascher erweisen.

Jede Abgrenzung von Eigenschaften ist "theoriegetränkt" (Herrmann 1973, 71), ist geleitet von theoretischen Vorannahmen: in der Umgangssprache von einem unartikulierten Vorstellungsmodell, in der Wissenschaft von einem thematisierten theoretischen Rahmen, - wenigstens sollte es in der Wissenschaft so sein, daß die (entscheidenden) Konzepte theoretisch abgeleitet oder eingepaßt und so (zum Teil) aufgehellt sind.

Wieviele Fragen hier auch ungeklärt seien - (selbst definierte Konzepte behalten ihre Dunkelstellen: Herrmann 1973, 92-93): Wäre im Gutachten die Verwendung von Eigenschaften wirklich theoriefrei, so widerspräche dies dem Konzept des Gutachtens als eines wissenschaftlich geleiteten Beschreibungsversuches. Wer 'Konzentration' mit einem Test mißt, macht mehr Vorannahmen, als hier aufzählbar sind: daß der Testautor das Merkmal valide abgegrenzt habe; daß der Test den Annahmen der (oder einer) Testtheorie entspreche; daß die testtheoretischen Annahmen ihrerseits theoretisch begründbar seien, und so fort.

Im übrigen läßt sich bei vielen Eigenschaften, die im Gutachten verwandt werden, die Herkunft von Persönlichkeitstheorien explizit nachweisen: etwa bei Intro-, Extraversion die Herkunft von Jung (samt ihrer Umformulierung durch eine Vielzahl von Theoretikern); bei Leistungsmotivation die Herkunft von Murray, Atkinson, Weiner, Heckhausen; bei Angst die Prägung durch Freud, durch Behavioristen wie Hull, Spence oder Miller; bei Aggression die Deutung durch Freud, durch Miller und Dollard, durch Bandura und Berkowitz, und so fort.

Von den (meisten) Konzepten, die der Gutachter verwendet, kann er als Fachmann nicht mehr naiv-umgangssprachlich reden, sondern muß sie abrufen unter Bezug auf (eine Familie von) Theorien, - die solche Konzepte zwar nicht entworfen, sehr wohl aber 'neu konstruiert' haben: enger gefaßt, anders akzentuiert als die Umgangssprache.

Was die These über das **gutachterliche Urteil** (viertes Gegenargument) betrifft, so ist einzuräumen, daß der konkrete Urteilsverlauf komplizierter und undurchschaubarer verläuft, als es ein (persönlichkeits-) theoretisches Schema erkennen läßt, ähnlich einem kreativen Prozeß. Aber was folgt daraus?

Im Gutachten interessieren nicht die Prozesse, die 'im Kopfe' des Gutachters ablaufen. Was einzig interessiert, ist die **formale Urteilsstruktur**: die aber muß die Erkenntnisschritte transparent machen, die von der Beobachtungsbasis zu den integrativen Urteilen führen, von dort zu ihrer Applikation auf die Fragestellung.

Das **formale** Schema des gutachterlichen Urteils (von der Beobachtungsbasis zum theoretischen Konstrukt) entspricht genau der psychologischen (persönlichkeits-) theoretischen Vorgehensweise: Primärer Gegenstand sind die empirischen Daten (gesammelt in Verhaltensbeobachtung, in Tests, in Fragebögen, usw.). Sekundärer (und tertiärer) Gegenstand sind die verschiedenen Stufen der Bedeutungszuweisung, die unterschiedlichen Ebenen der Interpretation.

Die formalen Untersuchungsschritte sind **nicht** identisch bei diagnostischer Urteilsbildung und persönlichkeitstheoretischer Forschung. Die Persönlichkeitsforschung zielt auf Formulierung genereller Aussagen, Regeln, Gesetze - letztlich auf Etablierung einer Theorie. Das diagnostische Urteil nimmt - sagt man es vereinfacht - den umgekehrten Weg: Anwendung genereller Aussagen, Regeln, Gesetze auf einen Einzelfall.

Resümee und Folgerungen

Aus den vier Gegenargumenten (Problem, Instrumentar, Eigenschaften, Urteilsgang) läßt sich die Theorieeinbettung des gutachterlichen Urteilsganges ableiten. Vermutlich ist der allgemeine Theoriebezug der **wichtigere** Aspekt. Daß sich der allgemeine Theoriebezug konkretisiert als **persönlichkeits**theoretische Perspektive, dürfte in der Bedeutsamkeit nachgeordnet sein.

Wenn prinzipiell eine Beziehung zwischen Gutachtendiagnostik und Persönlichkeitstheorie hergestellt ist, dann läßt sich der Gedankengang in zwei Richtungen fortsetzen: (a) Diagnostik wird von einer bestimmten einheitlichen Persönlichkeitstheorie her konzipiert (etwa von Cattells oder von Freuds Persönlichkeitstheorie her), oder aber (b) in die konkrete Diagnostik werden Anteile vieler Persönlichkeitstheorien aufgenommen.

Zu (a): Persönlichkeitsbeurteilung von einer geschlossenen Persönlichkeitstheorie her

Wenn ein Gutachten von einer einheitlichen Persönlichkeitstheorie entworfen wird, steht der Gutachter vor einer Aporie: Entweder sichtet er alle Gutachtenprobleme von der gewählten Persönlichkeitstheorie her (dann müßte sie ein sehr differenziertes und sehr umfangreiches Beschreibungs- und Untersuchungssystem bereitstellen), oder er muß sich weigern, bestimmte Probleme zu bearbeiten (weil 'sein' System keine Konzepte oder kein Instrumentar für sie bereitstellt).

An zwei "Schulen" sei die Aporie veranschaulicht: an psychoanalytisch orientierten Ansätzen und an dem System von Cattell.

Bei dem psychoanalytischen Ansatz dürften die einheitlichen Untersuchungs- und Beurteilungskategorien gegeben, das Instrumentar dagegen - soll es wirklich schulspezifisch sein - eingeschränkt sein auf wenige Klassen (vielleicht sogar auf eine einzige Klasse: auf verschiedene Formen des 'Gesprächs').

Bei dem System von Cattell dürfte es sich umgekehrt verhalten: es steht ein sehr reichhaltiges Instrumentar zur Verfügung - wie die IPAT-Kataloge 1) ausweisen - aber die Be-

---

1) IPAT: Institute for Personality and Ability Testing, Illinois, USA: das Institut, das Cattell leitete.

schreibungsdimensionen dürften für die Bandbreite von Fragestellungen, vor denen ein Gutachter steht, zu schmal sein, - wiederum: sofern nur schulspezifische, nur Cattell'sche Konzepte zugelassen werden.

Wegen solcher Schwierigkeiten - begrenztes Instrumentar, begrenzte Beschreibungsdimensionen - dürfte die Mehrzahl der praktisch tätigen Gutachter keiner Einzelschule folgen, wenn sie ihre Gutachten abfassen; sie dürften vorgehen, wie es Alternative (b) umreißt.

Zu (b): Persönlichkeitsbeurteilung als eklektischer Kompromiß

Für den konkreten gutachterlichen Urteilsgang werden Anleihen bei verschiedenen Persönlichkeitssystemen gemacht: ein Eklektizismus, den die Lage der Diagnostik erzwingt (also eine Not, keine Tugend).

Es gibt "so viele Therapien, wie es Individuen gibt, mit denen wir uns beschäftigen. Wir müssen also pro Individuum ein Behandlungskonzept entwickeln, das gespeist wird von bestimmten Typen von Theorien, das aber in seiner individuellen Komposition wirklich individuell und in seiner Gesamtheit unvergleichbar ist mit jeder nächsten Behandlungsmethode" (Kaminski 1967, 128). Diese Sätze - von der Therapie auf die Begutachtung übertragen - dürften die Maxime umschreiben, nach der die Mehrzahl der Praktiker ihre Gutachten erstellt.

Doch wirft diese Strategie eine besondere Schwierigkeit auf: sie setzt voraus, daß Theorien miteinander kompatibel seien und der Gutachter ihre Kompatibilität im konkreten Falle einschätzen könne. Denn "Anleihen bei verschiedenen (Persönlichkeits)theorien zu machen" heißt konkret, Instrumente unterschiedlicher (oft gegensätzlicher) theoretischer Herkunft auf denselben Fall anzuwenden. Zu rechtfertigen ist eine solche Zusammenführung nur, wenn die Beiträge verschiedener theoretischer Ansätze miteinander zu vergleichen sind.

Für einen solchen Vergleich liegen aber kaum Einzelkonzepte bereit, geschweige denn Konzeptgefüge (Theorien), die identische Aussagen liefern: weder im Umfeld von Leistungsmessung (Tests im engeren Sinne) noch im Bereich von Persönlichkeitserfassung (durch Fragebogen oder offene Verfahren wie Exploration oder Verhaltensbeobachtung).

Um ein simples Beispiel zu geben: Scores, erhoben mit IST 70 1) oder mit HAWIE 2), beziehen sich zwar auf das mit gleichem Titel bezeichnete Merkmal 'Intelligenz', aber die mit den Items umschriebenen Eigenschaften sind keine identischen Konstrukte 'Intelligenz'. - Depression, erfaßt mit MMPI 3), mit FPI, mit GT, beschreibt kein Merkmal, das dreimal in dem gleichen Sinne verstanden würde.

Die Praxis zwingt den Gutachter, folgt er der Alternative (b), solche nicht-identischen Konzepte auf ihre Kompatibilität hin abzuschätzen: nicht etwa nur bei Kategorien, die mit gleichen Titeln Ungleiches bezeichnen (Depression in MMPI und GT), sondern auch bei Dimensionen, die mit ungleichem Titel gleiche oder ähnliche Merkmale beschreiben (etwa 'Geselligkeit' in FPI und 'Soziale Potenz' in GT).

Eine theoretisch befriedigende Lösung ist kaum zu sehen. Als "befriedigend" ließe sich eine Lösung nur dann betrachten, wenn ein Gutachter bei einer Beschreibungsdimension die übereinstimmenden und die abweichenden Elemente genau abgrenzen könnte, erfaßt mit verschiedenen Verfahren. Das aber scheint zur Zeit nicht möglich zu sein.

Nehmen wir das einfache Beispiel "Depression": gemessen mit MMPI, FPI, GT. Die Inspektion der Items und die Kenntnis der Korrelation klärt einen Teil der gemeinsamen Varianz auf: die Koeffizienten liegen über r = .50 (Angleitner 1976). Aber es bleibt zweierlei zu fragen: erstens, wieweit bei der geringen gemeinsamen Varianz eine Integration von Aussagen über Depression in demselben Gutachten legitim sei, und zweitens, ob überhaupt Korrelationen die Trennung übereinstimmender und abweichender Aussagenelemente ermöglichen.

Eine Lösung dürfte nur in dem eingeschränkten Sinne möglich sein,

---

1) IST 70: Intelligenz-Struktur-Test 70. Autor: R. Amthauer. Göttingen: Hogrefe 1973 (4. Auflage).
2) HAWIE: Hamburg-Wechsler-Intelligenztest für Erwachsene. Autor: D. Wechsler. Deutsch: Hardesty u. Lauber. Bern: Huber 1956.
3) MMPI: Minnesota Multiphasic Personality Inventory. Autoren: Hathaway u. McKinley. Deutsch: Bern: Huber 1963
FPI: Freiburger Persönlichkeitsinventar. Autoren: Fahrenberg, Selg, Hampel. Göttingen: Hogrefe 1973 (2. Auflage).
GT: Gießen-Test. Autoren: Beckmann und Richter. Bern: Huber, 1972.

daß Aussagen zusammengeführt werden, **obwohl** sie Dunkelstellen enthalten, - daß Aussagen im Gutachten also mit Risiken verbunden sind und dieses Aussagenrisiko als Teil der Charakteristik einer Persönlichkeitsbeschreibung akzeptiert wird. Wem diese Lösung zu wenig Glanz bietet, sollte sich sagen lassen: "Ich würde glauben, daß wir ... eine perfekte Diagnostik-Theorie und diagnostische Praxis erst dann haben werden, wenn die utopische Endzeit der wissenschaftlichen Psychologie eingetreten ist" (Herrmann 1967, 124).

Eine pragmatische Lösung - entwickelt von persönlichkeitstheoretischen Verfahren und Konzepten her - dürfte auf folgender Linie liegen:

- Ein Gutachter, der sich vertraut macht mit Einzelverfahren, sollte das theoretische Umfeld sondieren (und nicht nur Instruktion und Auswertung lesen), dazu gehört auch die Lektüre kritischer Stellungnahmen (wie sie etwa Angleitner 1976, Weise 1975, Grubitzsch und Rexilius 1978, Einzelartikel in Zeitschriften bieten). Vom Umfeld her werden die zentralen Konzepte selber verständlich, zumindest wird das Aussagenrisiko verdeutlicht, weil die Spezifität und die error-Anteile neben den erklärten Komponenten erkennbar werden.

- Insbesondere können Kennwerte über Objektivität, Reliabilität, Validität, über Itemanalyse zu einer Klärung beitragen. (Wenn solche Kennwerte nicht erscheinen, ist auch das ein Beitrag zur Klärung.) Besondere Bedeutung dürfte zukommen den Angaben zu konvergenter und divergenter Trennschärfe, zu konvergenter und diskriminanter Validität, vor allem jedoch zum theoretischen Gesamtrahmen (Ableitung der Konzepte aus einer Theorie oder Einpassung in eine Theorie). Angaben dieser Art dienen der "Abgrenzung" (der definitio) von Merkmalen.

- Erhellend kann sich auch auswirken eine Orientierung an den Elementarkategorien von Verfahren. Zweierlei ist damit gemeint:
  (a) Orientierung an den Items bei psychometrischen Verfahren (an den "Aufgaben" bei Leistungstests, an den "statements" bei Persönlichkeitstests). Diese Orientierung erleichtert oder bestätigt oft eine Identifizierung von Merkmalen (oder aber führt zu der Feststellung, daß von Identifikation keine Rede sein kann).

  (b) Orientierung an beobachtungsnahen Sätzen bei offenen

Verfahren, wie Verhaltensbeobachtung, Gesprächen (Exploration, Anamnese), thematischen Analysen (auch projektiven Verfahren). Psychometrische Verfahren erfassen vorklassifiziertes Verhalten: das ist ihre Stärke (Quantifizierbarkeit, Vergleichbarkeit, Normbezug), das markiert aber auch ihre Schwäche (nur reaktives, aber kein spontanes Verhalten wird erfaßt; ungelöste Probleme der meßtheoretischen Axiomatik; individuelles Verhalten wird nur in generalisierten Koordinationssystemen erfaßt). - Eine solche Verhaltenserfassung sozusagen "aus zweiter Hand" sollte der Gutachter ergänzen durch eine Verhaltenserfassung "aus erster Hand": Begegnung mit dem Probanden im Gespräch (Exploration, Anamnese), in der Verhaltensbeobachtung, - wozu auch die projektiven Verfahren gezählt seien. Insgesamt **können** (müssen nicht) die offenen Verfahren eine Fülle von Detailinformationen liefern, wie sie von geschlossenen Verfahren nicht zu erwarten ist.

- Gutachten werden auf begrenzte Handlungsziele hin konzipiert. Die Wichtigkeit des Handlungszieles sollte den Grad der Klarheit mitbestimmen, die in einem Gutachten zu erarbeiten ist: Ein Gutachten über die Zurechnungsfähigkeit bei einem Tötungsdelikt muß einen wesentlich höheren Grad an Klarheit anstreben als ein Gutachten über die Schülerlaufbahn eines Zehnjährigen (die im Prinzip korrigierbar ist).

Diese Lösung - entwickelt von einer Sondierung der persönlichkeitstheoretischen **Verfahren** her, orientiert an vorgelegten **Kennwerten**, an **Elementarkategorien** psychometrischer oder offener Verfahren, ausgerichtet auf argumentative Klarheit gemäß den konkreten **Handlungszielen** - diese Lösung enthält die Parallelen zu persönlichkeitstheoretischer Forschung (Charakterisierung von Persönlichkeit mit Verfahren, die generelle Beschreibungsdimensionen erfassen), die Lösung enthält zugleich die abweichenden Urteilsprozesse (Applikation genereller Beschreibungskategorien auf den Einzelfall, auf die Einzelfrage): die gutachterliche Prozedur impliziert persönlichkeitstheoretische Vorgehensweisen, aber sie ist nicht selber Persönlichkeitsforschung, sie ist ein eigenständiges psychologisches Unterfangen.

Bei dieser Zuordnung übernimmt die Persönlichkeitsforschung eine Art Dienstfunktion für die Persönlichkeitsbeurteilung. Es gibt noch eine andere Beziehung zwischen den beiden Disziplinen: Bei vielen Persönlichkeitstheoretikern standen am Beginn ihrer Forschung diagnostische Fragestellungen (in Einzelfällen sogar gutachterliche Probleme): so bei William Stern, bei Freud, Adler, Jung, bei Murray, Rogers, Kelly, in begrenzterem Maße auch bei Lewin, ausdrücklich bei Cattell und Guilford. Persönlichkeitstheorien wurden in diesen Fällen von diagnostischen Fragen her mitkonzipiert.

Die Ergebnisse waren unterschiedliche Systeme, die nicht ohne weiteres ineinander überführbar sind. Instrumente und Konzepte aus diesen Systemen wirkten wieder auf diagnostisches Vorgehen ein, - ohne ihrerseits nur in dem Rahmen eingesetzt zu werden, in dem sie entwickelt wurden: ein Beispiel dürfte das Instrument des TAT, dürften die Instanzennamen von Freud (Es, Ich, Über-Ich) oder die Einstellungstypen von Jung mit ihrer Abwandlung durch Eysenck, Cattell, Guilford sein (Extra-, Introversion). Entscheidender noch dürfte der Einfluß sein, der von einem der bevorzugten Instrumente der Persönlichkeitstheorie ausging: Persönlichkeitsfragebogen gehören zu den bevorzugten Instrumenten sowohl der Persönlichkeitsforschung wie auch der Persönlichkeitsbeurteilung.

Der Persönlichkeitsfragebogen, für sich genommen, markiert eine Nahtstelle zwischen Persönlichkeitspsychologie und Psychodiagnostik: Wird er stärker eingesetzt zur Gewinnung genereller Aussagen, ist er eher der Persönlichkeitsforschung zuzuordnen (genannt seien etwa die I-E-Fragebögen von Rotter, die S-R-Fragebögen von Byrne) 1). Wird der Fragebogen stärker zur individuellen Charakterisierung verwandt, läßt er sich der Psychodiagnostik zuordnen. Insofern kann dieses Instrument die Verwandtschaft der beiden Disziplinen verdeutlichen: von der konkreten Perspektive hängt es ab, ob eine Aussage eher diagnostisch oder eher persönlichkeitstheoretisch zu interpretieren sei.

Erweitert man diese Perspektive, so wird die Einbettung in einen allgemeineren Rahmen manifest: Persönlichkeitsfragebögen werden nach psychometrischen Methoden konstruiert, implizieren also deren Axiome und Aporien. Persönlichkeitsfragebögen sollen Persönlichkeitsmerkmale erfassen, setzen also deren Abgrenzung voraus: ein Problem (nicht nur der Persönlichkeitspsychologie, sondern) einer erkenntnistheoretischen Propädeu-

---

1) I-E-Fragebogen prüfen, ob ein Proband sein Verhalen mehr von "internalen" (I) oder mehr von "externalen" (E) Faktoren bestimmt sieht.
S-R-Fragebogen prüfen, wie ein Proband auf Tabuwörter reagiert: eher sensibel, ohne Zögern (Sensitizer) oder abwehrend, mit Verdrängung (Represser).

tik. Fragebögen beziehen sich auf bestimmte Gruppen (charakterisierbar durch Alter, Geschlecht, sozialen Status, usw.), verwenden also Resultate der Sozial- und Entwicklungspsychologie. - Wir könnten fortfahren, das Beziehungsnetz sichtbar zu machen, in das der Fragebogen eingeordnet ist; eingeordnet in dieses Netz sind vielmehr die Disziplinen, denen der Fragebogen dient: Persönlichkeitstheorie, Persönlichkeitsbeurteilung, Sozialpsychologie und so fort.

An diesem Beispiel sollte anschaulich werden, daß gutachterliche Prozesse nur zu verstehen sind, wenn ihre Basis in der Persönlichkeitspsychologie und, bedeutsamer noch, ihre Fundierung in weiteren psychologischen Disziplinen gesehen wird.

Hier sei der Gedankengang von Kapitel 1 bis 4 skizzenhaft wiederholt: Zunächst wurde an Gutachten-Beispielen eine Art Gutachten-Definition erarbeitet, dann die Rolle des Gutachters im Urteilsprozeß beschrieben, danach aus der Literatur ein Katalog von Hinweisen zur Gutachten-Erstellung zusammengetragen, schließlich - in Kapitel 4 - gezeigt, in wie umfassender Weise eine Persönlichkeitsbeurteilung in persönlichkeitstheoretische und andere psychologische Disziplinen eingebettet ist.

Zwar bleibt eine Vielzahl von Problemen unerörtert (oder wurde nur gestreift): Fragen der Gutachten-Sprache, des Gutachten-Instrumentars, der Gutachten-Fehler, der Diagnostik-Krise. Aber der Rahmen ist soweit abgesteckt, daß der Schritt von einer Besprechung zu einem Vollzug der Persönlichkeitsbeurteilung getan werden darf: Teil II gibt dazu einige praktische Anregungen.

Zusammenfassung

Um zu zeigen, daß die Begutachtung beruht auf persönlichkeitstheoretischen Vorannahmen, betrachteten wir das Gutachten unter vier Perspektiven: Das Problem des Fragestellers muß in einen systematischen psychologischen Zusammenhang übersetzt werden; das setzt Kenntnisse über Struktur und Dynamik von Individuen voraus. Das Instrumentar, das verwandt wird, folgt den Regeln, die in der Persönlichkeitsforschung bereitgestellt werden (generelle Beschreibungsdimensionen, auf denen das Individuum als Sondervariation positioniert wird). Die Eigenschaften, mit denen der Gutachter Probanden beschreibt, sind theoriegeleitete Abgrenzungen, wie sie (in Allgemeiner Psychologie und) besonders in der Persönlichkeitsforschung vorgenommen werden. Darüberhinaus stammen viele Merkmale, die der Gutachter verwendet, explizit aus Persönlichkeitstheorien (vgl. etwa Intro-, Extraversion). Das gutachterliche Urteil, in seiner formalen Struktur, entspricht (den allgemeinpsychologischen, insbesondere) den persönlichkeitstheoretischen Erkenntnisschritten, die bei der Beobachtungsbasis beginnen und zu integrativen Urteilen auf höheren Abstraktionsebenen führen. In weiteren Überlegungen wurde herausgestellt: der Gutachter wird sich in der Regel nicht an einer einzigen Persönlichkeitstheorie orientieren können (Beschreibungsdimensionen und Instrumentar bleiben sonst sehr begrenzt), sondern er wird sich auf verschiedene Persönlichkeitssysteme beziehen müssen, ein Vorgehen, das die Möglichkeit voraussetzt, verschiedene Systeme auf ihre Kompatibilität hin abzuschätzen. An diesem Vorgehen wird erneut die Einbettung des gutachterlichen Urteils in ein persönlichkeitstheoretisches und allgemeinpsychologisches Bezugsnetz manifest.

TEIL II

ZUR PRAKTISCHEN GESTALTUNG DER PERSÖNLICHKEITSBEURTEILUNG

Wer sich anschickt, ein psychologisches Gutachten zu erstellen, und sich der theoretischen Schwierigkeiten bewußt wird, die er - eigentlich - bewältigen müßte, der wird sich mehr von Furcht vor Mißerfolg getrieben fühlen als angezogen von Hoffnung auf Erfolg. Verständlich, wenn er sein Vorhaben aufgibt.

Dem einzelnen Psychologen bleibt diese Freiheit unbenommen. Die Psychologen als Berufsgruppe können sich der gutachterlichen Tätigkeit nicht entziehen: zwei Gründe sprechen dagegen. Von der Gesamtpsychologie her gesehen gilt: Viele Fragen, die den Gegenstand von Gutachten bilden, können fehlerfreier beantwortet werden, wenn Psychologen ihre Kenntnisse und Techniken zur Verfügung stellen (dabei heißt 'fehlerfreier' nicht irrtumslos). Von einer Teildisziplin her betrachtet gilt: Diagnostische Mittel einzusetzen erhöht die Wahrscheinlichkeit einer Fehlerreduktion erheblich mehr als auf ihren Gebrauch zu verzichten. - Nur angesichts einer solchen Aporie sind die folgenden Vorschläge zu verstehen.

Wir gehen von der Definition am Ende des ersten Kapitels aus. Kürzelartig war das Gutachten umschrieben worden als eine explizite psychologische Antwort auf eine explizit gestellte Lebensfrage. Gemeint war mit dem Kürzel, erstens, daß die Gutachten, mit denen sich diese Studie befaßt, existentielle Fragen betreffen, nicht rein wissenschaftliche Probleme; zweitens, daß der Fragesteller sich diesen Lebensproblemen gegenüber als Laien sieht (unter anderen Aspekten mag er selber Fachmann sein) und darum den Psychologen als Fachmann um eine Stellungnahme bittet; drittens, daß der Gutachter mit einem wissenschaftlich anerkannten Instrumentar nach einer Antwort sucht, und viertens, daß er seine Antwort in einer Weise mitteilt, die es dem Fragesteller ermöglicht, dem Urteilsgang zu folgen.

Einer so allgemein gehaltenen Vorstellung können vielerlei Arten von Realisierung entsprechen, etwa die Vorschläge von Gruhle (1955), von Klopfer (1960), von Huber (1961), von Schubens (1967). 1)

---

1) Vgl. in dieser Studie Seite 31-35!

Hier wird eine Gutachtenform besprochen, die Thomae dem großen psychiatrischen Gutachten nachgebildet und in einer langjährigen Praxis erprobt hat. Sie steht vollständig unter dem Gedanken einer Kommunikation zwischen Laien und psychologischem Fachmann.

Die Wahl fällt auch deswegen auf dieses Schema, weil es, soweit dem Autor bekannt, die konkretesten Anweisungen zur Gutachten-Erstellung anbietet. Denn viele Schüler und Mitarbeiter von Thomae haben das Gutachten in der Lehre vorgestellt und dabei Einzelregeln und Zwischenschritte erarbeitet, welche die Abfassung erleichtern, so etwa Mathey, Rauh, Schmitz-Scherzer, Tismer, Tismer-Puschner, Kipnowski. Ein solcher Regelsatz leistet für den Anfänger die Dienste einer Einführung. Dem Kenner kann er helfen, seine Urteilsprozesse immer neu zu kontrollieren. Daß der Kundige und Eingeweihte die Form variiert und seiner Fragestellung anpaßt, liegt ganz auf der Linie einer Konzeption, die nicht gängeln will, sondern zu nachvollziehbaren Urteilen anleiten soll.

Statt in Zukunft jedesmal präzise zu schreiben 'Thomae'sches Gutachtenkonzept' oder 'die hier vorgestellte Gutachten-Form', wird ein Kürzel eingeführt: 'G-Schema' soll stehen für Grundschema oder Gutachten-Schema, wie es der Studie zugrundeliegt. Mit Absicht vermeiden wir den Terminus 'Modell' (Gutachten-Modell), um nicht den Eindruck zu erwecken, es liege ein theoretisch vollständig durchgestaltetes Konzept vor. Das Kürzel 'G-Schema' soll eindeutig angeben, worauf Bezug genommen wird, es soll aber auch den vorläufigen Charakter der Vorschläge in Erinnerung rufen.

Die konkreten Vorschläge, die hier geboten werden: wie man die Gutachteninformation anordnen und darstellen solle, sind aus dem Grundschema **nicht** in strengem Sinne **deduziert.** Sie repräsentieren Einfälle und Vorgehensweisen, die dem Grundgedanken des Schemas korrespondieren - Gutachten als Colloquium zwischen Fachmann und Laien - und diesen Gedanken in einzelne Handlungsanweisungen umsetzen.

Bei der Erstellung eines Gutachtens kommen auch außerpsychologische Aspekte ins Spiel: etwa juristische Vorschriften, die den Gutachter wie seinen Probanden betreffen; taktische Überlegungen der Formulierung, die mögliche Einwände vorwegnimmt; Fragen des Honorars, der Vergütung für Aktenstudium oder Präsenz bei Gericht; Probleme, die den Ort und die Zeit einer Untersuchung angehen. Auf solche Aspekte wird hier nicht eingegangen, unsere Vorschläge betreffen also nur einen

Teil des Gesamtkomplexes, nämlich den Teil, den die Behandlung juristischer, taktischer, finanzieller Aspekte schon voraussetzt - die (handwerkliche) Vertrautheit mit der Textgestaltung eines Gutachtens.

Die Darstellung gliedert sich in vier Kapitel: zuerst besprechen wir Gesamtaufbau und Teilabschnitte des Grundschemas (G-Schema), einschließlich der Fehlertendenzen (5.0), dann veranschaulichen wir das G-Schema an einem vollständigen Gutachten (6.0), danach führen wir zwei Beispiele für Varianten des G-Schemas an (7.0), zum Schluß formulieren wir einige Übungsaufgaben und geben Lösungen dazu (8.0).

5.0 EIN GUTACHTEN-GRUNDSCHEMA

Das Gutachten als Text gibt Rechenschaft über die Begutachtung als Prozeß. Auf diesen Anspruch ist die folgende Gliederung abgestimmt.

In einer **Übersicht** nennt der Gutachter Fragestellung (Fragesteller), Adressaten, Untersucher, Untersuchungstermine und Untersuchungsverfahren; er gibt einen ersten Einblick in sein Untersuchungsdesign.

In einer **Vorgeschichte** stellt er die Einzelinformationen zusammen, die ihm zur Verfügung standen, als er seine Untersuchung einleitete; er gibt Rechenschaft über fremde Quellen, die er benutzt hat.

In einem **Untersuchungsbericht** legt er alle Informationen einzeln vor, die er beim Probanden erhoben hat.

Anschließend integriert er im **Befund** die Einzelinformationen aus Vorgeschichte und Untersuchungsbericht zu einer Gesamtaussage; er faßt also wichtige Gesichtspunkte seiner Urteilsbildung zusammen.

Aufgrund von Vorgeschichte, Untersuchungsbericht und Befund beantwortet er dann in einer **Stellungnahme** die Fragestellung; seine Antwort kann Diagnose und Prognose umfassen, kann sich aber auch auf einen Entscheidungsvorschlag beschränken.

Diese fünf Einzelabschnitte werden so besprochen, daß ihre **Funktion** deutlich wird, dann jeweils eigene **Abfassungsregeln** formuliert, schließlich Funktion und Sprachregeln an **Beispielen** veranschaulicht werden. - Zuvor aber sei in einer

Abbildung das Grundschema noch einmal erläutert.

Grundschema des Gutachtens

Teil	Funktion
I Übersicht	benennt: - Fragestellung, Fragesteller - Untersucher - Adressaten - Untersuchungstermine - Untersuchungsverfahren
II Vorgeschichte (VG)	stellt die Einzelinformationen zusammen, die der Untersucher zu Beginn der Untersuchung vorfindet
III Untersuchungsbericht (UB)	stellt die Einzelinformationen zusammen, die der Untersucher beim Probanden erhebt
IV Befund (Bf)	integriert die Einzelinformationen aus Vorgeschichte und Untersuchungsbericht
V Stellungnahme	beantwortet aufgrund von VG, UB, Bf die Fragestellung in Form von Diagnose und/oder Prognose und/oder Entscheidungsvorschlag

5.1 Abschnitt I des Grundschemas: Übersicht

5.1.1 Funktion der Übersicht

In der Übersicht gibt der Gutachter einen ersten Einblick in das Problem, das ihm gestellt war, und in die Problemlösestrategie, die er gewählt hat. Er skizziert Fragestellung und Untersuchungsverlauf, er nennt Untersuchungstermine und Untersuchungsverfahren.

Diesem Anliegen, skelettartig das Untersuchungsdesign sichtbar zu machen, entsprechen folgenden Sprachregelungen.

5.1.2 Abfassungsregeln zur Übersicht

Es ist sinnvoll, die Hauptangaben in Form eines Briefkopfes anzuordnen. Darin erscheinen, in der üblichen Anordnung, der Untersucher als Absender, der Empfänger als Adressat.

Ob eine persönliche Anrede zu wählen ist, hängt davon ab, wer der Adressat ist: Ist er eine Institution, so entfällt die Anrede. Ist der Adressat eine bestimmte Person oder Personengruppe, so erscheint die persönliche Anrede.

Die Fragestellung sollte kurz erläutert werden: stichwortartig im Betreff, mit wenigen Sätzen innerhalb des 'Briefkörpers'.

Die Untersuchungsverfahren erscheinen listenartig zum Abschluß der Übersicht. Die Aufzählung sollte der zeitlichen Reihenfolge der Anwendung oder einer sachlichen Ordnung entsprechen.

Am Ende der Übersicht steht keine Formel nach Art eines Briefschlusses. (Die Unterschrift des Gutachters wird nach Abschnitt V, also nach der Stellungnahme gegeben).

Insgesamt gilt: der Text sollte eindeutig, aber kurz gefaßt sein.

5.1.3 Beispiel zur Übersicht

Es folgt ein Beispiel, das einen klinischen Fall betrifft: einen Suizidversuch. (Bei dem nächsten Gutachtenabschnitt, der Vorgeschichte, wird der Fall erneut aufgegriffen.)

Beispiel zur Übersicht: Klinischer Fall, Suizidversuch 1)

Dr. Gisela M.
Diplompsychologin
Paul R.
Diplompsychologe

Altes Tor 3
7354 B.
Tel.: 02641 / 3834

27.12.1977

Herrn
Dr.med. Jan H.
Im Linsengärtlein 7 b

7354 B.

Betr.: Psychologische Untersuchung von Herrn Meinhard B. am 21.11.1977 zur Frage des Fortbestehens einer Suizidgefahr

Sehr geehrter Herr Dr. H.,

wir beziehen uns auf die Überweisung Ihres Patienten, Herrn Meinhard B., geb. am 24.12.1954 in E. Mit Einverständnis des Patienten nehmen wir Stellung zu der Frage, wie es zu dem Suizidversuch am 3.10. 1977 kam und ob aufgrund der Persönlichkeit und der Situation des Patienten eine suizidale Gefährdung fortbesteht.
Grundlage dieser Stellungnahme sind
- der Bericht des Stationsarztes Dr.med. W.C. vom Marienkrankenhaus in B.;
- die Ergebnisse einer ganztägigen psychologischen Untersuchung, der sich Herr B. am 21.11.77 in unserer Praxis unterzog;
- ein anamnestisches Gespräch mit der Mutter am 25.11.77.

Bei der psychologischen Untersuchung wurden folgende Verfahren verwandt:

1) Das Beispiel wurde übernommen von Dr. Annette Kipnowski.

1.) eine ausführliche Exploration mit Herrn B.,
2.) der Fragebogen zur Beurteilung der Suizidgefahr von Stork,
3.) der Fragebogen zur Erfassung von Aggressivitätsfaktoren nach Hampel und Selg,
4.) das Biographische Inventar zur Diagnose von Verhaltensstörungen nach Jäger, Lischer, Münster und Ritz,
5.) die Befindlichkeitsskalen (Bf-S und BF-S') von Zerssen,
6.) der Gießen-Test von Beckmann und Richter,
7.) das Eysenck-Persönlichkeits-Inventar (Form A),
8.) das Formdeuteverfahren nach Rorschach,
9.) der Thematische Apperzeptionstest nach Murray,
10.) der Differentielle Interessentest von Todt,
11.) der Aufmerksamkeitsbelastungstest d 2 von Brikkenkamp,
12.) der Benton-Test,
13.) der Hamburg-Wechsler-Intelligenztest für Erwachsene,
14.) die Standard Progressive Matrices von Raven.

Kommentar: Die Auflistung der Verfahren folgt einer sachlichen Ordnung. Zuerst stehen Verfahren zur Erfassung der 'Persönlichkeit i.e.S.' (1-9), dann Interessen- und Leistungstests (10-14).

5.2 Abschnitt II des Grundschemas: Vorgeschichte

5.2.1 Funktion der Vorgeschichte

In der Vorgeschichte stellt der Gutachter die Informationen zusammen, die ihm zur Verfügung standen, bevor er seine eigenen Untersuchungen begann. Zu ihrem Teil sollen die Vorinformationen erhellen helfen, wie sich die Fragestellung entwickelt hat und wie sie in der Biographie des Probanden verankert ist. (Dieses Bemühen geht weiter in den biographisch orientierten Verfahren des Untersuchungsberichtes, beispielsweise in der Anamnese oder in der Exploration.)

Heranziehen läßt sich jede Informationsquelle, die auf die Fragestellung Licht wirft: Auskünfte von Eltern oder Freunden ebenso wie Akten von Verwaltungs- oder Gerichtsbehörden, Schulzeugnisse und Schülerbogen ebenso wie medizinische Atteste und psychologische Gutachten.

Zuweilen tragen Probanden den Einwand vor, eine solche Vorinformation beeinflusse die Einstellung des Gutachters, sie stimme ihn parteiisch, er solle darum auf Einblick in frühere Dokumente verzichten und sein Urteil allein auf neu gewonnene Informationen gründen.

Das Argument ist nicht von der Hand zu weisen. Aber der Nachteil, den ein Verzicht einschlösse, wäre größer als die Gefahr, daß ein Gutachter sich zur Parteilichkeit verführen läßt. Der Nachteil besteht darin, daß wichtige Aspekte einer Frage außer Betracht bleiben könnten, weil sie in der neuen Information nicht auftauchen, zum Beispiel auch deshalb, weil ein Proband sie verschweigt oder gar nicht kennt. In dem Argument wird ein fundamentaler Sachverhalt verkannt: Nicht der Verzicht auf Informationen, sondern allein der Versuch einer kritischen Sichtung vergrößert die Chance, Irrtumswahrscheinlichkeiten zu minimieren und 'wahre Varianz' zu maximieren.

In der Vorgeschichte erscheint sozusagen der Entdeckungszusammenhang, in dem der Gutachter das Lebensproblem des Fragestellers vorfindet. Aber weder 'zeigt' die Quelle noch 'sieht' der Gutachter einen Sachverhalt neutral, gleichsam 'an sich': tätig wird also kein bloßer Registrator, sondern ein Subjekt, das seine Informationen unter einer bestimmten Perspektive sichtet. Denn die Auswahl der Quellen, der Grad der Auseinandersetzung mit ihnen, der Umfang, in dem sie in die Vorgeschichte eingehen, die Akzente in der Wiedergabe: all diese Schritte liegen in dem Ermessen des Gutachters. Dabei sollte er sich gewiß an der Fragestellung orientieren, aber eine solche Orientierung läßt sehr viele subjektive Freiheitsgrade zu.

Bei dieser Sachlage empfehlen sich sprachliche Regelungen, die den Charakter eines 'Quellenstudiums' oder einer 'Quellensammlung' klar zum Ausdruck bringen.

5.2.2 Abfassungsregeln zur Vorgeschichte

Jede Informationsquelle wird eindeutig gekennzeichnet. Bei der ersten Bezugnahme wird sie ausdrücklich genannt, bei längeren Auszügen öfter erwähnt.

Zur Kennzeichnung der mittelbaren Wiedergaben stehen die Aussagen im Konjunktiv. Wenn die Angaben aber unstrittige Fakten betreffen, kann auch der Indikativ erscheinen. ('Unstrittig' soll bedeuten, daß fallbezogen ein Sachverhalt kaum einer Verfälschungstendenz ausgesetzt ist, im allgemeinen etwa Angaben zum Beruf, zum Alter, zum Geburtsort oder ähnlichem. Im Einzelfall kann jede dieser Angaben strittig sein.)

Unter den Informationen wird eine strenge Auswahl getroffen, Ziel ist eine konzentrierte Darstellung. Wörtliche Zitate beispielsweise sollten nur sparsam, nur zur Hervorhebung entscheidender Aussagen, auftreten; sonst geschieht es leicht, daß die Vorgeschichte im Umfang ungebührlich anschwillt.

5.2.3 Beispiel zur Vorgeschichte

Das Beispiel, das sich anschließt, führt den Fall aus dem vorhergehenden Abschnitt (Übersicht) weiter, es geht um einen Suizidversuch.

Beispiel zur 'Vorgeschichte':

Fragestellung: suizidale Gefährdung

"Aus dem Arztbrief des Dr.med. W.C., Marienkrankenhaus B., vom 17.4.1977, ergibt sich, daß Herr B. in der Nacht vom 3. zum 4. Oktober 1976 als Notfall nach einem Suizidversuch eingewiesen worden ist.

Im Rahmen des stationären Aufenthalts seien mit dem Patienten täglich kürzere Gespräche geführt worden, da er depressiv verstimmt gewesen sei. Dabei sei folgender Sachverhalt zutage gekommen: Herr B. fühle sich zuhause nicht akzeptiert. Der ältere Bruder habe immer die Oberhand gehabt, ihm hätten die Eltern, vor allem der Vater, immer die größere Zuneigung erwiesen. Zu dem Suizidversuch sei es gekommen, so der Arztbrief, als Herr B. nach einer Auseinandersetzung mit dem Vater etwa eine halbe Flasche Whisky geleert habe: Zunehmend sei seine Stimmung gesunken, da habe er einfach ein Luftgewehr an die Schläfe gehalten und abgedrückt. Von da an setze seine Erinnerung aus".

Kommentar: Der Auszug faßt die ersten Abschnitte eines Arztbriefes zusammen, er übernimmt die Diktion des Briefes, spart aber alle medizinischen Details aus. Nur die Umstände des Suizidversuches werden herausgegriffen. - Das Faktum der Einlieferung ins Krankenhaus steht im Indikativ, die anderen Aussagen im Konjunktiv (als Hinweis, daß sie referiert werden).

5.3 Abschnitt III des Grundschemas: Untersuchungsbericht

5.3.1 Funktion des Untersuchungsberichts

Die Informationen der Vorgeschichte stammen sozusagen aus zweiter Hand. Im Untersuchungsbericht dagegen gibt der Gutachter Rechenschaft über die Ergebnisse, die er beim Probanden ermittelt hat, allein oder im Team.

Diese Rechenschaft stellt den Gutachter vor eine besondere Schwierigkeit, sie hat mit den Verfahren zu tun, die ihm zur Verfügung stehen. Gleichgültig, welche psychologischen Instrumente er einsetzt: die Ergebnisse, die sie liefern, sind fehlerbehaftet, ihre Aussagekraft ist daher eingeschränkt. Solange der Gutachter mit einem Einzelverfahren beschäftigt ist, kann er die Tragweite von Ergebnissen nur schwer abschätzen. Erst der Vergleich von Resultaten, die aus mehreren Verfahren stammen, gewährt die Chance erhöhter Urteilssicherheit, verringert das Aussagenrisiko.

Daher liegt es nahe, über die Ergebnisse in zwei Schritten zu berichten: in einem ersten Schritt die Einzelergebnisse auszubreiten, in einem zweiten ihre Integration zu versuchen. Die Einzelergebnisse stellt der Untersuchungsbericht dar, den Integrationsschritt beschreibt der Befund.

Um die unterschiedliche Funktion der beiden Abschnitte auch sprachlich anzuzeigen und sie dem Gutachten-Empfänger sichtbar zu machen, empfiehlt sich eine unterschiedliche Darstellungsweise. Für den Untersuchungsbericht lautet der Vorschlag, die Resultate nur test- und situationsbezogen zu referieren, das heißt, sie in einer Formulierung mitzuteilen, die erkennen läßt, daß die Prädikation begrenzt bleiben soll auf das jeweilige Einzelverfahren und auf die jeweilige Untersuchungssituation. (Daß eine solche Begrenzung nicht völlig gelingen kann - weil jede Aussage einen Bedeutungsüberschuß enthält, der über Einzelverfahren und Einzelsituationen hinausgeht - diese wissenschaftstheoretische Frage sei ausgeklammert.)

Die Zurückhaltung bei der Prädikation bedeutet, daß der Gutachter im Untersuchungsbericht noch darauf verzichtet, die personspezifischen, die situations- und methodenspezifischen Anteile in den Ergebnissen zu trennen. Eine solche Trennung verschiebt er, bis alle Einzelresultate referiert vorliegen: bis zum Befund.

Ein alternatives Konzept bestünde darin, die Darbietung von Einzelergebnissen und ihre Vereinigung zu einem Gesamturteil simultan zu versuchen, also etwa von einem bestimmten Verfahren auszugehen, sofort den Vergleich zu ähnlichen Verfahren aufzunehmen und so fortschreitend die Urteilsbasis zu verbreitern. Im G-Schema wird die sukzessive Anordnung gewählt, weil sie dem Urteilsgang mehr Überschaubarkeit gibt.

Was von der Vorgeschichte gilt: daß sie mehr ist als eine Registratur neutraler Informationselemente, daß sie als 'Quellensammlung' unter einer selektiven Perspektive entsteht, das trifft in noch höherem Grade auf den Untersuchungsbericht zu: Auswahl der Verfahren, Umfang der Kommentierung, Unvoreingenommenheit oder Parteilichkeit der Stellungnahme - immer wieder kommt der Gutachter als urteilendes Subjekt ins Spiel.

Aus dem Anliegen, im Untersuchungsbericht die Ergebnisse nur test- und situationsbezogen zu referieren, leiten sich spezielle Formulierungsvorschläge ab. Wegen ihrer Bedeutsamkeit seien diese Vorschläge ausführlich begründet.

5.3.2 Abfassungsregeln zum Untersuchungsbericht

Über jedes Verfahren wird ein eigener Untersuchungsbericht erstellt. Für alle Berichte wird der gleiche Aufbau vorgeschlagen. Im folgenden seien dazu zuerst allgemeine Vorschläge unterbreitet, dann einige Sonderregelungen besprochen.

Grundriß

Als genereller Grundriß wird eine Gliederung in vier Abschnitte empfohlen:

(1) Testbeschreibung: dem Fragesteller oder Adressaten als Laien wird das Verfahren vorgestellt.
(2) Verhaltensbeschreibung: es wird angegeben, wie der Pb sich in der Untersuchungssituation verhalten hat.
(3) Ergebnisbericht: die Resultate werden als Zahlen (oder Kürzel) vorgelegt.
(4) Interpretation: die Zahlen (oder Kürzel) werden in ihrem Bedeutungsgehalt erläutert.

Die Testbeschreibung als erster Abschnitt eines Untersuchungsberichts umreißt das Feld überhaupt möglicher Aussagen: der Empfänger erfährt, welches Merkmal ein Verfahren zu erfassen beansprucht.

Der zweite Abschnitt hat zwei Aufgaben. Die Beschreibung des situativen Verhaltens soll klären helfen, wie sachgerecht das Verfahren durchgeführt worden ist. (Wenn etwa ein Pb zu verstehen gäbe, er werde einen Fragebogen so beantworten, daß er selber in günstigem Licht erscheine, so müßte diese Haltung in den Scores gar nicht erkennbar werden, für die Interpretation wäre sie entscheidend.) Die Verhaltensbeobachtung soll darüberhinaus zu einer allgemeinen Beschreibung des Pb beitragen: die Testsituation provoziert nicht nur die Verhaltensweisen, die ein Verfahren messen soll, sondern auch andere, die nicht angezielt waren; ein Intelligenztest etwa erfordert nicht nur intellektuelle Leistungen, sondern auch Konzentration, er verlangt Kooperation mit dem Untersucher, gegebenenfalls die Verarbeitung von Mißerfolgserlebnissen. - Soweit solche Verhaltensweisen beobachtbar und klassifizierbar erscheinen, sollte der Untersucher sie festhalten; möglicherweise helfen sie später, ein Urteil zu stützen oder zu akzentuieren.

Daß die Verhaltensbeobachtung zu Verfälschungen führen kann, - vor allem, wenn sich der Untersucher in kühnen Interpretationen versucht - diese Gefahr ist unbetreitbar. Dieser Klippe entgeht der Gutachter noch am ehesten, wenn er sich möglichst nahe an eine Beobachtungssprache hält.

Der Ergebnisbericht als dritter Abschnitt des Untersuchungsberichts legt die wichtigsten Resultate vor, konzentriert in Scores (bei Tests und Fragebogen) oder in Kürzeln (etwa bei projektiven Verfahren). Den Umfang bestimmt (unter dem Aspekt der Fragestellung) der Gutachter: ob er bei einem Test sowohl Rohwerte als auch Standardwerte mitteilt, ob er einen Score durch Prozentränge veranschaulicht, muß er im Blick auf seinen Adressaten entscheiden.

Enthält ein Verfahren mehr als zwei oder drei Einzelscores, erleichtert der Schreiber die Übersicht, wenn er sie in Listenform anordnet. Dabei kann er auch den Zusammenhang zwischen Zahlenwert und darin repräsentiertem Merkmal angeben, zum Beispiel in folgender Weise, einem Ausschnitt aus einem Ergebnisbericht über den IST 1).

---

1) IST 70: Intelligenz-Struktur-Test 70. Autor: R. Amthauer. Göttingen: Hogrefe, 1974 (4. Auflage).

Im Intelligenz-Struktur-Test erreichte Herr K. folgende Ergebnisse, mitgeteilt als Standardwerte (SW) für die einzelnen Untertests (UT):

UT		SW	Konstrukt
SE	(Satzergänzung)	103	Urteilsbildung (common sense)
WA	(Wortauswahl)	95	Erfassung sprachl. Bedeutung
AN	(Analogien)	116	Kombinationsfähigkeit
usw.			

Wenn zu einem Verfahren nur zwei oder drei Werte mitzuteilen sind, ist eine Darstellung in fortlaufendem Text genauso übersichtlich wie eine Liste, etwa folgendermaßen:

> Im Praktisch-Technischen Verständnistest 1) erreichte Herr X. 14 Rohwertpunkte, dem entspricht ein Standardwert von 88 und ein Prozentrang von 12.

Der vierte Abschnitt des Untersuchungsberichtes, die Interpretation, formuliert explizit den Bedeutungsgehalt der Zahlen oder Kürzel, die der Ergebnisteil vorlegt; er erklärt dem Laien, was die Zahlen bedeuten, er führt damit die Übersetzungsarbeit weiter, die eine Zuordnungsliste im Ergebnisteil einleitet. Für das IST-Beispiel könnte die Interpretation etwa lauten:

> Die Ergebnisse sprechen für eine durchschnittliche Ausprägung der Urteilsbildung und der Erfassung sprachlicher Bedeutungen, dagegen für eine überdurchschnittliche Kombinationsfähigkeit.

Von der Fragestellung hängt es ab, welche Ergebnisse der Gutachter in der Interpretation herausstellt: ob jedes Einzelresultat oder nur charakteristische Werte. Bei einem Eignungsgutachten mag es genügen, nur Charakteristika anzuführen (z.B. Scores über oder unter einem Kriteriumswert). Bei einem forensischen Gutachten kann es dagegen geboten sein, auch unauffällige Merkmalsausprägungen anzugeben (z.B. zu betonen, daß aggressive Tendenzen 'nur' in durchschnittlichem Maße angezeigt werden).

---

1) PTV: Praktisch-Technischer Verständnistest. Autor: R. Amthauer. Göttingen: Hogrefe, 1972

Varianten

Eine vierteilige Gliederung für den Untersuchungsbericht vorzuschlagen heißt nicht die Forderung erheben, sie in jedem Einzelfalle einzuhalten. Der Kontext kann, wie Beispiele zeigen, Abweichungen nahelegen:

- Wenn der Gutachter weiß, daß der Empfänger ein Verfahren kennt, läßt er die Testbeschreibung aus.
- Wenn ihm in der Testsituation nichts am Verhalten des Probanden bemerkenswert erscheint, entfällt die Verhaltensbeschreibung.
- Bei projektiven Verfahren wird aus Platzgründen in der Regel der Ergebnisbericht wegbleiben müssen. So dürfte es nur in Ausnahmefällen geraten sein, das Psychogramm eines Rorschachbefundes 1) mit seinen technischen Details aufzunehmen oder das Auswertungsschema eines TAT 1) aufzuführen.
- Die Interpretation läßt sich in einem Falle als fortlaufender Text abfassen, in einem anderen Falle genügt eine Liste von Stichworten.

Eine Sonderstellung nimmt der Untersuchungsbericht zu Exploration oder Anamnese ein. Die Testbeschreibung dürfte sich erübrigen, dagegen bleiben Verhaltensbeschreibung, Ergebnisbericht und Interpretation sinnvolle Einteilungsgesichtspunkte, aber ihre Funktion stellt sich anders dar: Man faßt die Gespräche zusammen, indem man einleitend die Beteiligung des Probanden schildert (Verhaltensbeobachtung), dann alle Aussagen zu demselben Themenkreis je an einer Stelle zusammenzieht, obwohl sie im Gespräch an verschiedenen Abschnitten auftauchen (Ergebnisbericht), schließlich die wichtigsten Aussagen, gleichsam einen Extrakt, getrennt zusammenstellt (Interpretation). - Zu diesem Thema sei ein kurzer Exkurs angefügt (Seite 67); die Eigenart des Verfahrens rechtfertigt einige Wiederholungen.

Sprachregelungen

Damit die vier Abschnitte des Untersuchungsberichts dem Kon-

---

1) Rorschach: Formdeuteverfahren. Autor: H. Rorschach. Bern: Huber, 1962 (8. Auflage).
TAT: Thematischer Apperzeptionstest. Autor: H.A. Murray. Cambridge, Mass.: Harvard Univ. Press, 1943.

zept der test- und situationsbezogenen Darstellung mehr entsprechen, empfiehlt sich folgende Sprachregelung:

- Verhaltensbeschreibung und Ergebnisbericht werden im Imperfekt abgefaßt.
- Die Interpretation wird unpersönlich formuliert.

Das Imperfekt als Berichtstempus bei Verhaltensbeschreibung und Ergebnisbericht soll sprachlich zum Ausdruck bringen, daß die Aussagen auf Einzelverfahren und Einzelsituationen fixiert bleiben sollen. Es soll also zum Ausdruck kommen, daß bestimmte Beobachtungen an einer bestimmten Zeitstelle der Vergangenheit getroffen worden sind, daß sie aber noch nicht als reproduzierbare Phänomene klassifiziert werden.

Der Vorschlag einer unpersönlichen Prädikation betrifft den Zusammenhang zwischen Score, Merkmal und Probanden, er setzt voraus, daß man diesen Zusammenhang auf zweierlei Art darstellen kann: einmal, indem man das im Score repräsentierte Merkmal dem Probanden persönlich zuspricht, ein andermal, indem man den Score neutral durch die Merkmalsausprägung erläutert. Beispiele können die zwei Möglichkeiten veranschaulichen.

Herr Z. habe im FAF 1) den Stanine-Wert 8 2) erhalten. Die persönliche Prädikation würde lauten: "Herr Z. ist in einem überdurchschnittlichen Maße aggressiv." In unpersönlicher Formulierung würde es dagegen heißen: "Es zeigte sich eine überdurchschnittlich starke Aggressivität." Zwei weitere Beispiele:

Persönliche Prädikation:	Unpersönliche Prädikation:
Herr Z. ist überdurchschnittlich intelligent.	Das Testergebnis spricht für eine überdurchschnittliche Intelligenz.
Herr Z. verfügt über eine hohe Konzentrationsfähigkeit.	Es wurde eine hohe Konzentrationsfähigkeit erkennbar.

1) FAF: Fragebogen zur Erfassung von Aggressivitätsfaktoren. Autoren: Hampel und Selg. Göttingen: Hogrefe, 1975.
2) Stanine: Standard Nine Score mit Mittelwert = 5 und Standardabweichung = 2.

Worin unterscheiden sich die beiden Aussageformen? In der persönlichen Prädikation werden Proband und Merkmal partiell identifiziert (die Aggressivität wird explizit als eine Eigenschaft von Herrn Z. dargestellt). In der unpersönlichen Prädikation wird sprachlich diese Identifizierung vermieden, das Ergebnis wird neutral erläutert (ein Stanine-Wert von 8 zeigt eine überdurchschnittlich starke Aggressivität an); vermieden wird damit die Entscheidung, wie groß im Score der person- und wie groß der situationsspezifische Anteil ist.

Die unpersönliche Prädikation drückt sprachlich den Vorbehalt gegen die Annahme aus, ein Einzelverfahren erlaube einen zuverlässigen Schluß auf die Merkmalsausstattung eines Probanden. Sie trägt der Möglichkeit Rechnung, daß ein gleichartiges Verfahren in derselben Untersuchung gegenteilige Schlüsse erfordern könnte.

Die beiden Vorschläge einer Sprachregelung (Imperfekt, unpersönliche Prädikation) tragen dazu bei, formale Widersprüche zwischen den Aussagen eines Gutachtens zu vermeiden. Widersprüche könnten entstehen, wenn einem Probanden ein Merkmal einmal zugesprochen und einmal nicht zugesprochen wird: zugesprochen in der persönlichen Prädikation eines Untersuchungsberichtes (Herr Z. ist aggressiv), nicht zugesprochen im Befund, weil sich bei einer Gesamtbeurteilung herausstellt, daß Einzelresultat gegen Einzelresultat steht (die Aussage folglich lauten muß: Es ist **nicht** auszumachen, ob Herr Z. aggressiv ist).

Diese Begründung impliziert die Möglichkeit, im Untersuchungsbericht die persönliche Prädikation bei solchen Aussagen zu verwenden, über deren 'definitive' Aussagenqualität der Gutachter sich klar ist.

Gewiß darf man die Bedeutung der beiden sprachlichen Festlegungen **nicht überschätzen.** Schließlich enthalten Scores von einem Probanden immer Aussagen über einen Probanden. Auch gibt es andere Möglichkeiten, kontrastierende Befunde zu erklären, als die, Aussagen in der Schwebe zu halten. Aber die Art, in der solche Erklärungen und Zusammenhänge sprachlich gestaltet werden, bestimmt das Gewicht mit, das ein Resultat im Urteil des Empfängers erhält. Wer erlebt hat, wie mit Bruchstücken eines Gutachtens argumentiert wird - etwa in Plädoyers von Verteidiger und Staatsanwalt - der wird sprachliche Differenzierungen nicht als Spitzfindigkeiten abtun. Die beiden Vorschläge, Ergebnisse im Imperfekt mitzuteilen und sie unpersönlich zu interpretieren, sollen zu ihrem

Teil verhindern helfen, daß der Gutachter auf eine Aussage in einer Weise festgelegt wird, die seiner Intention zuwiderläuft.

Bevor die Abfassungsregeln zum Untersuchungsbericht in einem Resümee zusammengefaßt werden, seien zwei Abschnitte eingeschoben: der eine betrifft konkrete Schritte der Berichterstellung, der andere den Exkurs zu Exploration und Anamnese.

Drei Auswertungsschritte

Bei Verfahren, die eine Vielzahl von Einzelergebnissen liefern, lohnt es sich, den Untersuchungsbericht in drei Schritten zu erstellen:

- Schritt 1: Die Verfahren werden ausgewertet nach Zahlen und Kürzeln.
- Schritt 2: Die Zahlen und Kürzel werden in Stichworten interpretiert.
- Schritt 3: Der vollständige Text wird abgefaßt.

Exkurs: Exploration oder Anamnese als Untersuchungsbericht 1)

Ein Untersuchungsbericht über Exploration oder Anamnese stellt die Schilderung des Probanden möglichst genau, aber in gestraffter Form dar; es handelt sich also um eine spezielle Art der **Inhaltsangabe** eines Gespräches (deskriptive Ebene). Eine **Interpretation** der Aussagen ist ein zusätzlicher Auswertungsschritt, darum auch in der Darstellung zu trennen von der Wiedergabe des Gespräches, zum Beispiel dadurch, daß man sie als Zusammenfassung an den Schluß des Untersuchungsberichtes setzt und sie eindeutig vom übrigen Text abhebt.

Am Beginn steht eine Kennzeichnung des Verhaltens während der Exploration oder Anamnese (Eingehen auf Fragen, Ausweichen, Blickkontakte, usw.). Wenn das Verhalten bei bestimmten Themen erheblich variiert, sollte die Wiedergabe dies anmerken (z.B. "Auf Fragen nach der Beziehung zu seiner Frau ging Herr H. nur zögernd ein, berichtete aber dann, er sei ...").

---

1) In Anlehnung an Tismer-Puschner und Kipnowski.

Zur Kennzeichnung der mittelbaren Wiedergabe sollte man (wie in der Vorgeschichte) die Aussagen im Konjunktiv referieren (z.B. "Er berichtete, er habe seinen Bruder nie gemocht.") Unstrittige Angaben können auch im Indikativ erscheinen, wie etwa Alter, Geburtsort, usw.

Was die Gliederung angeht, so empfiehlt es sich, bei Biographien chronologisch zu berichten, bei Aussagen über die augenblickliche Situation thematische Einheiten zu bilden.

Die Themen, die der Proband in seiner Schilderung hervorhebt, sollten eigens gekennzeichnet werden (z.B.: "Mehrfach berichtete er über Situationen, in denen er durch besondere Leistungen Anerkennung unter Gleichaltrigen gefunden habe.") Solche zusammenfassenden Sätze müssen durch konkrete Situationsschilderungen verdeutlicht werden (z.B. "So habe er schon als Siebenjähriger ausgezeichnet Fußball gespielt, er sei in der Schülermannschaft Mittelstürmer gewesen.")

Festhalten sollte man auch, welche Themen der Proband spontan berührt und welche er nur auf Nachfragen hin angesprochen hat.

Innerhalb des Untersuchungsberichtes erscheinen keine Überschriften, doch können Stichworte unterstrichen oder gesperrt werden.

Zitate sollte man sparsam verwenden, um die Wiedergabe nicht anschwellen zu lassen. Sie sollten aber auftauchen, wenn sie eine Einstellung oder ein Verhalten des Probanden in besonders treffender Weise verdeutlichen.

Resümee

Die **Abfassungsregeln** zum Untersuchungsbericht lassen sich wie folgt zusammenfassen:

- (1) Jedes Verfahren erhält einen eigenen Untersuchungsbericht.
- (2) In der Regel sollte sich der Untersuchungsbericht in vier Abschnitte gliedern:
  - (a) Testbeschreibung,
  - (b) Verhaltensbeschreibung,
  - (c) Ergebnisbericht,
  - (d) Interpretation.
- (3) Berichtstempus für die Verhaltensbeobachtung und den

Ergebnisteil sollte das Imperfekt sein.

- (4) Die Interpretation sollte unpersönlich formuliert werden.
- (5) Bei projektiven Verfahren entfällt meist der Ergebnisbericht.
- (6) Exploration und Anamnese werden nicht in wörtlicher Wiedergabe, sondern in einer thematisch gegliederten Zusammenfassung aufgenommen.
- (7) Bei Verfahren, die sehr viele Einzelaussagen ermöglichen, lohnt es sich, den Untersuchungsbericht in drei Schritten abzufassen (Schritt 1: quantitative Auswertung; Schritt 2: stichwortartige Interpretation; Schritt 3: vollständiger Text).

5.3.3 Beispiele zum Untersuchungsbericht

Es folgen zwei Beispiele. Das erste bezieht sich auf einen Leistungstest (IST), das zweite faßt eine Exploration nach dem vorgeschlagenen Muster zusammen.

Beispiel 1 zum Untersuchungsbericht:

Intelligenz-Struktur-Test von Amthauer

Herr Denk, Student, 24 Jahre alt, unterzog sich einer Eignungsuntersuchung. Dabei wurde der Intelligenz-Struktur-Test vorgelegt. - Die Erstellung des Untersuchungsberichts sei mit den drei Schritten beschrieben, die sich bei längeren Verfahren nützlich erweisen:

Schritt 1 besteht in der quantitativen Auswertung,
Schritt 2 in einer stichwortartigen Interpretation,
Schritt 3 enthält den vollständig ausformulierten Untersuchungsbericht.

Nur zur Erinnerung sei gesagt, daß allein Schritt 3 in das Originalgutachten eingeht: Schritt 1 und 2 bereiten ihn vor.

Schritt 1: quantitative Auswertung

Abkürzungen:
UT = Untertest
RW = Rohwert
SW = Standardwert (M=100; SD=10)
A = Ausprägung (Vergleich zur Altersgruppe)
D = Kritische Differenz zwischen UT und Gesamt-SW (5%)

PR = Prozentrang
IQ = Intelligenzquotient

UT	RW	SW	A	D
SE	12	103	Ø	6,8
WA	9	95	Ø	7,6
AN	16	116	Über-Ø	8,1
GE	13	106	Ø	6,5
ME	12	103	Ø	7,1
RA	17	122	Über-Ø	6,5
ZR	15	113	Über-Ø	5,8
FA	14	110	Ø	8,5
WÜ	12	106	Ø	7,3

Gesamt-SW: 109, IQ: 112-115, PR: 79-84, Schul-SW (Abitur): 100, IQ: 100, PR: 50
Flexibilitäts-Index: -1

Kommentar: Die Vertrauensbereiche seien in der Auswertung mitangegeben (Einzelner SW ± Krit.Diff.), unter der Annahme, daß die implizit verwandten Stichprobenparameter (SE, r_{tt}) die individuelle Charakterisierung mitbetreffen: eine problematische Annahme.
In der Benennung der Ausprägung benutzen wir das grobe Schema 'durchschnittlich', 'überdurchschnittlich' ('unterdurchschnittlich'), - auch wenn der 'wahre Wert' in einem Grenzbereich liegt (z.B. bei ZR, AN, Gesamt-SW).

Schritt 2: Interpretation in Stichworten

(I) Gesamtfunktion:

° Gesamtintelligenz im Vergleich zur Gruppe der 24-Jährigen: gut durchschnittlich,
° Intelligenz im Vergleich zur Gruppe der Abiturienten: durchschnittlich.

(II) Teilfunktionen:

(a) Vergleich mit der Altersgruppe:
° Zahlengebundenes Denken (RA, ZR): überdurchschnittlich,
° Sprachliche Funktionen in dem Sinne von Urteilsbildung (SE), Erfassen sprachlicher Bedeutungen (WA), Kombinations- (AN) und Abstraktionsfähigkeit (GE): durchschnittlich,
° Räumliches und figurales Vorstellen (WÜ, FA): durchschnittlich,
° Merkfähigkeit (ME): durchschnittlich

(b) Vergleich mit dem eigenen Mittelwert:
° Praktisch-rechnerisches Denken (RA): überdurchschnittlich,
° Erfassen sprachlicher Bedeutungen (WA): unterdurchschnittlich.

Kommentar: Die Interpretation gliedert sich in zwei Einheiten: Aussagen zur Gesamtintelligenz (I) und zu Teilfunktionen (II), - zu akzeptieren nur von dem, der die Bildung eines Gesamtscores im IST gelten läßt.

Abschnitt I besteht aus einem normativen Vergleich (mit der Alters- und mit einer Bildungsgruppe). Abschnitt II bringt erst einen normativen, dann einen ipsativen Vergleich (mit dem eigenen mittleren Leistungsniveau, repräsentiert durch den Gesamtstandardwert).

Unter den Subtests bilden wir, bei dem normativen Vergleich, vier Aussagegruppen, mehr aufgrund der Item-Inhalte als aufgrund einer der unterschiedlichen Faktorenanalysen:

- Sprachbezogene Leistungen (SE, WA, AN, GE),
- Zahlengebundene Leistungen (RA, ZR),
- Räumliche Vorstellung (FA, WÜ),
- Merkfähigkeit (ME).

Der ipsative Vergleich hebt nur die 'Spitzen' und 'Tiefs' hervor.

Eine solche Gliederung kann nur eine von mehreren Möglichkeiten sein.

In der Umschreibung der Konstrukte, welche die Untertests abfassen, folgen wir dem Testautor, vor allem, um dem Leser das Nachschlagen zu erleichtern. - Die Gegenvorschläge von Weise (1975, 85), die sich mehr an der Faktorenstruktur orientieren, greifen wir in dem ausformulierten Text, Schritt 3, auf.

Die Charakterisierung der Gesamtintelligenz als 'gut durchschnittlich' soll anzeigen, daß der wahre Wert - auch bei Beachtung des Konfidenzintervalles - über dem Mittelwert liegt.

Schritt 3, Version A: Untersuchungsbericht zum **IST Langfassung**

(Testbeschreibung) Der Intelligenz-Struktur-Test-70 von AMTHAUER ermöglicht eine Einstufung der allgemeinen Intelligenz durch Vergleich mit der Alters- und mit verschiedenen Bildungsgruppen. Darüberhinaus erlaubt er Aussagen über die Ausprägung von intellektuellen Teilfunktionen.

(Verhaltensbeobachtung) Herr Denk erfaßte die Aufgabenstellungen jeweils sofort, nie brauchte die Instruktion wiederholt zu werden. Gegen Ende äußerte er, daß er sich überfordert fühle.

(Ergebnisteil: Darstellung im Imperfekt) Herr Denk erreichte folgende Ergebnisse, mitgeteilt als Standardwerte (SW) für die einzelnen Untertests (UT):

UT	SW	Konstrukt
SE (Satzergänzung)	103	Urteilsbildung (common sense)
WA (Wortauswahl)	95	Erfassen sprachl. Bedeutungen
AN (Analogien)	116	Kombinationsfähigkeit
GE (Gemeinsamkeiten)	106	Sprachl. Abstraktionsfähigkeit
ME (Merkaufgaben)	103	Merkfähigkeit
RA (Rechenaufgaben)	122	Praktisch-rechnerisches Denken
ZR (Zahlenreihen)	113	Theoretisch-rechner. Denken
FA (Figurenauswahl)	110	Figurales Vorstellen
WÜ (Würfelaufgaben)	106	Räumliches Vorstellen

Kommentar: Schritt 3 wird in zwei Versionen vorgestellt, einer Lang- und einer Kurzfassung. Der Gesamtzusammenhang sollte entscheiden, welche Darstellungsform man wählt. - Die Kurzfassung reduziert die Aussagen möglichst auf Stichworte, die eine rasche Orientierung erleichtern.

Der Gesamtstandardwert betrug 109, ihm entspricht ein Intelligenzquotient (IQ) von 112 - 115 und ein Prozentrang von 79 - 84, der besagt, daß die Leistung höher liegt als bei etwa 78 Prozent der Altersgruppe, aber niedriger als bei etwa 15 Prozent.

Der Schulstandardwert, bezogen auf die Gruppe der Abiturienten, lag bei 100, ihm entspricht ein IQ von 100 und ein Prozentrang von 50.

Der Flexibilitätsindex hatte den Wert von -1.

(Interpretation: unpersönliche Prädikation) Die Ergebnisse sprechen, wenn man sie auf die Gruppe der Gleichaltrigen bezieht, für ein gut durchschnittliche Gesamtintelligenz. Im Vergleich zur Gruppe der Abiturienten ist die Intelligenz als durchschnittlich einzustufen.

Was einzelne Teilfunktionen angeht, so ist im Hinblick auf die Altersgruppe das zahlengebundene Denken überdurchschnittlich ausgeprägt; gemeint ist die Beherrschung der vier Grundrechenarten und, in diesem Sinne, das induktive logische Denken. Gut durchschnittlich ist die Raumvorstellung, also die Fähigkeit, sich entsprechende Gegebenheiten zwei- oder dreidimensional zu vergegenwärtigen. Durchschnittlich ist die Merkfähigkeit. Als durchschnittlich lassen sich auch die sprachlichen Leistungen einstufen: es geht um Urteilsbildung und Erfassen sprachlicher Bedeutungen (verstanden als logisches Denken und Wortverständnis, bezogen auf den passiven Wortschatz), um Kombinations- und Abstraktionsfähigkeit (verstanden als Erfassen von Beziehungen zwischen sprachlich dargestellten Sachverhalten und als Denken, das vom Besonderen zum Allgemeinen geht).

Im Vergleich zum mittleren individuellen Leistungsniveau findet sich ein Schwerpunkt bei praktisch-rechnerischem Denken, dagegen ein Leistungstiefpunkt beim Erfassen sprachlicher Bedeutungsgehalte.

Kommentar: Die Gesamtergebnisse (Gesamtscore, Schul-SW) werden in Sätzen vorgestellt, sie werden durch Prozentrang und IQ kurz erläutert und veranschaulicht. Wie Version B zeigt, können auch diese Angaben in Listenform gemacht werden.
In der Interpretation vermeiden wir wertende Ausdrücke, wie etwa 'gute Leistungen', 'Leistungsschwächen', usw. Stattdessen sprechen wir von 'durchschnittlichen Leistungen' oder von 'Leistungstiefpunkt', usw.

Schritt 3, Version B: Untersuchungsbericht zum **IST Kurzfassung**

(Testbeschreibung: wie in Version A).

(Verhaltensbeobachtung) Rasche Aufgabenerfassung. Äußerungen von Überforderung gegen Ende des Test.

(Ergebnisbericht) Herr Denk erreichte folgende Ergebnisse, mitgeteilt als Standardwerte (SW) für die einzelnen Untersuchungstests (UT):

UT	SW	Konstrukt	Ausprägung
SE	103	Urteilsbildung (logisches Denken, Wortverständnis)	durchschnittlich
WA	95	Erfassen sprachlicher Bedeutungen (Wortverständnis, passiver Wortschatz)	durchschnittlich
AN	116	Kombinationsfähigkeit (Erfassen von Beziehungen)	überdurchschnittlich
GE	106	Abstraktionsfähigkeit	durchschnittlich
ME	103	Merkfähigkeit	durchschnittlich
RA	122	Praktisch-rechnerisches Denken (Beherrschung der vier Grundrechenarten, logisches Denken)	überdurchschnittlich
ZR	113	Theoretisch-rechnerisches Denken (induktives Denken)	überdurchschnittlich
FA	110	Räumliches Vorstellen (zweidimensionale Gegebenheiten vergegenwärtigen)	gut durchschnittlich
WÜ	106	Räumliches Vorstellen (dreidimensionale Gegebenheiten vergegenwärtigen)	durchschnittlich

Gesamt-SW Prozentrang	109 79-84	Gesamtintelligenz: gut durchschnittlich
Schul-SW Prozentrang	100 50	Intelligenz bezogen auf die Gruppe der Abiturienten: durchschnittlich

(Interpretation) Die Ergebnisse stützen folgenden charakteristische Aussagen:

- Gesamtintelligenz: im Vergleich zur Altersgruppe gut durchschnittlich, im Vergleich zur Gruppe der Abiturienten durchschnittlich.
- Teilfunktionen des rechnerischen Denkens (Beherrschung der vier Grundrechenarten, logisches Denken) und der Kombinationsfähigkeit (Erfassung von Beziehungen zwischen sprachlich dargestellten Sachverhalten): im Vergleich zur Altersgruppe überdurchschnittlich.
- Teilfunktion des Erfassens sprachlicher Bedeutungsgehalte (Wortverständnis, passiver Wortschatz): im Vergleich zum individuellen mittleren Leistungsniveau unterdurchschnittlich. Dagegen praktisch-rechnerisches Denken: überdurchschnittlich.

Kommentar: Die Kurzfassung reduziert die Interpretation auf charakteristische Aussagen, hier verstanden als Angaben zum Gesamtergebnis sowie zu den über- und unterdurchschnittlichen Ausprägungen. Damit der Empfänger trotzdem die Einzelergebnisse einordnen kann, nennt der Ergebnisbericht explizit die Ausprägungsgrade.

Beispiel 2 zum Untersuchungsbericht: **Exploration**

Aus dem Gespräch mit Herrn Winne, einem 18jährigen Gymnasiasten, seien zunächst einige Abschnitte wörtlich wiedergegeben, dann diese Abschnitte in einem Untersuchungsbericht zusammengefaßt.

Wörtliche Wiedergabe von Explorationsabschnitten:

1) (Erzählen Sie mir bitte, was Sie über die Pfingsttage gemacht haben.) Am Samstag lang geschlafen. Freitag, da hab ich nur meine Schwester begleitet zur Krankengymnastin; ich hab auf die Kinder aufgepaßt. Das mach ich hie und da mal. Und da sind wir später noch ein Bier trinken gegangen. (Mit Ihrer Schwester?) Ja, mit meiner Schwester und dieser Krankengymnastin. Ja, und dann bin ich nachhause.
2) (Und Samstag?) Samstag bin ich dann so am Spätnachmittag nach K. gefahren, da hab ich da noch einige Freunde, und da sind wir erst so ein Stückchen spazierengegangen, und dann bin ich noch - in diesem Fall zu 'ner Freundin von mir, und später sind wir noch mal zurück zu den Freunden und haben da den Abend verbracht, ja und auch ein bißchen von der Nacht, ich hab dann da geschlafen.
3) Und sonntags nach dem Frühstück sind wir noch ein bißchen spazierengegangen. (Wer ist da mitgegangen?) Diese Freundin von mir, mein Freund und dessen Freundin. Um zwei Uhr sind wir dann hoch zu mir gefahren, da haben wir noch etwas gegessen, bei uns, und uns unterhalten, und dann ... mit meinem Hund haben wir dann noch einen riesigen Spaziergang gemacht, so bis ... naja sieben Uhr abends. (Und wer ist da mitgegangen?) Auch die gleichen Leute, ja der Hund noch!
4) (Woher kennen Sie Ihren Freund?) Och, den hab ich ..., also gesehen hab ich ihn schon mal vor drei Jahren, aber ich glaub, kennengelernt hab ich ihn, ich mein, in H., im Jazz-Club. Da gab es früher so einen Jazz-Keller, da waren wir so samstagabends. Ich mein, daß ich ihn da kennengelernt hätte. (Was macht er beruflich?) Der geht auf 'ne Schule, auf'n Gymnasium in K. Ja, der muß noch ... auf Obersekunda ist er, glaub ich. (Ja, und Ihre Freundin?) Die ist in K. auch auf'm Gymnasium. (In welcher ...?) Unterprima.
5) (Fahren Sie samtags öfter dorthin? Können sie einfach ...?) Ja, ich rufe meistens vorher an. Ach so, ja, ich rufe meistens vorher an, ob sie zu Hause sind. Ja, manchmal kommen sie hoch zu mir, oder ich fahr runter nach K.,

da sie alle in K. wohnen. Ja, das mach ich zwei, drei Samstage im Monat. (Ja.) Das ist ganz verschieden. Ja, und meistens bleib ich dann so bis Sonntagnachmittag oder so. (Und was tun Sie dort, zusammen?) Och, meistens unterhalten, so über alles mögliche, schauen manchmal auch Fernsehen oder gehen einen trinken manchmal auch und hm ... ja, hin und wieder spielen wir auch Karten zusammen, weil einige das gerne machen, und ... ja, sonst unterhalten wir uns, diskutieren je nachdem ...

6) (Können Sie mal ein Thema nennen, worüber Sie da diskutieren?) Oh, das ist ... (Hier, letzte Woche, worüber haben Sie da gesprochen?) Da haben wir uns über Berlin unterhalten. Dieser Freund von mir war - ich war auf 'ner Klassenfahrt dort - und er war jetzt vorige Woche dort. Da uns das beiden ganz gut gefallen hat, haben wir uns so politisch über Berlin, West und Ost, und überhaupt DDR unterhalten, so Vor- und Nachteile. (Ja, ja, ja. Beteiligten sich auch die beiden Freundinnen daran?) Ja, doch, meistens. Also zuletzt haben sie sich, soweit sie was wußten, daran beteiligt, das tun sie auch meistens.

7) (Welche anderen Themen schneiden Sie an ...?) Kirche haben wir uns öfter mal drüber unterhalten und ... (Können Sie das mal beschreiben?) Ja, zu zweit, haben uns unterhalten, wie die Kirche ..., ach, wie soll ich das sagen? ... den Einfluß auf Menschen, den sie ausübt, Menschen vergangener Zeiten oder jetzt noch, und wieweit die Menschen heute noch beeinflußbar sind durch die Kirche. Hm, ja ... (Und Ihre eigene und die Ihrer Freunde, die Stellungnahme da?) Also, meine ist, daß sie einen riesigen Einfluß, die Kirche, auf die Menschen hat, daß sie noch große Machtpositionen hat und daß das halt ..., daß die Kirche ja früher oftmals mehr Weltpolitik betrieben hat so in ihrem Interesse, daß oftmals der ... na, wie soll ich sagen? ... daß sie das ausgenutzt hat zu Machenschaften, Geschäften, früher also mit dem Namen der Kirche wurde das abgedeckt. So darüber haben wir uns auch hauptsächlich unterhalten. (Und heute, wie Sie das so sehen?) Hm, nicht so schlimm wie früher, es ist nicht in diesem Maße, daß die Kirche also der ..., daß das ein Deckmäntelchen für alle schlechten Geschäfte war. Heute, denke ich, daß die Leute ein bißchen aufgeklärter sind, daß es noch längst nicht mehr so viele ... Gewiß, es gibt noch sehr viel Leute, die unter großem Einfluß der Kirche stehen, gerade in den entwicklungsbedürftigen Ländern, Lateinamerika, aber daß insgesamt nicht mehr so viele Leute fest an die Kirche glauben, daß viele losgelöst davon sind.

8) (Können Sie noch andere Themen nennen, die Sie da be-

sprechen?) Hm, ja grad über Freizeit, Freizeit bei Jugendlichen, uns oft unterhalten, so, was die dann machen, daß viele nicht wissen, wo sie hingehen sollen, - ja, darüber haben wir eigentlich öfter mal gesprochen.

13) (Sie nannten Ihren Hund, Lesen, Fernsehen - was tun Sie noch gerne?) Hm, ja, ich geh gern aus, aber das ist nicht im Rahmen von zuhause. (Wohin würden Sie dann gehen, wenn Sie ausgehen?) Hm, also ja, ich geh gern mal essen, aber jetzt nicht allein, - mit Freunden oder mit einem meiner Geschwister. (Wen würden Sie da einladen oder mit wem würden Sie da gehen?) Mit meinem Bruder oder überhaupt mit meinen Geschwistern, hm, ja halt mit diesem Mädchen, dieser Freundin von mir, vielleicht noch, vor allen Dingen, andere Jungens und paar andere Mädchen. (Und wo wohnen diese? Wohnen die in M?) Nein, die wohnen fast alle so zwischen O. und K., also so um K. hauptsächlich und, ja, zwischen O. und K. (Und in M. selber?) Da kenn ich kaum noch jemanden, ich wohn erst 'n halbes Jahr dort oben. (Sind Sie dort nur hingezogen?) Hm, (Wann?) Oktober war es, etwas länger als 'n halbes Jahr. (Und wo haben Sie vorher gewohnt?) In O.! (Wie kam es dann, daß Sie dorthin gezogen sind?) Bei uns in O. da soll jetzt so 'ne Umgehungsstraße gebaut werden, und - da mein Vater, überhaupt meine Eltern ziemlich die Ruhe lieben - wurde ihnen das zu laut oder wird ihnen das zu laut - gebaut ist es noch nicht - und dann war die Wohnung doch auf die Dauer zu klein. Wir hatten in M. das Grundstück dann vor zwei Jahren, glaub ich, zwei oder drei Jahren erworben und haben dann dort gebaut und sind im Oktober hingezogen.

23) (Sie erzählten von Ihren Geschwistern: Können Sie mal ...? Der wievielte sind Sie?) Ich bin der Jüngste, von dreien. Meine Schwester ist die Älteste, die wird jetzt fünfundzwanzig, und mein Bruder ist dreiundzwanzig, ich achtzehn. (Würden Sie mal erzählen, was Ihre Geschwister machen?) Meine Schwester, die ist fertig als Arzthelferin, die fängt im Juli in H. wieder an, da war sie früher schon mal. Und mein Bruder studiert hier in B. (Was macht der?) Geschichte, Sport und Pädagogik, der will Lehrer werden. (Wo hat Ihre Schwester ihre Ausbildung gemacht?) Ja, das war so, sie hat an und für sich mehr gemacht, sie hat vor drei, ich glaub, vor vier Jahren in H. als Krankengymnastin, aber ist sehr oft krank geworden, sie ist ziemlich zierlich und gebrechlich und hat einige Krankheiten gehabt, jedenfalls war ihr von ihrem damaligen Arzt verboten worden, weiterzumachen, ihre Ausbildung, und sie hat dann in B. hier bei 'nem Arzt,

nicht mehr als Krankengymnastin, als Arzthelferin angefangen, hat aber den Arzt nach ungefähr einem Jahr verlassen, weil es ihr dort nicht gut gefallen hatte, und ist dann nach K. gegangen und hat es fertig gemacht im April, ja Unfallklinik war es, glaub ich.

24) (Mit wem verstehen Sie sich am besten?) Mit meinem Bruder. Also mit meiner Schwester hab ich öfter Differenzen, weil die Interessen, und, was wir so manchmal in der Freizeit machen, das überschneidet sich bei meinem Bruder eher als mit meiner Schwester: es ist etwas anderes vielleicht. Wir geraten an und für sich nur über Kleinigkeiten so mal aneinander. Das verfliegt dann auch schnell (Wann war es das letzte mal?) Das letzte Mal? Vorgestern, da hatte ich vor längerer Zeit mal von ihr 'ne Flasche Sekt getrunken und 'ne Packung Zigaretten geraucht und hatte sie nicht gefragt, da war sie also böse. Das ist dann in kurzer Zeit wieder vorbei.

Untersuchungsbericht zur Exploration

In einem ausführlichen Gespräch berichtete Herr Winne über seine persönliche Situation. Bereitwillig ging er auf die gestellten Fragen ein. Er sprach langsam und mit vielen Pausen. Er neigte dazu, bei seinen Angaben sehr allgemein zu bleiben; genauere Einzelheiten schilderte er nur auf wiederholte Nachfragen des Untersuchers.

Er sagte, er sei der Jüngste unter drei Geschwistern, er habe eine Schwester von 25 und einen Bruder von 23 Jahren. Die Schwester habe einen Beruf als Krankengymnastin begonnen, aus Krankheitsgründen habe sie den Beruf wechseln müssen und sei Arzthelferin geworden. Der Bruder studiere Geschichte, Sport und Pädagogik und wolle Lehrer werden.

Herr Winne erklärte, daß er sich besser mit seinem Bruder verstehe, weil sie mehr gemeinsame Interessen hätten. Mit seiner Schwester habe er öfter Differenzen, aber nur wegen Kleinigkeiten (z.B. weil er ihre Zigaretten weggeraucht oder ihren Sekt weggetrunken habe, ohne sie zu fragen), solche Unstimmigkeiten seien aber rasch vergessen.

Über seine Kontakte zu Gleichaltrigen berichtete Herr Winne, er habe einen Freund, Obersekundaner wie er selber, mit dem er sich zwei-, dreimal im Monat samstags treffe, bei dem Freund oder auch bei sich zu Hause. Jeder von ihnen habe eine Freundin, die seien bei den Treffen auch dabei. Meistens blieben sie bis Sonntagnachmittag zusammen. In dieser Zeit diskutierten sie miteinander (über Themen wie das politische System der DDR, über den Einfluß der Kirche, über Freizeit von Jugendlichen); manchmal sähen sie gemeinsam fern oder spielten Karten, sie machten gemeinsam Spaziergänge oder besuchten ein Lokal.

Kommentar: Aus einer sehr ausführlichen Exploration erscheinen hier nur Aussagen über die Beziehung zu den Geschwistern und zu Freund,. Freundin. Es wird versucht die Wortgebung der originalen Exploration beizubehalten, aber gleichzeitig den Inhalt zu straffen.

Die Verhaltensbeobachtung, zu Beginn, und die Einleitungssätze der Einzelabschnitte stehen im Indikativ, die anderen Angaben im Konjunktiv (indirekte Rede: zum Zeichen der mittelbaren Wiedergabe).

Zusammenfassung der Exploration

> Überblickt man die Exploration insgesamt, so lassen sich ihr Hinweise entnehmen auf
>
> - ein spannungsfreies Verhältnis zu den Eltern (persönlicher zur Mutter als zum Vater);
> - eine freundschaftliche Beziehung zu Bruder und Schwester (wobei die Bindung an den Bruder enger zu sein scheint);
> - Anzeichen für lebhafte Kontakte zu Gleichaltrigen, besonders zu einem Freund und einer Freundin;
> - eine Tendenz, die Freizeit mit Beschäftigungen zu verbringen, die wenig Einsatz fordern (Fernsehen, Comics lesen, Klavierspiel nach "Lust und Laune", Spazierengehen mit Hund);
> - ein sehr konfliktbeladenes Verhältnis zur Schule (wenig Leistungsbereitschaft);
> - eine wenig strukturierte Berufs- und Zukunftsvorstellung.

Kommentar: Die Zusammenfassung bezieht hier die gesamte Exploration ein, auch die Abschnitte, die wörtlich wiedergegeben wurden. Den Inhalt verkürzen heißt Schwerpunkte festlegen, heißt in hohem Maße interpretieren. - Darum der Vorschlag, die Zusammenfassung deutlich von der 'Wiedergabe' abzuheben: durch einen überleitenden Satz, aber auch durch einen größeren freien Zwischenraum.

5.4 Abschnitt IV des Grundschemas: Befund

5.4.1 Funktion des Befundes

Im Untersuchungsbericht stellt der Gutachter die Ergebnisse test- und situationsbezogen dar, er trennt die person-, die situations- und methodenspezifischen Anteile noch nicht. Eben diese Trennung ist das Ziel bei Erstellung des Befundes.

Der Befund hat die Aufgabe, aus Vorgeschichte und Untersuchungsbericht jene Anteile zusammenzufassen, die für die beurteilte Person charakteristisch sind: er soll kein Verhalten mehr beschreiben, das nur in einzelnen Situationen oder nur bei einzelnen Verfahren auftritt, vielmehr Verhaltensanteile darstellen, die ein bestimmtes Maß an Invarianz besitzen. - Damit ergeben sich zwei Hauptprobleme: Erstens, wie lassen sich Verhaltensaussagen zusammenfassen? Zweitens, wie läßt sich Verhaltensinvarianz bestimmen? Das erste Problem sei unter dem Titel der 'Integration von Aussagen', das zweite unter dem der 'Konstanz und Variabilität' von Verhaltensweisen behandelt. Als drittes Stichwort kommt noch hinzu 'Deskription', - der Befund soll rein deskriptiv bleiben.

Integration von Aussagen

In derselben Untersuchung werden in der Regel unterschiedliche Verfahren verwandt, etwa Exploration/Anamnese einerseits und Leistungstests/Fragebogen andererseits. Naturgemäß leiten sich aus den verschiedenen Verfahrensgruppen Aussagengefüge her, die auf ungleichen Ebenen liegen: aus der Exploration z.B. Aussagen, die subjektive Beschreibungen des sozialen Umfeldes darstellen, aus Leistungstests z.B. Angaben, die objektivierte Aussagen über Intelligenzhöhe oder Konzentrationsfähigkeit repräsentieren.

> Wie kritisch man auch gegenüber Test oder Fragebogen eingestellt sein mag: ihre Konstrukte sind ausdrücklicher formalisiert als die von offenen Verfahren (auch wenn sie über die erklärten Anteile hinaus ihre Dunkel- und Leerstellen behalten).
>
> Wie reserviert man auch gegenüber Exploration oder projektiven Verfahren sein mag: ihre Aussagen können konkreter und exemplarischer eingeführt sein als die von Test oder Fragebogen (aber ihr Anteil an Dunkel- und Leerstellen ist

wohl noch größer als der bei psychometrischen Verfahren).

Lassen sich so unterschiedliche Aussagengefüge, wie sie den unterschiedlichen Verfahrensklassen entstammen, zu einem einzigen Gesamtsystem 'integrieren'? Wenn ja, dann folgen in demselben Befund Passagen aufeinander, die verschiedenen Aussagenebenen zugehören. Um im Beispiel zu bleiben: An die Aussagen über Intelligenz oder Konzentration, die psychometrisch gestützt sind, schließen sich Aussagen an über das soziale Umfeld, die 'nur' auf Gesprächen beruhen.

Hier betrifft das Problem der Integration den Befund als Gesamtkonzept, - die Frage, wieweit der Gutachter die Vielfalt von Informationsklassen zu einem einheitlichen Gesamtsystem 'integrieren' kann. Die gleiche Frage stellt sich verschärft unter einem neuen Aspekt: Integration mehrerer Aussagen zu einer einzigen Angabe.

Die Eigenart psychologischer Instrumente legt eine besondere Vorsicht der Aussagenweisen nahe. (Davon war immer wieder die Rede). Aussagen über einen Probanden sollten in der Regel nicht auf einem Einzelverfahren beruhen, sondern sich auf mindestens zwei Verfahren stützen. Diesem Vorschlag liegt die Überlegung zugrunde: Wenn wenigstens zwei Verfahren dasselbe Merkmal anzeigen, dann erscheint es weniger wahrscheinlich, daß ein zufälliger - ein bloß situativer, ein bloß methodischer - Effekt vorliegt. Wahrscheinlicher ist, daß ein systematischer Effekt manifest wird, - daß personspezifische Anteile eines Merkmals erkennbar werden (natürlich: im jeweiligen methodischen Kontext).

Damit stellt sich die Frage, wie der Gutachter erkennen kann, daß zwei Verfahren Indikatoren für dasselbe Merkmal liefern. Wenn man an die Vielfalt, ja Gegensätzlichkeit der theoretischen Annahmen denkt, die den verschiedenen Verfahren zugrundliegen, an die Unterschiede bei der Konstruktion, an die divergierenden Beschreibungen 'gleicher' Funktionsbereiche, dann umreißt diese Frage eine Aufgabe von erheblicher Schwierigkeit.

Um ein Beispiel zu nennen: über Angst oder Aggressivität lassen sich Informationen sammeln in einer Exploration, bei ausgereifter Technik in sehr konkreten, sehr exemplarischen Schilderungen, - die Verhaltenstherapie hat diese Möglichkeit demonstriert). Über Angst oder Aggressivität können auch Fragebögen informieren, etwa KAT oder FAF 1).

Sind Aussagen aus so unterschiedlichen Informationsquellen, wenn schon nicht identisch, so doch kompatibel, eben: integrierbar zu einer gemeinsamen Aussage? - Als Antwort hier einige Hinweise:

(1) Der Gutachter ist es, dem eine zentrale Rolle für die Lösung des 'Integrationsproblems' zufällt. Von ihm wird angenommen, er könne die Einzelverfahren verstehen, handhaben, auslegen. Wenn er die 'Spezifität' jedes Einzelverfahrens erfassen kann, liegt die Schlußfolgerung nahe, daß er auch imstande ist, die 'Kommunalität' zwischen den Verfahren abzuschätzen.

Die einheitsstiftende Funktion des urteilenden Subjektes, begründet in seiner Fähigkeit, 'Einzelsysteme zu überschreiten', ist Ausgangspunkt für eine Integration mehrerer Aussagen zu einer gemeinsamen Angabe.

(2) Die formalisierten Verfahren, vor allem Tests und Fragebögen, liefern über ihre Aussagemöglichkeit und Aussagegrenze eine erstaunliche Fülle von Information, - wenn man sich daranmacht, ihre Manuale und die zugehörige Sekundärliteratur zu studieren. Ein Beweis für diese Behauptung findet sich in den Übersichten von Weise (1975) oder Schmidtchen (1975), in den Nachanalysen von Angleitner (1976), auch noch in der zugespitzten Darstellung von Grubitzsch und Rexilius (1978).

Für die integrative Aufgabe des Befundes dürften drei Klassen von Angaben informativ sein: die theoretische Zuordnung eines Verfahrens (Ableitung der Konzepte aus einer Theorie oder Einpassung in eine Theorie), die Höhe der konvergenten und divergenten Trennschärfen (Korrelation der Items mit der eigenen und mit fremden Skalen), schließlich die Indizes der konvergenten und diskriminanten Validität (der Zusammenhang zu Kriterien, die ähnliche oder abweichende Konzepte repräsentieren wie die Merkmale des validierten Verfahrens.)

---

1) KAT: Kinder-Angst-Test. Autoren: Thurner und Tewes. Göttingen: Hogrefe, 1972 (2. Auflage).
FAF: Fragebogen zur Erfassung von Agressivitätsfaktoren. Autoren: Hampel und Selg. Göttingen: Hogrefe, 1975.

Daß nach einem Studium von Kennwerten und Konzeptbeschreibungen erhebliche Zweifel übrigbleiben, ist unbestreitbar. Unstrittig dürfte aber auch sein, daß erst ein solches Studium dem Gutachter die Risiken und Freiheitsgrade der Befundaussagen manifest macht.

(3) Was die Informationen aus 'Offenen Verfahren' angeht, etwa aus Exploration/Anamnese oder aus projektiven Instrumenten, so stellt sich die Frage der Integration nur für den, der ihren Einsatz für gerechtfertigt hält. Sie zu verwenden setzt die Möglichkeit voraus, sie anderen Aussagen zuzuordnen.

Eine Rechtfertigung sehen wir in dreierlei Hinsicht: Erstens, jedes formalisierte Verfahren setzt für seine Entwicklungsphasen die Urteilsprozesse voraus, die offene Verfahren implizieren: jedes 'geschlossene' Verfahren entstammt 'offenen' Vorüberlegungen und Abgrenzungen (Generierung des Itempools, inhaltliche und formale Bestimmung der Konzepte, der korrespondierenden Kriterien, usw.).

Zweitens, der diagnostische Urteilsprozeß - selbst, wenn er hochformalisiert ist - erfordert ein Mindestmaß an 'offenem' Informationsaustausch zwischen Fragesteller und Gutachter: der Proband nennt sein Problem, der Psychologe 'übersetzt' es in ein Untersuchungsdesign, er transformiert seine Ergebnisse zurück in die Sprache des Laien, usw. - Die Urteilsschritte, die dabei zu tun sind, ähneln mehr dem Abwägeprozeß, den offene Verfahren erfordern, als dem Vorgehen, wie es bei psychometrischen Instrumenten vorgesehen ist.

Drittens, offene Verfahren zu verwenden braucht nicht blind zu machen für ihre Schwächen und Nachteile (wie: aufwendige Durchführung und Auswertung, unzulängliche Vergleichbarkeit, fragliche Interpretationsschlüsse).

(4) Hilfreich für einen Vergleich verschiedener Aussagen, in bestimmten Fällen unerläßlich, ist eine Orientierung an den Elementarkategorien: bei offenen Verfahren an den beobachtungsnahen Angaben, bei psychometrischen Verfahren an den Item-Inhalten.

Wer beispielsweise Interessen zum einen in einer Exploration erfaßt, zum andern mit einem Fragebogen, kann sich, was die Übereinstimmung angeht, leicht irren, wenn er den Wortlaut der Items außer Betracht läßt: Ob sich 'Interesse für Literatur', gemessen mit dem DIT 1), zusammenfassen läßt mit der Explorationsaussage, der Proband lese gern und viel, kann man nur entscheiden, wenn man bei beiden Verfahren zu den Elementarkategorien zurückgeht. Falls der Proband im Gespräch sagt, er bevorzuge Agatha Christie, Konsalik und Simmel, dann drückt sich darin ein **anderes** Interesse aus, als die DIT-Items umschreiben (diese sind charakterisierbar durch Titel wie Sprachkritik, Beschäftigung mit gehobener Literatur, Studium der Literaturgeschichte).

Die vier 'Hinweise' lassen sich in dem folgenden Satz zusammenfassen: Ein Gutachter, der sich vertraut macht mit Einzelverfahren, dürfte **dann** in der Lage sein, Einzelaussagen einander zuzuordnen, wenn er anhand der Kennwerte die Aussagemöglichkeit seiner Instrumente abschätzt, dabei auf die Übersetzungs- und Verbindungsfunktion offener Verfahren nicht verzichtet und auch die Basiselemente seiner Informationsquellen zur Aufhellung der Aussagen benutzt. Zu zweierlei dürfte er imstande sein: erstens, selbständige Aussagegefüge als Teilsysteme in den Gesamtbefund einzugliedern; zweitens, ähnliche Aussagen aus verschiedenen Verfahren zu einer einzigen Befundangabe zu vereinigen.

Einen solchen Urteilsprozeß für möglich zu halten muß nicht dazu verführen, seine Schwierigkeit zu unterschätzen: auch nach sorgfältiger Abwägung lassen sich in den Aussagen die aufgehellten und die 'dunklen' oder 'leeren' Stellen nicht disjunkt trennen. Der Gutachter kann das Aussagenrisiko nur reduzieren, nicht eliminieren.

Ein Beispiel soll das Gemeinte veranschaulichen: Über Herrn S. ergaben sich Aussagen aus drei Verfahren, aus Exploration, aus Gießen-Test (GT) und Freiburger Persönlichkeitsinventar (FPI) 2).

In der Exploration ist die Rede von lange sich hinziehender gedrückter Stimmung. In der Skala 'Grundstimmung' des GT liegt der Score bei Pol 'depressiv' (T=67), in der Skala

---

1) DIT: Differentieller Interessentest. Autor: E. Todt. Bern: Huber, 1967.

2) GT: Gießen-Test. Autoren: Beckmann und Richter. Bern: Huber, 1972.
FPI: Freiburger Persönlichkeitsinventar. Autoren: Fahrenberg, Selg, Hampel. Göttingen: Hogrefe, 1973 (2. Auflage).

'Depressivität' des FPI beim Pol 'mißgestimmt, selbstunsicher' (SN=8) 1).

Lassen sich die drei Aussagen integrieren? Der GT gehört zu einem psychoanalytischen, das FPI zu einem theoretisch nicht festlegbaren Bezugsrahmen. Die Exploration ist von ihrem Ansatz keinem der beiden Verfahren eindeutig zuzuordnen.

Die Handanweisung gibt die Reliabilität beim GT mit r=.74, beim FPI mit r=.84, die Validität als Interkorrelation der beiden Skalen mit r=.61 an.

Sichtet man die Elementarkategorien, so findet man Parallellen zwischen allen drei Verfahren. Demnach liegt es nahe die Aussagen zu 'integrieren' und eine gemeinsame Befundangabe zu formulieren. - Sofern die drei Annahmegefüge, denen die gemeinsame Angabe entstammen, sich **nicht** dekken, bleiben Dunkelstellen, ohne daß diese ihrerseits eindeutig identifizierbar wären. Das Aussagenrisiko ist also **nicht** eliminiert. - Sofern jedoch die drei Annahmengefüge konvergieren, läßt sich ihr gemeinsamer Inhalt schrittweise genauer eingrenzen, beispielsweise durch Vergleich mit 'benachbarten' Merkmalen (wie: Selbstunsicherheit, unkonzentriertem Verhalten, Ängstlichkeit, Abhängigkeit). Das Aussagenrisiko wird also reduziert.

Konstanz und Variabilität

Wer prinzipiell die Frage der Aussagen-Integration für lösbar erklärt, muß sich mit dem zweiten Hauptproblem einer Befunderstellung befassen: der Bestimmung der **Konstanz** des Verhaltens. Auf dieses Thema trifft er unter zwei Perspektiven:

Wenn der Befund den Untersuchungsbericht nicht wiederholen soll, muß er Verhaltensaspekte beschreiben, die nicht mehr nur 'test- und situationsbezogen' sind. Er muß Verhaltensmomente darstellen, die über eine Einzelsituation, über eine Einzelmethode hinaus charakteristisch sind. Das bedeutet, der Befund muß Verhaltensanteile benennen, die ein bestimmtes Maß an Invarianz besitzen.

---

1) T : T-Wert. Mittelwert=50 und Standardabweichung=10.
SN: Stanine: Standard Nine Score. Mittelwert=5, Standardabweichung=2.

Die gleiche Konsequenz ergibt sich aus einer Überlegung, die genereller ist: Eine Person zu beschreiben setzt voraus, daß ihrem Verhalten eine gewisse Persistenz zuerkannt wird. Denn wo über Methoden und Situationen hinweg keinerlei Identität von Eigenschaften angenommen wird, entfällt die Möglichkeit einer Beschreibung. Strittig kann nur die Proportion von Varianz und Invarianz sein.

Die Konstanz von Verhalten abzugrenzen schließt demnach als Komplement den Versuch ein, auch die Variabilität zu bestimmen. Die gesamte Diskussion über den Eigenschaftsbegriff kommt ins Spiel: daß Merkmale sich nur festlegen lassen in einer Zusammenschau von Person, Situation und Interaktion. Dabei taucht definitorisch die Aporie auf, daß die drei 'Anteile' sich nur im Wechselbezug, spiralenförmig, beschreiben lassen: Situation ist nur zu bestimmen als Datum **für** eine Person, umgekehrt ist Person nur bestimmbar in Zusammenhang mit Situation(en), und Interaktion umschreibt den Sachverhalt, daß dabei sowohl Situation wie auch Person verhaltensregulierende Größen sind (keine bloßen physikalischen Gegebenheiten). Die Kontroverse kann nur angedeutet werden.

Für den Befund sind einige Abgrenzungen von Nutzen!

Mit 'konstantem Verhalten' ist keine unveränderliche Eigenschaft gemeint, gemeint ist vielmehr ein Merkmal mit seiner Fluktuation, - allerdings mit der Einschränkung, daß die Variationen ein Moment des Regelhaften erkennen lassen: es geht beispielsweise um Aktivität oder Aggressivität in definierbaren Situationsklassen, um Grundstimmungen oder Interessensrichtungen in dem Sinne eines 'konstanten' Wechsels.

Auf der Ebene einer konkreten Verhaltensbeschreibung ergibt sich die Folgerung, daß im Befund keine Einzelbeobachtungen erscheinen (etwa: Am Donnerstagabend trank Herr X. zehn Glas Bier, am Freitagabend dreizehn Glas). Vielmehr werden die Aussagen auf der Ebene von Dispositionsprädikaten ausgewählt (also etwa: Herr X. trinkt regelmäßig viel Alkohol, oder falls belegbar: Herr X. neigt zu starkem Alkoholkonsum).

> Thomae (1968, 403-498) liefert Beschreibungsbeispiele für Verhaltensfluktuation in kleinen Einheiten (Episode, Handlung), in mittleren oder großen Einheiten (Tagesablauf oder Biographie). Eine solche Vielfalt kann der Befund nicht wiedergeben, er würde sonst einen unvertretbar breiten Umfang annehmen. Umgekehrt heißt das: der Befund muß sich beschränken auf charakteristische Verhaltenskonstanten und

Verhaltensvarianten, ein Prozeß, der Selektion und Interpretation einschließt.

Die Abstraktionsebene, auf der das 'konstante Verhalten' beschrieben wird, läßt sich nicht ein für alle Male festlegen, sie kann wechseln von Gutachten zu Gutachten, innerhalb desselben Gutachtens auch von Passage zu Passage.

Auf welche Weise läßt sich eine Konstanz des Verhaltens so bestimmen, daß sich Aussagen für den Befund ergeben? In Anlehnung an Thomae (1967, 747) seien drei Kriterien genannt (die übrigens eine Analogie zu dem multitrait-multimethod-Ansatz erkennen lassen für den Fall N = 1).

Erstens, dasselbe Merkmal wird an verschiedenen Punkten der Zeitachse identifiziert, zu verschiedenen Zeitpunkten muß also dieselbe Situationsklasse erkennbar und das gleiche Verhalten beobachtbar sein. - Als technische Instrumente stehen die Angaben der Vorgeschichte, die explorativen Methoden, die biographischen Inventare zur Verfügung.

Zweitens, dasselbe Merkmal wird simultan in ähnlichen Situationsklassen festgestellt, 'simultan' bezieht sich dabei auf Ereignisse, die auf der Zeitachse zwar sukzessiv, jedoch in einem so kurzen Intervall plaziert sind, daß sie als 'gleichzeitig' interpretiert werden. - Dasselbe Merkmal, etwa Konzentration, wird in derselben Untersuchungsphase mit verschiedenen Verfahren erfaßt.

Drittens, das Merkmal, um das es geht, wird anderen Merkmalen zugeordnet, zu ähnlichen Eigenschaften müssen konvergente Beziehungen, zu unähnlichen dagegen diskriminante erkennbar werden.

Bei allen drei Kriterien ist der Gutachter als urteilendes Subjekt die entscheidende Größe. Beim ersten und zweiten Kriterium muß er festlegen, wann 'identische' Merkmale gegeben sind, beim dritten, wann Konvergenz oder Divergenz eine kritische Grenze erreichen. Dies ist nicht präskriptiv, sondern feststellend gemeint: die Lage der Verfahren nötigt dem Gutachter diese Entscheidungen ab, die Verfahren selber (vor allem die biographisch orientierten) liefern ihm keine fertigen Identitätsaussagen. - Sein Überblick über diagnostisch relevante Theorien, seine Einübung in diagnostische Techniken bestimmen die Qualität des Befundes. Das trifft auch dann zu, wenn er alle Kunstgriffe psychometrischer Urteilsbildung anwendet.

Enden wir damit bei einem puren Subjektivismus? Ich meine: Nein! Beschränkt auf den subjektiven Geltungsbereich bliebe der Befund nur dann, wenn der Gutachter über seine Erkenntnisschritte keine Rechenschaft ablegen könnte, die intersubjektiv kontrollierbar ist. Eine solche Rechenschaft wird aber für jeden Gutachtenabschnitt gefordert. - Einzuräumen ist jedoch: Wie bei Vorgeschichte und Untersuchungsbericht, so entstehen gutachterliche Aussagen auch beim Befund perspektivisch. Umso wichtiger, daß der Gutachter seine Perspektiven zu erkennen gibt.

Eine völlig andere Frage ist es (und hier nicht zu beantworten), ob Leser oder Hörer des Gutachtens der Wahl der Perspektiven und so der Urteilsbildung zustimmen oder beidem widersprechen.

Deskription

Bis hierher haben wir den Befund charakterisiert mit zwei Stichworten: er ist ein System **integrierter** Aussagen über relativ **konstante** Verhaltensmerkmale. Wir fügen ein drittes Stichwort hinzu: der Befund soll **deskriptiv** bleiben. Warum?

Der Befund zieht eine Summe aus den Informationen, die in Vorgeschichte und Untersuchungsbericht vorliegen. Ein solches Resümee zu bilden ist ein sehr komplexer Schritt. Man sollte ihn nicht weiter komplizieren, indem man zusätzliche Aufgaben hinzunimmt: z.B. eine diagnostische oder prognostische Aufhellung der Aussagen. Vielmehr empfiehlt es sich, diese 'Erklärung' vom Befund zu trennen: der nächste Abschnitt des G-Schemas, die Stellungnahme, ist dafür vorgesehen. Die Befundaussagen selber sollten deskriptiver, nicht explikativer Natur bleiben.

Die Funktion des Befundes, wie sie hier beschrieben wurde, legt für die Abfassung die folgenden Sprachregelungen nahe.

5.4.2 Abfassungsregeln zum Befund

Der Befund ordnet die Ergebnisse aus der Vorgeschichte und dem Untersuchungsbericht nach Themenbereichen. Zu dem gleichen Thema werden Aussagen aus verschiedenen Verfahren an einer Stelle zusammengezogen. - Wenn beispielsweise im Untersuchungsbericht drei Verfahren Intelligenzfunktionen erfassen, erscheinen im Befund die Ergebnisse in demselben Abschnitt.

Welche Themengruppen vorkommen, ist konzeptuell mit der Fragestellung, konkret mit der Auswahl des Instrumentars festgelegt. Wie sie im Befund angeordnet werden, liegt im Ermessen des Gutachters. Gliederungsgesichtspunkte könnten Rahmenkonzepte der folgenden Art sein:

- Intelligenz, gegebenenfalls gegliedert nach Teilfunktionen,
- Andere Fähigkeiten und Fertigkeiten,
- Interessen, Freizeittätigkeiten,
- Soziale Beziehungen,
- usw.

Im Befund geschieht die Integration der Aussagen auf deskriptiver Ebene. Darum sollten die Aussagen nur feststellender, nicht erklärender Natur sein. - Um ein Beispiel zu geben: im Befund sollte nur gesagt werden, **daß** Peter sich gegenüber seinen Mitschülern aggressiv verhält (Feststellung), aber nicht **warum** er aggressiv ist (Begründung).

Das gleiche Anliegen - Deskription statt Explikation - erfordert eine neutrale Diktion. Wertende Aussagen (wie etwa 'gut', 'bedauerlich', 'verwerflich') sind fehl am Platz, sie enthalten Stellungnahmen (oft in Gestalt impliziter Vorurteile). Bei dieser Forderung ist allerdings zuzugeben: Die Grenze zwischen neutraler und wertender Wortgebung ist nicht in jedem Falle eindeutig.

Weil die Aussagen Verhaltensweisen betreffen, die sich immer wieder bei der Person des Probanden beobachten lassen, ist die Prädikation jetzt persönlich. (Es heißt: Herr X. ist überdurchschnittlich intelligent. - Nicht: Die Ergebnisse sprechen für eine überdurchschnittliche Intelligenz.)

Das Tempus ist in der Regel das Präsens, als Ausdruck dafür, daß von relativ konstanten Merkmalen die Rede ist.

Es erscheinen nur übergreifende Beschreibungsdimensionen (Dispositionsprädikate), keine Einzelbeobachtungen mehr. (Einzelbeobachtungen können in Vorgeschichte oder Untersuchungsbericht nachgelesen werden.) Demnach heißt es nicht, Peter habe in der letzten Mathematikarbeit eine Fünf gehabt, sondern (falls belegbar), seine Leistungen in Mathematik seien unterdurchschnittlich.

Wie es sich bei manchen Verfahren lohnt, den Untersuchungsbericht schrittweise abzufassen, so empfiehlt es sich - wenn viele Einzelinformationen vorliegen - den Befund in **Zwischen-**

schritten zu erstellen: erst eine Befundliste anzulegen, dann eine Befundskizze anzufertigen und danach erst den Befund zu formulieren. - Diese Schritte seien zuerst mit einem Satz kommentiert, dann ausführlich dargestellt.

Die Befundliste ordnet die Einzelergebnisse aus Vorgeschichte und Untersuchungsbericht stichwortartig zu Aussagengruppen, die das gleiche Thema betreffen. - Aus der Befundliste werden die relativ konstanten und hinreichend belegten Aussagen ausgewählt und in der Befundskizze stichwortartig zusammengestellt. - Im Befund werden die Aussagen der Befundskizze umgesetzt in einen fortlaufenden Text.

5.4.2.1 Erster Schritt der Befund-Abfassung: Befundliste

Der Untersuchungsbericht gliedert sich nach Verfahren: ein einzelnes Verfahren kann aber Aussagen zu verschiedenen Merkmalen enthalten, die Exploration beispielsweise kann informieren über Interessen, Kontakte, Leistungsbereitschaft und viele Bereiche mehr; umgekehrt können sich zu demselben Merkmal Aussagen in verschiedenen Verfahren finden, über Kontakte etwa kann eine Exploration, aber ebenso ein Fragebogen oder die Vorgeschichte informieren.

Um eine Übersicht zu gewinnen, sammelt der Gutachter zu demselben Themenbereich die Aussagen aus allen Verfahren. Dieser Schritt sei sehr konkret beschrieben:

Erstens, der Gutachter gliedert die Informationen aus Vorgeschichte und Untersuchungsbericht in größere Themenbereiche, - sein Untersuchungsdesign müßte sie vorgeben, also etwa: Intelligenz / Andere Funktionen / Interessen / Soziale Beziehungen / usw.

Zweitens, für jeden Themenbereich legt der Gutachter ein DIN-4-Blatt bereit, teilt es in drei Felder, die betreffen: Inhalt einer Aussage, ihre Quelle (Exploration, KLT) und ihre Nummer in der Aussagenreihe.

Drittens, der Gutachter greift ein Verfahren heraus und überträgt die Informationen auf die verschiedenen Blätter, geht zu einem anderen Verfahren und macht es ebenso.

Ein Beispiel kann das Vorgehen veranschaulichen: Blatt 1 enthalte die Informationen zur Intelligenz, Blatt 5 die zum sozialen Umfeld.

Blatt 1: Intelligenz 1)

Aussage	Quelle	Nr.
Gesamtintelligenz, mehr auf praktische Lebensfragen bezogen: Ø	Hawie	1
Mehr theoretisch orientierte Gesamtintelligenz: knapp Ø	IST 70	2
Weniger an verbalen Inhalten orientierte Intelligenz: über-Ø	CFT 3	7

Blatt 5: Soziales Umfeld 2)

Aussage	Quelle	Nr.
Wenige Beziehungen zu anderen	Exploration	47
Geringer Grad an Geselligkeit: (unter-Ø)	FPI	48
Zurückhaltend im Kontakt	Anamnese (Mutter)	49

1) HAWIE: Hamburg-Wechsler-Intelligenztest für Erwachsene. Autor: D. Wechsler. Deutsch: Bern: Huber 1956.
IST 70: Intelligenz-Struktur-Test 70. Autor: R. Amthauer. Göttingen: Hogrefe, 1973 (4. Auflage).
CFT 3: Culture Fair Intelligence Test. Autor: R.B. Cattell. Deutsch: R.H. Weiß. Braunschweig: Westermann, 1971.

2) FPI: Freiburger Persönlichkeitsinventar. Autoren: Fahrenberg, Selg, Hampel. Göttingen: Hogrefe 1973 (2. Auflage).

Die Angabe des 'Inhalts' und der 'Quelle' dient dem Schritt der Integration (Aussagen werden gegeneinander abgewogen), die Angabe der Nummer hat nur den Zweck, Verweise zu erleichtern.

Eine Befundliste anzulegen erfordert einen erheblichen Zeitaufwand. Aber der Aufwand bringt drei Vorteile: Erstens, bei der Suche nach gleichen Aussagen erübrigt die Liste das Herumblättern in Vorgeschichte und Untersuchungsbericht; die Informationen stehen 'auf einen Blick' zur Verfügung. (Darum begünstigt es diesen 'Überblick', wenn man die Kategorien je Blatt eng faßt, also lieber viele Blätter anlegt als wenige mit weiten Klassifikationseinheiten.)

Zweitens, die Liste erhöht die Wahrscheinlichkeit, daß der Gutachter alle Informationen verwendet und keine Aussage übersieht. (Das Gegenstück wäre ein Vorgehen nach dem 'Staubsauger-Prinzip': in den Befund nur das aufzunehmen, was bei Durchsicht von Vorgeschichte und Untersuchungsbericht 'hängenbleibt'.)

Drittens, die Liste ermöglicht eine schärfere Kontrolle des Ingrationsprozesses, weil sie den Vergleich der Einzelaussagen leichter macht, indem sie die 'Vergleichselemente' nebeneinander plaziert.

Bei der Zuweisung der Einzelinformationen zu den Kategorien der Befundliste sieht sich der Gutachter immer wieder genötigt, Aussagen oder Aussagengruppen umzustellen oder sie neu abzugrenzen. In diesem Vorgang zeichnet sich ein Strukturierungsprozeß ab, der im nächsten Zwischenschritt, der Erstellung einer Befundskizze, zum zentralen Thema wird.

5.4.2.2 Zweiter Schritt der Befund-Abfassung: Befundskizze

Funktion der Befundskizze ist die Integration der Einzelaussagen, in dem Sinne einer stichwortartigen Vorform des Befundes, - darum die Benennung 'Skizze'.

Daraus folgt, daß der Gutachter jetzt die Entscheidungen treffen muß, die der vollständige Befund voraussetzt: er muß, erstens, aus der Befundliste jene Aussagen auswählen, die Merkmale von relativer Konstanz betreffen; er muß, zweitens, feststellen, welche Aussagen soweit übereinstimmen, daß sie zu einer gemeinsamen Angabe zusammentreten können.

Technischer formuliert: der Gutachter muß die Stichworte der Befundliste durchgehen, muß zu einer Einzelaussage einen Zweit- (und Dritt-) Beleg suchen, muß also den Grad der Ähnlichkeit und den Grad der Ausprägung von Beschreibungsdimensionen abschätzen und ihre Formulierung festlegen.

Die technischen Einzelschritte seien noch konkreter beschrieben: Erstens, der Gutachter bestimmt, ob er die Gliederung der Befundliste für die Befundskizze übernimmt: in der Regel wird er sich dafür entscheiden können. (Umstellen kann er noch in späteren Phasen.)

Zweitens, für jeden größeren Bereich legt er ein Blatt bereit, auf dem er vier Felder abgrenzt: Aussage, Quelle, Nummer in der Befundliste, Nummer in der Befundskizze.

Drittens, er wählt ein Stichwort der Befundliste, sucht passende Zweitbelege und überträgt sie auf das entsprechende Blatt der Befundskizze.

Schematisch sieht die Übertragung für 'Blatt 5' wie folgt aus.

Liste

Blatt 5: Soziales Umfeld

Aussage	Quelle	Nr.
Wenige Beziehungen zu anderen	Exploration	47
Geringer Grad an Geselligkeit: (unter-Ø)	FPI	48
Zurückhaltend im Kontakt	Anamnese (Mutter)	49

Drei Aussagen liegen vor, - einander ähnlich, ohne sich zu decken. Die zwei ersten betreffen mehr den Umfang des Kontaktes (wenige Beziehungen), die dritte mehr den Verhaltensstil bei Kontakten (Zurückhaltung). In der Befundskizze könnte es heißen:

Skizze

Nr.	Aussage	Quelle	Nr. in der Befundliste
.			
23	Wenig geneigt zu Sozialkontakten	Exploration FPI	47 48
.			

So problemlos, wie das Beispiel suggerieren könnte, läuft der Abwägeprozeß nicht ab. Ständig muß der Gutachter mit Umstrukturierungen rechnen. Zwar lassen sich viele Aussagen sofort eindeutig zuordnen, aber manche Angaben passen zu mehreren Oberkategorien. Eine solche 'Mehrwertigkeit' fällt zuweilen erst im Verlaufe der Zuordnung auf und nötigt dann zur Umgruppierung schon gruppierten Materials.

Für 'Blatt 1' der Befundliste (Intelligenz) fiele die Abwägung komplizierter aus. Zweimal erscheinen Aussagen über 'Gesamtintelligenz' (im Hawie und im IST). Der Ausprägungsgrad ist in beiden Fällen gleich (nämlich: durchschnittlich). Aber, wie an den Items abzulesen ist, unterscheidet sich die Konzeptorientierung (im Hawie werden konkrete, mehr lebenspraktische Fragen gestellt, im IST mehr theoretisch ausgerichtete Aufgaben). - Eine Teilfunktion der Intelligenz wird als überdurchschnittlich klassifiziert (CFT 3: weniger an verbalen Inhalten orientierte Intelligenz), der Testautor betrachtet sie als Repräsentant der Gesamtintelligenz. Doch ist auf 'Blatt 1' keine Parallel-Aussage notiert: in Frage käme der 'Handlungsteil' des Hawie (HT). Aber die Elementarkategorien der beiden Verfahren sind verschieden (im CFT bilden die Items abstrakte figurale Muster, im HT bestehen sie aus anschaulich-räumlichen Aufgaben).

Läßt sich in den beiden Fällen eine Zusammenfassung rechtfertigen? Lassen sich also Hawie und IST, lassen sich CFT und HT zusammenführen? - Man kann sich dafür entscheiden, nur muß man sich darüber klar sein, daß man Unterschiede vernachlässigt, die zwischen den Verfahren bestehen. Dennoch kann ein solcher Schritt begründet sein. Bei manchen Fragestellungen genügen Angaben, die weniger differenziert ausfallen.

Aussagen, zu denen sich kein Zweitbeleg findet, scheiden für den Befund aus. (In Vorgeschichte und Untersuchungsbericht bleiben sie erhalten). Sollten sie für die Fragestellung wichtig sein, müßte eine zusätzliche Untersuchung den Sachverhalt klären. - In der Praxis wird der Gutachter Ausnahmen zulassen müssen, also Befundaussagen, die sich auf ein einziges Verfahren stützen (in unserer Terminologie: Ausnahme-Belege, A-Belege); ein entsprechendes Verfahren wäre in seiner Qualität sehr hoch eingestuft.

Als optisches Hilfsmittel erweist sich zuweilen eine Merkmals-Verfahrens-Matrix von Nutzen, sie beschleunigt die Orientierung, schließt aber die gleichen Urteilsprozesse ein, wie die vollständige Befundskizze (Abgrenzung und Gewichtung von Merkmalen).

An 'Blatt 1' der Befundliste (Intelligenzfunktionen) sei veranschaulicht, was gemeint ist. In der ersten Spalte einer Matrix werden die Merkmale aufgelistet, in der ersten Zeile die Verfahren, im Schnittpunkt wird angekreuzt, welche Merkmale durch welche Verfahren 'belegt' sind.

Verfahren Merkmale	Hawie	IST	CFT	usw.
Gesamt- intelligenz	x	x		
Weniger sprach- bez. Intelligenz	x		x	
usw.				

Solche Matrizen sollten **nicht** über den gesamten Merkmalsbereich erstellt werden, - sie werden zu groß. Es genügt, sie für größere Klassifikationseinheiten anzulegen.

5.4.2.3 Dritter Schritt der Befund-Abfassung: Befundformulierung

Was in Befundliste und Befundskizze vorbereitet wurde, erscheint im Befund als ausformulierter, fortlaufender Text: nur er geht in das Originalgutachten ein.

Seine Abfassung beschreiben, heißt die Vorschläge wiederholen, die als 'Abfassungsregeln zum Befund' formuliert wurden.

- Die Aussagen, die sich in Vorgeschichte und Untersuchungsbericht nach Verfahren aufgliedern, ordnet der Gutachter im Befund nach größeren thematischen Einheiten. (Wenn erforderlich, wandelt er dabei die Gliederung der Befundskizze ab).
- Er wählt nur Aussagen, die Merkmale von relativer Konstanz betreffen.
- Er formuliert die Aussagen als Feststellungen, er gibt keine diagnostischen Erklärungen und zieht keine prognostischen Schlußfolgerungen.
- Er bemüht sich um eine neutrale Diktion, wertende Ausdrücke sind fehl am Platz.
- Die Prädikation ist persönlich.
- Das Tempus ist in der Regel das Präsens.
- Es erscheinen nur übergreifende Beschreibungsdimensionen, keine Einzelbeobachtungen mehr.

5.4.3 Beispiel zur Befunderstellung

Es folgt ein Beispiel, in dem es um die Eignung für Bürotätigkeit geht. Proband ist ein 36-jähriger Metalldreher, der seinen Beruf auf ärztlichen Rat aufgeben und in einen Verwaltungsberuf umschulen soll (vgl. Beispiel 2 der 'Varianten des Grundschemas', Seite 187).

Kürzel:	VB:	Verhaltensbeobachtung
	IST:	IST 70, Intelligenz-Struktur-Test 70 von R. Amthauer. Göttingen: Hogrefe 1973 (4. Aufl.)
	LGT 3:	Lern- und Gedächtnistest von G. Bäumler. Göttingen: Hogrefe, 1974
	d 2:	Aufmerksamkeitsbelastungstest von R. Brickenkamp. Göttingen: Hogrefe, 1972 (4. Auflage)
	BT:	Büro-Test von G. Marschner. Göttingen: Hogrefe, 1967
	ABAT:	Allgemeiner Büroarbeitstest von G.A. Lienert. Göttingen: Hogrefe, 1967

DIT: Differentieller Interessen-Test von E. Todt. Bern: Huber 1967
E: Exploration

Aus dem Informationsmaterial werden nur drei Bereiche für das Beispiel verwandt: Intelligenzfunktionen / Andere Leistungsfunktionen / Interessen, Freizeitbeschäftigungen.

Befundliste

Blatt 1: Intelligenzfunktionen

Nr.	Aussage	Quelle
1	Instruktion rasch und fehlerfrei erfaßt	VB
2	Gesamtintelligenz: über-Ø	IST
3	Gesamtintelligenz bezogen auf die Bildungsgruppe der Volksschüler: weit über-Ø	IST (SSW)
4	Rechnerisches Denken: über-Ø	IST (RA, ZR)
5	Erfassen sprachlicher Beziehungen: über-Ø	IST (AN)
6	Figurales Vorstellen: über-Ø	IST (FA)
7	Sprachliche Funktionen in dem Sinne von Urteilsbildung, Erfassen sprachlicher Bedeutungsgehalte, sprachlicher Abstraktionsfähigkeit: Ø	IST (SE, WA, GE)
8	Räumliches Vorstellen: Ø	IST (WÜ)
9	Sortieren und Kontrollieren von Adressen u. Karteikarten: über-Ø	ABAT
10	Numerische Fähigkeiten (Summenbildung, Dreisatz): Über-Ø	ABAT
11	Verbale Fähigkeiten (Rechtschreibung, Zeichensetzung): über-Ø	ABAT

Kommentar: Zu gleichen Themen (in unserem Beispiel: drei Bereichen) werden Aussagen aus allen Verfahren gesammelt.

Zum IST seien die Kürzel übersetzt:

SSW:	Schul-Standardwert
RA, ZR:	(Untertests) Rechenaufgaben und Zahlenreihen
AN:	(Untertest) Analogien
FA:	(Untertest) Figurenauswahl
SE, WA, GE:	(Untertest) Satzergänzung, Wortauswahl, Gemeinsamkeiten
WÜ:	(Untertest) Würfelaufgaben

In Aussage Nr. 4 werden die zwei Untertests zum 'numerischen Faktor' zusammengezogen.

In Aussage Nr. 7 werden drei sprachbezogene Untertests zusammengefaßt. (Nicht jeder Auswerter wird zustimmen.)

Zu Nr. 1 wird es keinen Zweitbeleg geben, sie taucht nicht in der Befundskizze auf. In der Befundliste sollte sie trotzdem erscheinen. Die Befundliste sollte nach Möglichkeit eine vollständige Übersicht geben.

Die Nr. 2, 3, 4 und 7 werden von mehreren Untertests gestützt, sie werden nicht als A-Belege (Ausnahme-Belege) interpretiert, sondern als (übliche) Mehrfach-Belege. Damit deutet sich allerdings ein gewichtiges Problem an: Können Untertests desselben Verfahrens als 'unabhängige' Informationen gelten, deren gleichsinniges Auftreten Zufallseffekte unwahrscheinlicher macht?

Befundliste (Forts.)

Blatt 2: Weitere Leistungsfunktionen / Leistungsaspekte

Nr.	Aussage	Quelle
15	Zügige Arbeitsweise bei gleichzeitig sorgfältiger Ausführung	VB
16	Sehr leistungsbemüht	VB
17	Bei schwierigen Aufgaben angespannt bis zur Verkrampfung	VB
18	Allgemeine Gedächtnisfunktion: über-Ø	LGT 3
19	Verbales Gedächtnis: gut Ø	LGT 3
20	Visuelles Gedächtnis: gut Ø	LGT 3
21	Merkfähigkeit: über-Ø	IST (ME)
22	Überblick bei Erledigung schriftlicher Arbeiten und Fähigkeit zur Lösung einfacher organisatorischer und verwaltungstechnischer Aufgaben: gut Ø	BT
23	Eignung zur Erledigung einfacher Büroarbeiten: weit über-Ø	ABAT (Ges.)
24	Sortieren u. Kontrollieren von Adressen u. Karteikarten: über-Ø	ABAT
25	Numerische Fähigkeiten (Summenbildung, Dreisatz): über-Ø	ABAT
26	Verbale Fähigkeiten (Rechtschreibung, Zeichensetzung): über-Ø	ABAT
27	Konzentrative Belastbarkeit im visuellen Bereich: weit über-Ø	d2 (GZ-F)
28	Arbeitstempo bei konzentrativer Anspannung: weit über-Ø	d2 (GZ)

Nr.	Aussage	Quelle
29	Arbeitssorgfalt bei konzentrativer Anspannung: knapp Ø	d2 (F %)
30	Stetigkeit des Ablaufs bei konzentrativer Anspannung: weit über-Ø	d2 (SB)
31	Während der konzentrativen Anspannung: Abnahme der Zuwendung	d2 (Fvtlg)

Kommentar: Zu den Leistungsfunktionen werden hier Verhaltensaspekte zugeordnet, die mit Leistung zu tun haben, aber ebenso gut auch anderen Kategorien zugewiesen werden könnten (um Leistungen bemüht, zügige Arbeitsweise).

Die Nr. 24, 25 und 26 wurden schon auf Blatt 1 aufgeführt (als Nr. 9, 10 und 11). Sie tauchen hier wieder auf im Rahmen des ABAT. Erst bei Anlegung der Befundskizze soll entschieden werden, wo sie sich besser einordnen. (Sie **werden** tatsächlich bei den kognitiven Funktionen in die Befundskizze aufgenommen.)

Einige Kürzel seien erläutert:

ME bei Nr.	21:	Merkaufgaben im IST
Ges.	23:	Gesamtscore im ABAT
GZ	28:	Gesamtzahl der bearbeiteten Zeichen im d2
F	29:	Fehlerzahl im d2
GZ-F	27:	Fehlerfrei bearbeitete Zeichen im d2
SB	30:	Schwankungsbreite im d2 (Spanne zwischen maximaler und minimaler Bearbeitungszahl je Zeile)
Fvtlg	31:	Fehlerverteilung im d2 (Vergleich der Fehlerzahl in den Zeilen 1-4 vs 5-10 vs 11-14)

Bei den Nummern 28-31 wurde jedesmal 'konzentrative Anspannung' hinzugefügt, um zu vermeiden, daß Nennungen wie 'Arbeitstempo' oder 'Arbeitssorgfalt' eine Bedeutung erhalten, die außerhalb des Testrahmens liegt, - etwa die Bedeutung 'schneller Arbeiter' oder ähnlich.

Befundliste (Forts.)

Blatt 3: Interessen, Freizeitbeschäftigungen

Nr.	Aussage	Quelle
32	Interesse für sozialpflegerische Arbeiten	E
33	Liest gern (vor allem Unterhaltungsliteratur)	E
34	Wandert gern	E
35	Schwimmt gern	E
36	Freude an Arbeiten im Haus wie Schreinern, Mauern, Tapezieren	E
37	Interessiert an Fortbildung: vor allem in Französisch und Englisch sowie an Mathematik (mit dem Ziel: Realschulabschluß)	E
38	Intensive Beschäftigung mit technischen Fragen im Umfeld des Berufes als Metalldreher	E
	Durchschnittliche Interessen für	
39	Sozialpflege u. Erziehung	DIT
40	Politik u. Wirtschaft	DIT
41	Verwaltung u. Wirtschaft	DIT
42	Technik u. Naturwissenschaft	DIT
43	Musik	DIT
44	Kunst	DIT
45	Literatur u. Sprache	DIT
	Unterdurchschnittliche Interessen für	
46	Unterhaltung	DIT
47	Sport	DIT
48	Biologie	DIT

Nr.	Aussage	Quelle
	Überdurchschnittliche Interessen für	
49	Mathematik	DIT

Kommentar: In die Befundskizze gehen nur die Nennungen ein, die sowohl in der Exploration als auch im DIT vorkommen.

Das sind: Nr. 32 u 39 (Sozialpflegerische Arbeit)
38 u 42 (Technische Fragen)
37 u 49 (Mathematik)

Nicht werden kombiniert:

Nr. 33 u 45 (Lektüre) Die Items des entsprechenden DIT-Untertests zielen auf andere Lektüre als Unterhaltungsliteratur.

34/35 u 47 (Wandern, Schwimmen, Sport) Der Proband interpretiert Wandern und Schwimmen **nicht** als Sport. Darum auch die unterschiedliche Ausprägung: in der Exploration eher 'hoch', im DIT unterdurchschnittlich.

33 u 46 (Unterhaltungsliteratur und Unterhaltung) Die Elementarkategorien decken sich nicht in DIT und Exploration.

Befundskizze

Nr.	Aussage	Quelle	Nr. in der Befundliste
1	Gesamtintelligenz: überdurchschnittlich	IST	2
2	Gesamtintelligenz bezogen auf die Bildungsgruppe der Volksschüler: weit überdurchschnittlich	IST	3
3	Numerische Fähigkeiten/ Zahlengebundenes Denken: überdurchschnittlich	IST ABAT	4 10 (= 25)
4	Sprachliche Funktionen in dem Sinne von Beziehungserfassung, Wortverständnis (Urteilsbildung), Erfassen sprachlicher Bedeutungsgehalte und Abstraktionsfähigkeit: (mindest.) durchschnittlich	IST IST ABAT	7 5 11 (= 26)
5	Räumliches, figurales Vorstellen: mindestens durchschnittlich	IST IST	6 8
6	(Verbales) Gedächtnis: überdurchschnittlich	LGT 3 IST	18 21
7	Eignung zu Bürotätigkeit/ zu Verwaltungsarbeit im Büro: wenigstens gut durchschnittlich	BT ABAT	22 23
8	Konzentrative Belastbarkeit im visuellen Bereich: weit überdurchschnittlich	d2 (ABAT	27 24)
9	Arbeitstempo bei konzentrativer Anspannung: (weit) überdurchschnittlich	d2 (VB	28 15)
10	Interesse für sozialpflegerische Tätigkeiten erkennbar	E DIT	32 39
11	Interesse für technische Fragen erkennbar	E DIT	38 42

Nr.	Aussage	Quelle	Nr. in der Befundliste
12	Interesse für Mathematik: sehr ausgeprägt	E DIT	37 49

Kommentar: Von den 49 Aussagen der Befundliste bleiben zwölf integrierte Aussagen in der Befundskizze.

Die Aussagen 1 und 2 scheinen zwar nur einfach belegt, sollen aber hier als mehrfach belegt interpretiert werden, sofern sie auf neun Untertests basieren.

Ähnlich sei argumentiert für die Aussagen 3, 4 und 5, bei denen Untertests desselben Verfahrens zu je einer integrierten Aussagen zusammengezogen werden.

Die Problematik dieses Vorgehens wurde im Kommentar zu Blatt 1 angedeutet.

Bei den Nummern 8 und 9 stehen Zweitbelege in Klammern um anzuzeigen, daß sie nur als zusätzliche Hinweise hinzugezogen werden, - die Differenzierungsleistung im ABAT ist nicht identisch mit der im d2, die 'zügige Arbeitsweise' der VB nicht identisch mit dem 'Arbeitstempo' im d2. Wenn die Aussagen zusammengefaßt werden, so wird interpretiert, daß sie einen Anteil gemeinsamer Varianz abdecken.

Bei den Interessen (Nr. 10-12) ist der Ausprägungsgrad schwer abzuschätzen: der DIT liefert quantitative Angaben, also scheinbar sehr genaue Werte; die Exploration bleibt ungenauer. Die Formulierungen 'Interesse erkennbar' und 'Interesse sehr ausgeprägt' stellen einen Kompromiß dar.

Befund

Der 36-jährige Herr L. verfügt, im Vergleich zu Gleichaltrigen, über eine überdurchschnittliche Gesamtintelligenz. Wählt man als Vergleichsgruppe die Erwachsenen mit Volksschulabschluß, dann ist seine intellektuelle Kapazität als außerordentlich hoch einzustufen.

Was einzelne Teilfunktionen angeht, so erweist sich seine Fähigkeit, zahlengebundene Aufgaben zu lösen - also die Beherrschung der vier Grundrechenarten und in diesem Sinne das logische Denken - als überdurchschnittlich ausgeprägt. Bei Anforderungen, die an sprachliche Funktionen gebunden sind, erbringt Herr L. gut durchschnittliche Leistungen (so, wenn es darum geht, Beziehungen zwischen Sachverhalten zu erfassen, sprachliche Bedeutungen zu erschließen, vom Besonderen zum Allgemeinen zu gehen, also zu abstrahieren, oder einzelne Gegebenheiten in Zusammenhänge einzuordnen).

Seine Raumvorstellung läßt sich als mindestens durchschnittlich einstufen; gemeint ist die Fähigkeit, sich entsprechende Gegebenheiten zwei- oder dreidimensional zu vergegenwärtigen und zu veranschaulichen.

Seine Merk- und Gedächtnisleistungen liegen über dem Durchschnitt. Bei Aufgaben, die konzentrative Zuwendung erfordern (vor allem im visuellen Bereich), kann er überdurchschnittlich rasch und überdurchschnittlich genau arbeiten.

Was im besonderen einen einzelnen Leistungsaspekt betrifft, - Eignung zu Büro- und Verwaltungstätigkeiten - so ist von einer gut durchschnittlichen Befähigung auszugehen.

Deutlich heben sich in seinen Interessen einige Schwerpunkte hervor: so bekundet er eine Vorliebe für Mathematik, interessiert sich aber auch für technische Fragen sowie für sozialpflegerische Arbeiten und Probleme.

Kommentar: Im eigentlichen Befund werden die Aussagen der Bfundskizze in einen fortlaufenden Text umgefaßt. Dabei können auch Akzente gesetzt und Zusammenhänge, rein deskriptiv, aufgezeigt werden.

So erläutert der Text hier, was zahlengebundene Aufgaben konkreter bedeuten (Beherrschung der vier Grundrechenarten und, darin eingeschlossen, logisches Denken). So wird ein wenig breiter erläutert, welche sprachlichen Leistungen geprüft worden sind, - dabei bleibt die Erläuterung immer noch abstrakt, erst im Rahmen einer konkreten Fragestellung gewänne sie Anschaulichkeit.

Ohne Bezug zu einem konkreten Problem bleibt es verwunderlich, warum unter den Leistungsaspekten die Angaben zu Bürotätigkeiten auftauchen. Bei einer bestimmten Fragestellung erwartet man dagegen die Besprechung dieses Aspektes.

Was den Interessensbereich angeht, so gehen nur die drei Schwerpunkte in die Befundaussagen ein, die sowohl in der Exploration als auch im DIT zur Sprache kommen. Die anderen Interessen (Lektüre, Wandern, usw.) bleiben, als Hintergrundinformation, im Untersuchungsbericht erhalten.

5.5 Abschnitt V des Grundschemas: Stellungnahme

5.5.1 Funktion der Stellungnahme

Dem Befund folgt die ausdrückliche Antwort auf die Fragestellung des Gutachtens. Sie wird hier 'Stellungnahme' genannt. Bei anderen Autoren heißt sie 'gutachterliche Antwort' oder 'zusammenfassende Antwort auf die Fragestellung', 'gutachterliche Aussage' oder einfach 'Zusammenfassung'. Es handelt sich um den schwierigsten Abschnitt des Gutachtens, zu seiner Erarbeitung stehen die wenigsten Regeln zur Verfügung.

Die Stellungnahme kann eine Diagnose erfordern, sie kann eine Prognose einschließen oder in einem Entscheidungsvorschlag bestehen. Diese drei Begriffe werden zuerst **vereinfacht** umschrieben, dann anhand von Beispielen in ihrer **komplexen** Bedeutung dargestellt.

Vereinfacht sei unter Diagnose eine Aussage darüber verstanden, welcher Sachverhalt (in der Vergangenheit) für ein (in der Gegenwart) beobachtetes Verhalten verantwortlich ist. - Prognose sei bestimmt als eine Aussage darüber, welcher Sachverhalt das Auftreten eines bestimmten Verhaltens (in der Zukunft) wahrscheinlich macht. - Als (bloßer) Entscheidungsvorschlag sei eine Aussage bezeichnet, die eine Handlungsanweisung formuliert (vgl. Schröder 1976).

An Beispielen läßt sich verdeutlichen, daß diese Begriffe komplexere Sachverhalt umreißen, als die vereinfachte Umschreibung zu erkennen gibt. Wir beginnen mit dem dritten Konzept.

Entscheidungsvorschlag

Ein bloßer **Entscheidungsvorschlag** wäre etwa die Empfehlung an die zuständige Behörde, Herrn Y. den Führerschein zurückzugeben, der ihm wegen Trunkenheit am Steuer entzogen worden war. Diese Empfehlung setzt eine Diagnose voraus und schließt eine Prognose ein: sie setzt eine Diagnose deswegen voraus, weil der Gutachter beurteilen muß, ob die Gründe, die zu dem Entzug führten, entfallen sind, also müssen ihm die 'verantwortlichen Sachverhalte' bekannt sein; sie schließt eine Prognose deswegen ein, weil der Gutachter zu dem Ergebnis kommen muß, es sei unwahrscheinlich, daß die Gründe für den Entzug erneut auftreten. - Genereller gesagt, Entscheidungsvorschläge können darauf hinauslaufen, Beratungsgespräche zu empfehlen, Therapieformen nahezulegen oder andere konkrete Maßnahmen anzuregen: gerechtfertigt sind sie nur, wenn diagnostische und prognostische Analysen inbegriffen sind.

Diagnose, Prognose

Eine **Diagnose** wäre beispielsweise die Aussage, daß für die Aggressivität des elfjährigen Schülers Andreas W. Ereignisse in seiner Lebensgeschichte und in seinen aktuellen Lebensumständen verantwortlich seien, etwa mangelnde Anerkennung durch die Eltern, überhöhte Leistungsforderungen in der Schule, Ablehnung bei gleichaltrigen Kameraden. - Eine **Prognose** wäre in diesem Beispiel die Aussage, daß die Aggressivität von Andreas zurückgehen werde, wenn Eltern und Lehrer bestimmte Maßnahmen treffen, etwa mehr Anerkennung bekundeten, Leistungsforderungen auf die Fähigkeiten des Jungen abstimmten, der Selbständigkeit größeren Spielraum gewährten.

Hier setzt Prognose - um zunächst dies Konzept zu erläutern - die Kenntnis der Gründe für das aggressive Verhalten voraus, enthält also Momente der Diagnose; sie bezieht aber auch gesetzhafte Aussagen ein, hier beispielsweise Sätze der Entwicklungspsychologie, die beschreiben, welche Umstände das Entstehen aggressiver Tendenzen begünstigen, Sätze der Motivations- oder Therapieforschung, die besagen, wie aggressive Haltungen sich möglicherweise abbauen lassen.

Für die Diagnose fällt das Bild ähnlich aus. Der 'Sachverhalt', der das aggressive Verhalten von Andreas begründen soll, bezieht sich auf Genese und Verlauf einer Verhaltensentwicklung, schließt also ein ganzes Syndrom von 'Ursachen' ein: Phänomene der individuellen Sozialisationsgeschichte, Normen, die dabei wirksam waren, situative Interaktionen (zuhause, in der Schule, auf dem Spielplatz), sicherlich auch persönlichkeitsspezifische Merkmale des Elfjährigen. Wie an einer prognostischen sind demnach auch an einer diagnostischen Analyse viele psychologische Disziplinen partiell beteiligt, hier etwa Persönlichkeits- und Entwicklungspsychologie Motivations- und Sozialpsychologie.

Konkret betrachtet, erweisen sich Diagnose, Prognose und Entscheidungsvorschlag als sehr komplexe Vorgehensweisen, die sich nicht disjunkt voneinander trennen, wohl aber nach vorherrschenden Aussagemomenten klar voneinander abheben lassen.

Erklärung und Begründungszusammenhang

Ob Diagnose, Prognose oder Entscheidungsvorschlag: die Stellungnahme muß sich aus den Informationen herleiten, die der Gutachter in Vorgeschichte, Untersuchungsbericht und Befund bereitgestellt hat.

Der Begründungszusammenhang dürfte dabei immer wieder so aussehen, daß singuläre Ereignisse eingeordnet werden in allgemeinere Zusammenhänge und auf diese Weise eine 'Erklärung' finden. (Die einzelheitliche Aussage, daß der elfjährige Andreas ein auffällig aggressives Verhalten zeige, wird 'erklärt' durch die allgemeinere Aussage, daß in vielen Fällen beobachtet worden ist, wie Kinder, denen Eltern ihre Anerkennung versagen oder die in der Schule überfordert werden, mit aggressiven Verhaltensmustern reagieren.)

Solche 'allgemeinen Sätze' gehören zu umfassenderen Annahmegefügen: zu Teiltheorien oder - sollte es sie geben - zu Gesamttheorien. 'Erklären' heißt hier demnach, Einzelaussagen in umfassendere Aussagensysteme 'einzupassen', somit Einzelbeobachtungen als Fall eines allgemeineren Verhaltenszusammenhanges zu betrachten (und nur in diesem eingeschränkten Sinne: eine Einzelaussage aus einer generelleren Aussage 'abzuleiten').

Dieses Erklärungsprinzip bedarf einer Erläuterung - wie sich zeigt: einer Begrenzung. In Einzelfällen gibt es Sachverhalte, die sich auf die beschriebene Weise nicht 'erklären' lassen, weil zu einer 'Einordnung' zusätzliche Tatsachen bekannt sein müßten. Eine solche Befundlage könnte dazu verleiten, die 'zusätzlichen Tatsachen' mittels allgemeiner Sätze zu erschließen.

Um ein Beispiel zu geben: es liege die Beobachtung vor, daß Meister G. seine Lehrlinge anschreit, vor Kunden herabsetzt, sie auf verschiedenste Weise drangsaliert. Um dieses Verhalten zu 'erklären', etwa nach dem Frustrations-Aggressions-Schema, könnte ein Gutachter die 'Tatsache' erschließen, daß der Meister zuhause Durchsetzungsschwierigkeiten habe (die er als Frustration erlebe und in seinen Aggressionen gegen die Lehrlinge abreagiert).

Eine solche Schlußfolgerung verstößt gegen das Erklärungskonzept, wie es hier gemeint ist: In der Stellungnahme dienen 'allgemeine Sätze' dazu, singuläre Tatsachen nachträglich (im Sinne einer Erklärung) zu verknüpfen. Sie haben nicht die

Aufgabe, Einzelnachweise zu ersetzen.

Was singuläre Ereignisse angeht, muß die Stellungnahme vollständig auf den empirischen Nachweisen beruhen, wie sie in Vorgeschichte, Untersuchungsbericht und Befund gesammelt und aufbereitet vorliegen. Jede Tatsache muß einzeln nachgewiesen werden, in dem Beispiel sowohl das aggressive Verhalten gegen die Lehrlinge als auch die Schwierigkeiten in der Familie. (Wenn beide Tatsachen einzeln festgestellt sind, läßt sich eine 'Erklärung' versuchen durch Zuordnung in ein umfassenderes System, zum Beispiel nach dem Frustrations-Aggressions-Schema.)

> In der grobschlächtigen Form wie in dem Beispiel wird dieser sogenannte 'logische Fehler' kaum jemandem unterlaufen. In seiner subtileren Gestalt (beispielsweise: von einer Eigenschaft auf eine andere zu schließen) findet er sich - wie Nachanalysen beweisen (Pfäfflin 1978) - immer wieder in Gutachtentexten, etwa in der Schlußfigur: 'Weil sexuell delinquent, darum seelisch verwahrlost.'
>
> Mit dem logischen Fehler nicht gleichzusetzen ist ein Vorgehen, bei dem der Gutachter - im Rahmen einer bestimmten Theorie - gezielte Hypothesen aufstellt über Zusammenhänge zwischen gegebenen Sachverhalten und vermuteten 'Ursachen' oder 'Auswirkungen' oder 'Nebenerscheinungen': nur muß er solche Hypothesen als (begründete) **Annahmen** einführen, die scharf zu trennen sind von Berichten über Tatsachen.

Wenn sich in konkreten Fällen Sachverhalte nicht in allgemeinere Zusammenhänge einordnen lassen, weil die Kenntnis notwendiger Einzelheiten fehlt, dann hat der Gutachter zwei Möglichkeiten: er kann die Tatsachen 'unerklärt' stehen lassen oder er muß sie in zusätzlichen Untersuchungen aufzuhellen suchen. - Bei seinem Versuch, Einzelheiten in generelle Systeme einzuordnen, muß er damit rechnen, daß sich Aussagen, die individuelle Sachverhalte betreffen, nicht vollständig auflösen in 'allgemeine Sätze'. Neben methodischer Unzulänglichkeit dürfte sich darin auch die Gegebenheit manifestieren, daß Informationen über einen Probanden nicht zu betrachten sind wie Aufgaben, die nach generalisierten Schemata gelöst werden. Sachverhalte 'unerklärt' stehen zu lassen könnte, aus dieser Sicht, auch ein Ausdruck menschlichen Respektes sein.

Grenzen und Chancen

Nachdrücklich verweist Thomae (1967, 753) auf die Begrenztheit psychologischer Erklärungen: "... die uns zur Verfügung stehenden Einsichten reichen meist in keiner Weise aus, eine Rückführung ... auf ätiologische oder syndromatische Faktoren zu sichern." - An dem Nachdruck, mit dem gutachterliche Erklärungen vorgebracht, an den Vorbehalten, mit denen sie versehen werden, gibt sich gewiß der meß- und wissenschaftstheoretische Standort des Gutachters zu erkennen; entscheidender ist jedoch, daß darin auch der Umfang und die Intensität hervortritt, mit denen er sein theoretisches Potential dem praktischen Ziel des Gutachtens dienstbar macht: Ob er sein ganzes Wissen, seinen ganzen Scharfsinn aufbietet, ist für sich genommen in der Stellungnahme nicht bedeutsam, bedeutsam ist, wieweit er sie auf das praktische Ziel ausrichtet, dem das Gutachten dient: Entscheidung einer 'Lebensfrage'.

Was diese Aufgabe angeht, wurde die Begrenztheit von Diagnose, Prognose und Entscheidungsvorschlag offen zugegeben. Als Kontrapunkt sei deutlich auch verwiesen auf ihre Leistung: viele Lebensfragen können fehlerfreier beantwortet werden, wenn Psychologen ihre Kenntnisse und Techniken zur Verfügung stellen, - fehlerfreier, als wenn sie ihre Mitarbeit verweigern; der Einsatz psychologischer Mittel und Reflexionen senkt die Fehlerwahrscheinlichkeit mehr als der Verzicht auf ihren Gebrauch. "Diagnostizieren lohnt sich gegenüber dem, was die Gesellschaft sonst macht" (Hörmann 1967, 126).

Unter dieser Perspektive von Chance und Grenze sollte der Gutachter auch die Rolle bewerten, die ihm rechtlich zugewiesen ist: er ist kein Entscheidungsträger, sondern ein Helfer von Entscheidungsträgern; er soll keine Entscheidung fällen, er soll sie nur vorschlagen, und seine Vorschläge sollen im Rahmen seiner Wissenschaft bleiben. Beispielsweise sollte er in einem forensischen Gutachten keine juristischen Sachverhalte klären (etwa die Strafbarkeit feststellen), sondern psychologische Zusammenhänge aufhellen. In pädagogischen Gutachten sollte er nicht die Funktion eines Schulrats usurpieren (etwa für bestimmte Schüler bestimmte Schularten vorschreiben), sondern die Entwicklungs- und Lerngeschichte von Schülern psychologisch verständlicher machen.

> Der Gutachter mag die Beschränkung seiner Rolle bedauern und als ungerechtfertigt erklären. Der Ort für Protest und Umorientierung ist jedoch nicht das Gutachten, sondern - um es verkürzt zu sagen - das berufsständische Hearing, also die politisch orientierte Aktion.

Die gesamte Stellungnahme - ob Diagnose, Prognose oder Entscheidungsvorschlag - repräsentiert nur Wahrscheinlichkeitsaussagen. Sie in dieser Beschaffenheit, ihrer Grenze und ihrer Möglichkeit, dem Adressaten auch vorzustellen ist Ziel der Abfassungsregeln.

5.5.2 Abfassungsregeln zur Stellungnahme

Weniger als für die anderen Abschnitte eines Gutachtens lassen sich für die Stellungnahme Abfassungsregeln aufstellen. Wenn für jeden Abschnitt gilt, daß die entscheidende Leitfunktion bei der Fragestellung liegt, dann trifft das für die Stellungnahme in verstärktem Maße zu.

Dennoch lassen sich einige Hinweise geben.

Am Anfang der Stellungnahme sollte der Gutachter die Fragestellung explizit wiederholen: entweder wörtlich (z.B. aus der 'Übersicht', Abschnitt I) oder sinngemäß (in geraffter Darstellung). Diese Wiederholung soll es ihm erleichtern, seinen Text von der Fragestellung her zu konzipieren.

Dem gleichen Anliegen dient eine Fraktionierung der Fragestellung, - womöglich nach vorgegebenen Gliederungsaspekten. Wenn die Gesamtfrage in Teilfragen zerlegt wird, vergrößert sich in der Regel die Transparenz der Urteilsschritte: für den Gutachter selber, vor allem aber für den Adressaten; es geht um das Prinzip, Informationen sukzessiv und jeweils partiell abzuarbeiten. - Wenn die Aspekte der Aufteilung aus der Fragestellung selber stammen, erhöht sich die Wahrscheinlichkeit, daß sich die Teilantworten zu einer Gesamtantwort zusammenfügen.

Der Gutachter muß darauf bedacht sein, seine Argumentationskette sichtbar zu machen. Diese Zielsetzung sei aus zwei Perspektiven kommentiert.

Positiv bedeutet sie, erstens, daß Diagnose, Prognose, Entscheidungsvorschlag explizit aus Vorgeschichte, Untersuchungsbericht und Befund hergeleitet werden, daß demnach in der Stellungnahme explizit die Informationen erscheinen, auf die sie sich in Vorgeschichte, Untersuchungsbericht und Befund stützen; zweitens, daß zusätzliche Überlegungen, Informationen, Urteilsschritte ebenso ausdrücklich angegeben werden, z.B. 'allgemeine Sätze', Erfahrungswerte, Vorhersagetabellen und ähnliches.

Negativ formuliert, lautet die gleiche Forderung: daß keine Empfehlung, kein Ratschlag, keine diagnostische oder prognostische Aussage vorgetragen wird ohne Angabe der Gründe, auf denen sie beruhen. (Es kann geschehen, daß sich der Adressat einer Begründung nicht anschließt, aber er hat den Anspruch, die Gründe des Gutachters zu erfahren.)

Die Forderung nach Transparenz der Argumentationsschritte zielt auch auf Diskussion, - darauf, daß der Gutachter Gründe und Gegengründe gegeneinanderstellt und sie abwägt.

Der Gutachter sollte die Antwort auf die Fragestellung beschränken. Die Informationen, die in einer Untersuchung zusammenkommen, erlauben meist Auskünfte auf mehr Fragen, als ausdrücklich gestellt werden. Von sich aus sollte er seine Antwort nicht ausweiten. In erster Hinsicht betrifft dies die Preisgabe ungünstiger Informationen, die nicht im Rahmen der Fragestellung liegen: ein Gutachten soll nicht zusätzlich schaden (Pfäfflin 1978). In zweiter Hinsicht, gewiß aber mit weniger Nachdruck, betrifft diese Empfehlung auch günstige Informationen, die nichts mit der Fragestellung zu tun haben: das Gutachten soll nicht weitschweifig werden.

Eine Ausnahmesituation könnte sich ergeben, wenn Informationen auftauchen, die wegen ihrer 'öffentlichen Bedeutsamkeit' den Gutachter zur Preisgabe nötigen, - obwohl sie nicht mit der Fragestellung zusammenhängen. Wenn beispielsweise ein Busfahrer wegen privater Probleme untersucht würde - es sei an einen forensischen Fall gedacht - und dabei, zufällig, so erhebliche Defizite seiner Leistungsfunktionen manifest würden, daß er, bliebe er im Beruf, Fahrgäste und Straßenverkehr gefährden müßte: in einem solchen Falle sähe sich der Gutachter wohl genötigt zu fragen, ob er nicht zu einer Kundgabe verpflichtet sei (vgl. Seite 23).

Damit die Stellungnahme ihre Funktion als Antwort auch in der Sprachgestalt ausdrückt, sollten die entscheidenden Sätze als Entsprechung zur Fragestellung formuliert werden.

Wenn etwa ein Gericht fragt (im Rahmen einer ausführlicheren Fragestellung), "ob die bei dem elfjährigen Walter F. vorhandenen Entwicklungsstörungen auf seine Veranlagung zurückzuführen sind oder auf die jahrelang bestehenden Spannungen zwischen den Eltern", dann sollte der entscheidende Abschnitt in der Stellungnahme (eingebettet in Diskussion und Begründung) der Frageformulierung korrespondieren, also etwa lauten: "Die bei Walter F. beobachteten Entwicklungsstörungen gehen im wesentlichen nicht auf sogenannte Anlagen zurück, sondern auf die Uneinheitlichkeit des elterlichen Erziehungsverhaltens und auf eine häusliche Atmosphäre, die seit Jahren geprägt ist vom Zerwürfnis zwischen Vater und Mutter."

Wie für die vorhergehenden Gutachten-Abschnitte, so ist auch für die Stellungnahme zu fordern - für sie vielleicht noch mehr - daß sich der Gutachter an jener Sprachschicht orientiere, deren Beherrschung er bei dem Adressaten annehmen darf, und Fachausdrücke nur in dem Umfange verwende, in dem er ihre Kenntnis beim Empfänger voraussetzen oder ihm vermitteln kann. Das heißt nicht, ein Gutachten müsse jedem Laien verständlich sein, verstehbar muß es sein für den Empfänger.

Ein Sonderproblem ergibt sich, wenn der Gutachter zu keinem eindeutigen Urteil kommt. In diesem Falle sollte er seine Unklarheit klar zur Sprache bringen. Zu sagen, eine Frage sei nicht eindeutig zu beantworten, kann eine eindeutige Antwort sein.

5.5.3 Beispiel zur Stellungnahme

Die Stellungnahme soll von der Fragestellung her konzipiert werden: zwar gilt dieser Satz von jedem Gutachtenabschnitt, aber von keinem mehr als von der Stellungnahme. Beispiele zu geben scheint darum nur sinnvoll zu sein, wenn sie in vollständige Gutachten eingefügt sind. Verwiesen sei deshalb auf das nächste und übernächste Kapitel: beide enthalten Stellungnahmen im Rahmen geschlossener Übungsstücke.

Gleichwohl sei hier ein Beispiel geboten, doch wird die Antwort nur angedeutet, nicht ausgeführt.

Beispiel zur Stellungnahme (Leistungsabfall, Aggressivität) 1)

Ein 14-jähriger Hauptschüler ist in seinen Leistungen erheblich abgefallen, er verhält sich ungewöhnlich aggressiv gegenüber seinen Mitschülern. - Die Eltern beantragen ein pädagogisches Gutachten.

---

1) In Anlehnung an ein Übungsbeispiel von Thomae.

In der Stellungnahme fraktioniert der Gutachter die Gesamtfrage, indem er Teilfragen um Erklärungshypothesen zentriert: die Teilerklärungen faßt er zum Abschluß zusammen.

(A) Schulversagen ließe sich erklären unter Annahme einer geistigen Behinderung oder einer Lernbehinderung im engeren Sinne.
Eine geistige Behinderung läßt sich in diesem Falle ausschließen aufgrund der Testergebnisse. Denn ...

Eine Lernbehinderung im engeren Sinne läßt sich ausschließen dank den Angaben der Bezugspersonen und den Noten der Schulzeugnisse (wiedergegeben in der Vorgeschichte), dagegen sprechen auch die Ergebnisse der Testverfahren (zusammengefaßt im Untersuchungsbericht).

(B) Schulversagen und aggressives Verhalten lassen sich erklären unter Annahme einer 'Verhaltensstörung': diese Bezeichnung soll als Oberbegriff für unterschiedliche Deutehypothesen dienen:

(1) Eine Verhaltensstörung liegt vor auf organischer Basis. - Gegen diese Annahme sprechen folgende Befunde ... (Ärztliche Untersuchung).

(2) Eine Verhaltensstörung liegt vor auf familien-neurotischer Basis. - In dem Sinne einer solchen Interpretation lassen sich einige Befundaussagen verstehen ... (Inkonsistenz des elterlichen Erziehungsstiles, Reaktionen auf veränderte Geschwisterkonstellation, usw).

(3) Eine Verhaltensstörung liegt vor auf motivationaler Basis. Eine Teilerklärung läßt sich auf dieser Annahme aufbauen. Denn ... (Frustrationserlebnisse zuhause und in der Schule, mangelnde Ausbildung von Leistungsmotivation, usw.).

(4) Eine Verhaltensstörung liegt vor auf ... Basis.

Insgesamt kann keine der Teilerklärungen für sich allein befriedigen. Das bedeutet, daß für das Schulversagen und das aggressive Verhalten eine vielschichtige Erklärung zu suchen ist: mehrere Umstände trafen bei der Auslösung der 'Verhaltensstörung' zusammen. Usw.

5.6 Begrenzungen, Einschränkungen, Fehlertendenzen

Müßte nicht in einem Gutachten, das nach dem G-Schema ausgearbeitet wird, ein irrtumsfreies Urteil vorliegen? - Einer solchen Vorstellung könnte sich nur hingeben, wer die Begrenzungen und Einschränkungen übersieht, die in jedem Abschnitt des Urteilsganges auftreten. Ein Gutachten zu erstellen gleicht dem Versuch, allein mit dem Lineal einen Kreis zu zeichnen, - nur asymptotische Lösungen sind denkbar.

Mehr summarisch als ausführlich seien drei Gruppen von Verzerrungstendenzen besprochen: erstens, Fehler, mit denen allgemein bei Informationsverarbeitung zu rechnen ist; zweitens, Einschränkungen, die sich aus der Lerngeschichte und der aktuellen Arbeitssituation des Gutachters herleiten; drittens, solche Fehler, die sich charakterisieren lassen als Negativbild des Grundschemas.

Fehler allgemein bei Informationsverarbeitung

Von den Fehlern, auf die bei Informationsverarbeitung immer wieder zu achten ist, insbesondere bei Personbeurteilung, seien nur die folgenden vier genannt: Hofeffekt, Mildefehler, Zentralitäts- und Positionseffekt.

- Der **Hofeffekt** (halo effect) ist eng verwandt mit dem sogenannten 'logischen Fehler': Der Beurteiler betrachtet, aus unbegründeten Vorannahmen, Beschreibungsdimensionen als zusammengehörig, deren Zusammenhang er empirisch nicht nachgewiesen hat. (Beispiel: Person X. hat Abitur gemacht auf dem zweiten Bildungsweg. Wer den zweiten Bildungsweg einschlägt, erhält eine weniger differenzierte Ausbildung. Person X. ist demnach für Aufgaben ungeeignet, die differenziertes Denken erfordern. In diesem Beispiel verleitet die allgemeine Behauptung, wer den zweiten Bildungsweg einschlage, erhalte eine weniger differenzierte Ausbildung, zu einer Schlußfolgerung, die empirisch nicht nachgewiesen wird: nämlich, daß Person X. undifferenziert denke.)

  Auf diesen Fehler wurde bei Abschnitt V (Stellungnahme) schon hingewiesen. In seinen grobschlächtigen Formen wird er leicht zu meiden sein, in seinen subtileren dagegen keineswegs: der Schluß, weil die eine Eigenschaft gegeben sei, liege auch diese oder jene andere vor, ist eine Denkfigur, deren Zwang (analog dem einer optischen Täuschung) erlegen zu sein, wohl nur der unkritische Gutachter bestreiten wird.

- Der **Mildefehler** besteht darin, daß der Beurteiler den Probanden bei sozial wünschenswerten Merkmalen hoch, bei unerwünschten niedrig einstuft.

Mit diesem Fehler muß der Gutachter vor allem in solchen Passagen rechnen, wo er Zusammenfassungen trifft: etwa in der Vorgeschichte, wo er Akten exzerpiert, oder im Untersuchungsbericht, wo er Anamnese oder Exploration in einigen interpretativen Sätzen gerafft wiedergibt, wohl auch im Befund, wo er übergreifende Aussagen integriert.

- Zum Fehler einer **zentralen Tendenz** kommt es, wenn sich der Beurteiler, mit einer Vielzahl von Beschreibungsdimensionen konfrontiert, an einer 'zentralen' Eigenschaft orientiert und um sie als 'Figur' andere Eigenschaften als 'Grund' anordnet. (Beispiel von Asch, 1946: Zur Charakterisierung von Personen stehen zwei Eigenschaftslisten zur Verfügung, die sich nur durch **ein** Wort unterscheiden! In der einen Liste steht 'kühl', in der anderen 'warmherzig'. Bei der Personbeschreibung kann sich die Dimension 'kühl/warmherzig' als eine Dominante auswirken, um die sich die weiteren Merkmale zentrieren. Person X. (warmherzig) wird mit Eigenschaften charakterisiert, die zu 'warmherzig' passen: z.B. klug, humorvoll, beliebt, usw. Der Person Y. (kühl) werden die entgegengesetzten Eigenschaften zugesprochen. Vgl. Graumann, 1960, 124.)

Beim Gutachter könnte eine solche Tendenz sich ausdrücken in der Art, wie er den Probanden nennt: "Der Angeklagte, der Inhaftierte, der Meyer" - Nennungen dieser Art könnten anzeigen, daß sich der Gutachter mit der Justizbehörde identifiziert (wo möglich: ohne es zu merken) und aus dieser Perspektive den Probanden betrachtet und bewertet.

Natürlich können die Beispiele nicht belegen, daß zwischen Benennung und Urteil ein automatischer Zusammenhang bestehe, - sie sollen nur auf eine mögliche Fehlerquelle hinweisen.

Eine ähnliche Urteilstendenz könnte sich andeuten in Wendungen, die mit 'typisch' eingeleitet werden oder eingeleitet werden könnten: "Typisch antiautoritäre Erziehung", "typische Heimatmosphäre", "typisch fortschrittliche Haltung" - solche Formeln dürften Anker für zentrale Urteilstendenzen werden, wenn ihnen kein empirischer Einzelnachweis entspricht.

- Zu einer Verzerrung eigener Art, zum sogenannten **Positionseffekt**, führt es, wenn der Beurteiler sich zur Hauptsache an Informationen orientiert, die er zeitlich zuerst oder zeitlich zuletzt erhält (primacy, recency effect). (Beispiel: ein Bewerter läßt sich vom ersten Eindruck leiten, formuliert Hypothesen, ordnet jede weitere Information entsprechend ein, indem er sie gemäß der Erstinformation interpretiert oder gewichtet. Damit hat der 'erste Eindruck' die Gesamtrichtung der Informationsverarbeitung festgelegt.)

Die verschiedenen Fehlertendenzen lassen sich nicht eindeutig voneinander abheben. So könnte der Fehler der 'zentralen Tendenz' als ein Sonderfall des Hofeffektes interpretiert werden, der Positionseffekt als ein Spezialfall der 'zentralen Tendenz'. Gleichwohl ist es sinnvoll, die Tendenzen unterschiedlich zu benennen nach den Effekten, die in die Augen springen.

Als ein gemeinsames Bezugssystem dürfte sich das Konzept der 'impliziten Persönlichkeitstheorien' deuten lassen, sofern diese 'Theorie' impliziert, daß im Urteilenden Prozesse der Informationsverarbeitung ablaufen, bei denen aus ungeprüften Vorannahmen Aussagen über Personen abgeleitet werden ohne Kontrolle im Einzelfall: etwa Vorstellungen über den 'guten Schüler' (im Lehrer, im Erzieher), etwa Bilder vom 'Täter' (im begutachtenden Psychologen).

Einzeluntersuchungen, z.B. von Pfäfflin (1978) oder Pelzmann (1972), haben die Existenz und den Einfluß solcher Verzerrungstendenzen in einer Vielzahl von Gutachtentexten aufgezeigt.

Lerngeschichte und Arbeitssituation als Fehlerquellen 1)

Von der ersten Fehlergruppe nicht disjunkt getrennt, aber nach Akzenten abhebbar ist eine zweite Klasse von Begrenzungen und Einschränkungen, die sich ergeben aus der Lerngeschichte und der aktuellen Arbeitssituation des Gutachters: es geht um sein konkretes Bezugssystem.

- Im Laufe seiner Ausbildung trifft der Gutachter auf 'Schu-

1) Vergleiche Seite 12-15 (Kapitel 2.1)!

len', die für sein diagnostisches Vorgehen mehr Leitideen liefern als andere (selbst wenn diese 'Schulen' ihrerseits kein einheitliches System repräsentieren). Solche Einflüsse können sich als Faktoren der Einengung auswirken: in dem Sinne, daß nur bestimmte Verfahrens-, nur bestimmte Eigenschaftsklassen zur Personbeschreibung zugelassen werden, ohne daß diese Festlegung hinreichend begründet wäre.

'Hinreichend begründet' soll heißen 'fallbezogen begründet oder unbegründet'. Wer aus der 'Hamburger' oder 'Freiburger' oder 'Bonner Schule' kommt und nur bestimmte Problemzugänge, genannt Methoden, anerkennt, bleibt im Rahmen seiner Möglichkeiten, wenn er Gutachtenfälle annimmt, auf die seine Methoden passen, und Fälle ablehnt, auf die - konkret geurteilt - sein Instrumentar nicht paßt. Er überschreitet seine Grenze, wenn er jedweden Fall nach einem einzigen Verfahrenskanon bearbeiten will.

- Der Gutachter kennt nur, kann nur kennen einen Ausschnitt aus dem vorhandenen diagnostischen Instrumentar. (Konkret gesprochen: sein 'Testschrank' faßt nur einen beschränkten Vorrat an Verfahren.) Diese Begrenzung kann den Blick verengen, sofern als Problem nur anerkannt wird, was das gegebene Instrumentar erfaßt (mit der Folge, daß Methode und Gegenstand in ihrer Relation umgekehrt werden).

  Wenn etwa einem Gutachter die Frage gestellt würde: 'Warum haben Sie in diesem Glaubhaftigkeitsfall den IST 1), den d2 und KLT, den TAT und den Rorschach verwandt?' und er antwortete: 'Weil ich mich mit diesen Verfahren auskenne und sie immer anwende!' - dann **könnte** sich darin eine Blickverengung verraten: eine Vorgehensweise, die einen Fall gemäß vertrauten Verfahren zurechtlegt, statt ihn (als Problem) die Auswahl der Verfahren bestimmen zu lassen.

---

1) IST 70: Intelligenz-Struktur-Test. Autor: R. Amthauer. Göttingen: Hogrefe, 1973 (4. Auflage).
d2: Aufmerksamkeitsbelastungstest. Autor: R. Brickenkamp. Göttingen: Hogrefe, 1972 (4. Auflage).
KLT: Konzentrations-Verlaufs-Test. Autoren: Düker und Lienert. Göttingen: Hogrefe, 1965 (2. Auflage).
TAT: Thematischer Apperzeptionstest. Autor: H.A. Murray. Cambridge, Mass.: Harvard Univ. Press, 1943.
Rorschach: Formdeuteverfahren. Autor: H. Rorschach. Bern: Huber, 1962 (8. Auflage).

Zugegeben: einen Kontrast zu sehen zwischen 'vorgegebenem Fall' und 'vertrauten Verfahren' des Gutachters kann artifiziell wirken, - so als sei ein 'Fall' eine objektive Größe, der eine bestimmte Auswahl von Verfahren zuordenbar sei. Schließlich ist ein Fall eine Gegebenheit **für** jemanden, der nur eine begrenzte Kenntnis von Fällen und Verfahren besitzt und der folglich eine neue Gegebenheit in einen begrenzten Rahmen einordnen muß.

Dennoch macht es einen erheblichen Unterschied aus, ob ein Gutachter seinen begrenzten 'Erfahrungen' eine so große Selbständigkeit 1) gewährt, ihnen also so weitgehend vertraut, daß sie geradezu sein Urteil kanalisieren (wie implizite Persönlichkeitstheorien) **oder** ob er seine begrenzten Kenntnisse thematisiert und bei einem neuen Fall hartnäckig fragt, wieweit sein altes Instrumentar den neuen Problemen gerechtwerden kann.

- Die gleiche Frage stellt sich noch einmal aus einer, wenn das Bild erlaubt ist, benachbarten Perspektive. Wieder geht es um die Untersuchungsverfahren, aber jetzt aus der Sicht des Probanden; gedacht ist an eine Auswahl unter dem Aspekt der Fairness: Werden die Verfahren so ausgewählt, daß sie dem Probanden die Chance geben, die Fragestellung aus seiner Sicht zu erhellen? Überfordern/unterfordern sie ihn nicht? Erscheinen sie dem Probanden sinnvoll genug, haben sie genügend assoziative Nähe zur Fragestellung (face validity), ihn zur Mitarbeit anzuregen?

  Einen Sonderschüler mit dem CFT 3 2) zu untersuchen zeugt von wenig Fingerspitzengefühl. Einen Abiturienten mit dem Hawie auf seine intellektuelle Kapazität zu testen (es sei denn, um einen nominell hohen Score vorzuweisen) ist pure Unhöflichkeit.

- Der Gutachter arbeitet innerhalb eines bestimmten Teams,

---

1) Den Sachverhalt drückte eine Kollegin in dem Satz aus: "Ich habe eine solche Erfahrung, inzwischen weiß ich nach wenigen Sätzen des Probanden, worauf es hinausläuft. Ich muß mich hüten, die Diagnose vorwegzunehmen."

2) CFT 3: Culture Fair Intelligence Test. Autor: R.B. Cattell. Deutsch: R.H. Weiss. Braunschweig: Westermann, 1971.
Hawie: Hamburg Wechsler-Intelligenztest für Erwachsene. Autor: D. Wechsler. Deutsch: Hardesty u. Lauber. Bern: Huber, 1956.

selbst wenn er eine Einzelpraxis betreibt. Gedacht ist an den Kreis von Fachkollegen, in dem er sich bewegt, mit dem er Informationen austauscht, von dem er auf Neuerscheinungen hingewiesen wird. Auch ein solcher Kreis kann Grenzen ziehen, indem er einige diagnostische Vorgehensweisen als indiskutabel, andere als einzig legitim erklärt - in dem Sinne von Vorurteil und Stereotyp. Daß ein solcher Kreis auch die Funktion eines Korrektors übernehmen kann, sei gerne eingeräumt (und aus eigener Erfahrung bestätigt), - wie denn überhaupt dieser Abschnitt über den Einfluß sehr konkreter Störvariablen keineswegs auf die Aussage zielt, die aktuelle Arbeitssituation, bestimmt von der Lerngeschichte des Gutachters, nötige zu Informationsverzerrung. Das Anliegen ist bescheidener: Fehlervariablen nicht nur im Rahmen allgemeiner Theorien zu suchen, sondern auch im konkreten Umfeld zu sichten.

Negativbild des G-Schemas

Von der ersten und zweiten Klasse möglicher Fehler läßt sich eine dritte abheben, die sich als Negativbild des Grund-Schemas, als Deformation seines Aufbaues und seiner Funktionen interpretieren läßt. Es sei eine Zweiteilung getroffen: die **Fehler können sich beziehen (1) auf generelle Prinzipien und (2) auf die Einzelabschnitte des Gutachtens.**

Zu (1): Nur vier Verstöße gegen die Prinzipien einer Gutachtenerstellung nach dem G-Schema seien genannt:

- Es verstößt gegen das Gutachten als Kommunikationsmittel, wenn es ohne Blick auf den Empfänger abgefaßt, also in der Diktion, in der Aufhellung der Erkenntnisschritte, in der Vorstellung der Verfahren am Adressaten vorbei formuliert wird.
- Es verstößt gegen die Orientierung an der Fragestellung, wenn Verfahren eingesetzt werden, die mit der Sachfrage nichts zu tun haben (sehr viel aber mit der Neugierde und Experimentierlust des Untersuchers).
- Der Forderung nach Transparenz läuft eine Darstellung zuwider, welche die Informationsquellen nicht kennzeichnet und damit eine Nachkontrolle erschwert oder sogar unmöglich macht.
- Gegen die gleiche Forderung richten sich Stellungnahmen, in denen Diagnose, Prognose oder Entscheidungsvorschlag **nicht** abgeleitet werden aus den gegebenen Informationen, in denen also der Umfang der Antwort den Umfang der Informationsvorgabe überschreitet.

Zu (2): Von den Fehlern, die sich auf Einzelabschnitte des Gutachtens beziehen, seien folgende genannt:

- Gegen das Konzept der **Übersicht**, Abschnitt I, verstößt es, wenn die Darstellung zu breit angelegt wird (indem sie etwa schon Einzelinformationen vorwegnimmt, die in spätere Abschnitte gehören), aber auch, wenn Informationsklassen nicht genannt werden, die später vorkommen.
- Gegen das Konzept der **Vorgeschichte**, Abschnitt II, richtet es sich, wenn (a) die Herkunft der Vorinformationen nur vage umschrieben und/oder (b) die Darstellung zu breit ausgewalzt wird.
- Mit dem **Untersuchungsbericht**, Abschnitt III, wie er im G-Schema vorgesehen ist, bleibt unvereinbar eine vorzeitige und voreilige Festlegung 'definitiver' Aussagen, ebenso eine ab- oder aufwertende Darstellung der (Zwischen-)Ergebnisse.
- In den **Befund**, Abschnitt IV, gehören keine Aussagen, die **erklären, statt zu beschreiben, die Einzelbeobachtungen** schildern, statt übergreifende (relativ konstante) Verhaltensweisen anzuführen, die das Gesamtverhalten von einigen zentralen Merkmalen her charakterisieren, so daß im 'Persönlichkeitsbild' typische 'Dominanten' entstehen.
- Gegen das Konzept der **Stellungnahme**, Abschnitt V, verstößt es,
  wenn Diagnose, Prognose, Entscheidungsvorschlag über die Basis der vorher gegebenen Informationen hinausgehen;
  wenn die Antwort parteiisch formuliert wird;
  wenn der urteilende Psychologe andere als psychologische Sachverhalte (etwa juristische Fragen) klären will.

Fehler wird ein Gutachter nicht vermeiden können. Bewußt auf Fehlertendenzen zu achten kann jedoch ihren Umfang begrenzen.

Dieser gesamte Abschnitt behandelt nur die Fehler, die der Gutachter selber macht oder meidet. Außer Betracht bleiben die Irrtümer, die der Empfänger begeht, indem er das Gutachten falsch interpretiert, - falsch aus der Sicht des Gutachters (vgl. Graumann 1967, Herrmann 1967, Pelzmann 1972, Haas 1975). Diese Fehlerquelle kann der Gutachter nur kontrollieren, wo er selber sein Gutachten mündlich vorträgt und an der Interaktion mit dem Adressaten merkt, ob seine Aussagen in dem beabsichtigten Sinne ausgelegt worden sind.

In anderen Fällen hat der Gutachter nur die Möglichkeit, daß er bei dem Prinzip bleibe, seinen Text als 'Kommuniqué' anzulegen, - wobei er freilich wissen muß, daß er es ist, der festlegt, was als kommunizierbar gilt.

Zusammenfassung

Die Schritte zur Erstellung eines Gutachtens nach dem Grundschema seien in Anlehnung an ein Flußdiagramm wiederholt.

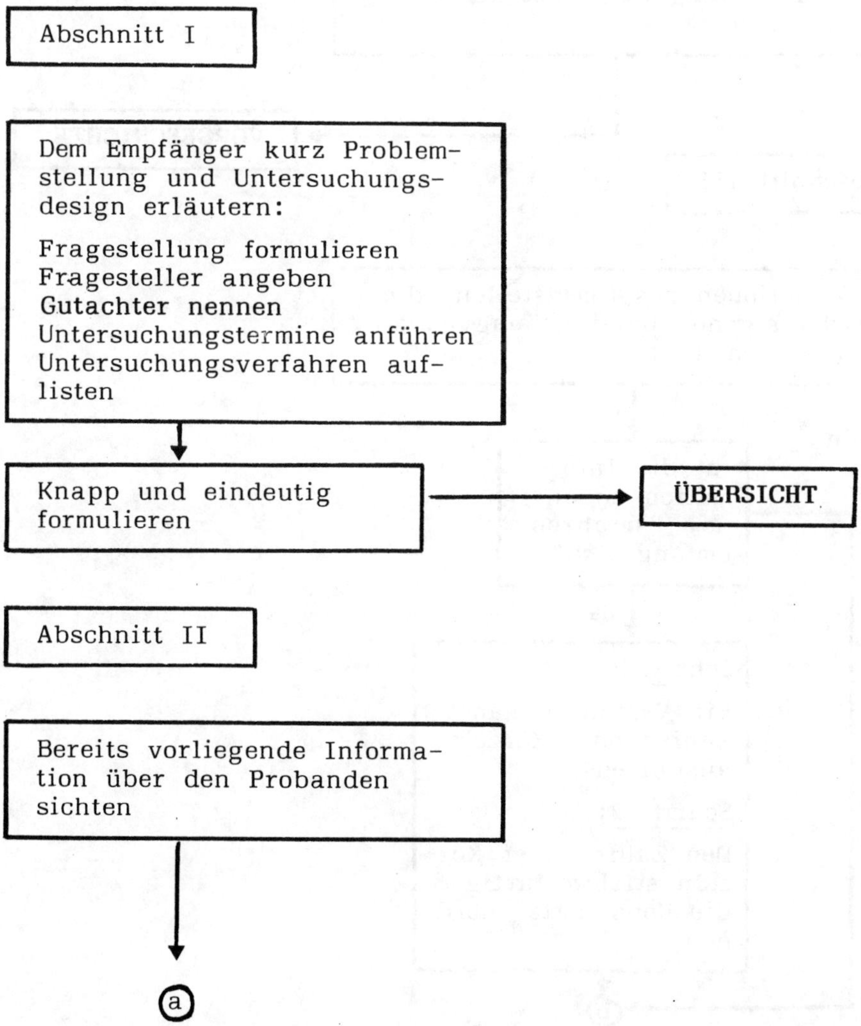

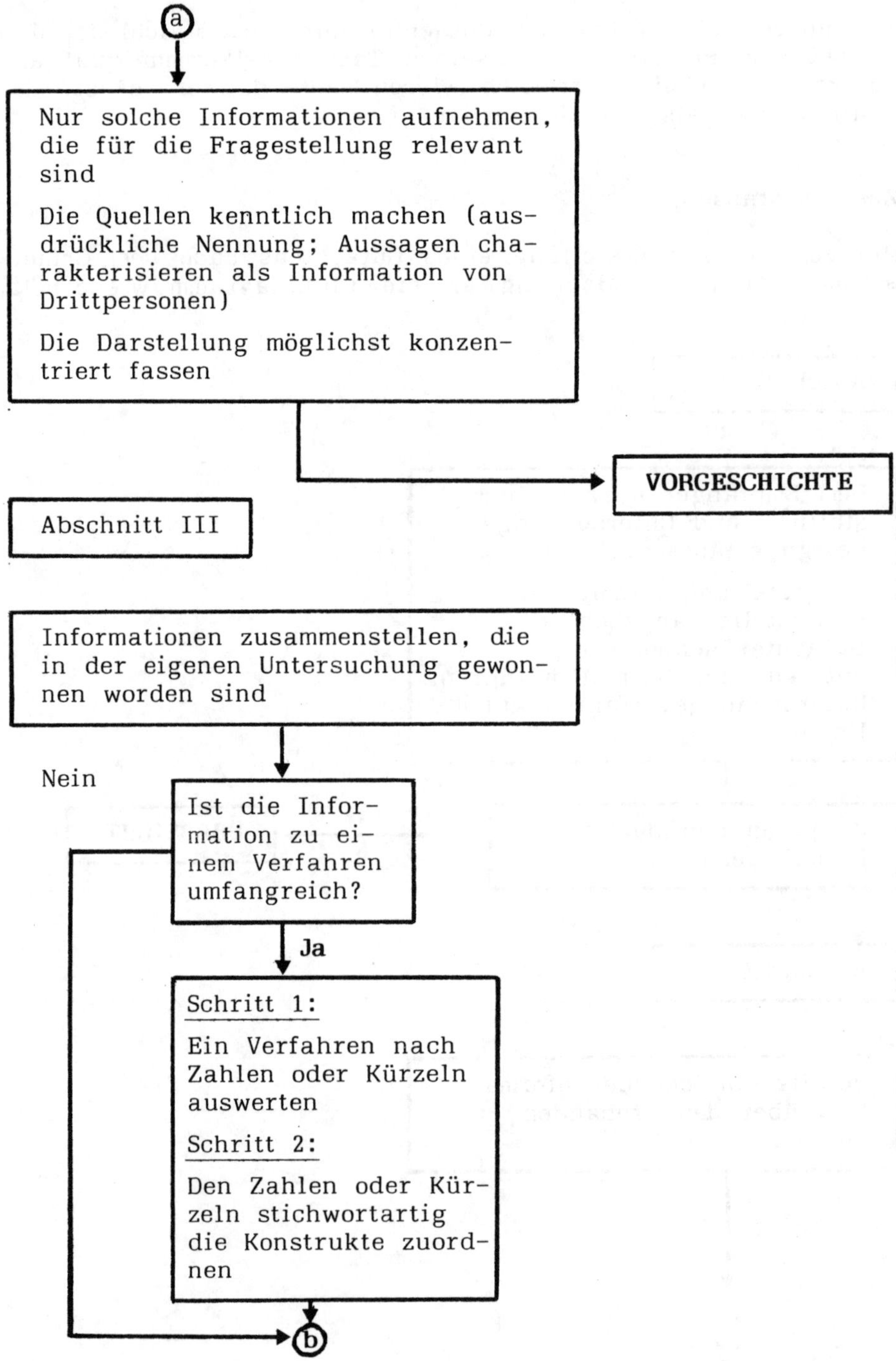
a
Nur solche Informationen aufnehmen, die für die Fragestellung relevant sind
Die Quellen kenntlich machen (ausdrückliche Nennung; Aussagen charakterisieren als Information von Drittpersonen)
Die Darstellung möglichst konzentriert fassen
VORGESCHICHTE
Abschnitt III
Informationen zusammenstellen, die in der eigenen Untersuchung gewonnen worden sind
Nein
Ist die Information zu einem Verfahren umfangreich?
Ja
Schritt 1:
Ein Verfahren nach Zahlen oder Kürzeln auswerten
Schritt 2:
Den Zahlen oder Kürzeln stichwortartig die Konstrukte zuordnen
b

(b)

Für jedes Verfahren einen eigenen Bericht erstellen - mit der Gliederung:
(1) Testbeschreibung,
(2) Verhaltensbeschreibung,
(3) Ergebnisbericht,
(4) Interpretation

Die Darstellung test- und situationsbezogen formulieren (Verhaltensbeschreibung und Ergebnisbericht im Imperfekt; bei der Interpretation unpersönliche Prädikation)

Abschnitt IV

UNTERSUCHUNGSBERICHT

Die Aussagen aus Vorgeschichte und Untersuchungsbericht integrieren

Befundliste

Alle Informationen aus Vorgeschichte und Untersuchungsbericht zusammenstellen nach Themengruppen

Befundskizze

Aus der Befundliste jene Aussagen aussortieren, die relativ konstante Merkmale betreffen und wenigstens zweimal belegt sind (A-Belege beachten: Ausnahmebelege, die keinen Zweitbeleg brauchen)

(c)

(c)

Die Aussagen zu einem fortlaufenden Text verknüpfen

Die Sätze im Präsens formulieren

Die Aussagen auf den Probanden beziehen (persönliche Prädikation)

In der Wortwahl neutral bleiben

Nur übergreifende Beschreibungsdimensionen aufnehmen (keine Einzelbeobachtungen mehr)

Nur Feststellungen geben (keine diagnostischen oder prognostischen Erklärungen)

→ **BEFUND**

Abschnitt V

Die Ausgangsfrage beantworten auf dem Hintergrund der Information aus Vorgeschichte, Untersuchungsbericht und Befund

Nur Informationen verwenden, die in Vorgeschichte, Untersuchungsbericht, Befund vorkommen (Ausnahme: 'allgemeine', 'gesetzhafte' Aussagen der Psychologie)

Die Argumentationsschritte transparent machen

Die Diktion auf den Empfänger abstimmen

→ **STELLUNGNAHME**

6.0 GUTACHTEN-BEISPIEL

Als eine Art von Schulbeispiel folgt ein vollständiges Gutachten nach dem G-Schema. Die Bezeichnung "Schulbeispiel" soll rechtfertigen, warum ein Ausmaß an Regelhaftigkeit auftritt, wie es die Praxis weder fordert noch zuläßt.

Das Beispiel beruht auf Übungsmaterialien für Gutachten-Seminare. Die ursprünglichen Informationen wurden so weitgehend verfremdet, daß sich das Beispiel auf keinen einzelnen Originalfall zurückführen läßt. Ein synthetischer Fall kontrastiert zwar zu dem Prinzip, daß ein Gutachten eine "Individualität" schildern solle, dafür entspricht er den Prinzipien des Datenschutzes.

Das Kapitel gliedert sich in vier Abschnitte. Zuerst wird die Fragestellung erläutert (6.1), dann ein Wort gesagt zur konkreten Gestalt des Gutachtens (6.2), danach werden Informationen in Roh- und Vorform mitgeteilt, auf denen das Gutachten beruht (6.3), es folgt das vollständige Gutachten (6.4). Das Ziel dieser Aufteilung ist es, die Entstehung des Gutachtens in Einzelschritten nachvollziehbar zu machen.

6.1 Zur Fragestellung des Gutachtens

Im September 1980 wandte sich Frau Karen an uns mit der Bitte, ihre Tochter Kornelia "psychologisch zu untersuchen". Anfragen an anderen Stellen, bei Schulpsychologischem Dienst und Erziehungsberatungsstellen hätten ergeben, daß ein Termin erst nach Monaten zu erhalten sei. Schwierigkeiten habe ihre Tochter erstens mit der Schule (sie sei in der 11. Klasse eines Gymnasiums), zweitens mit ihrer Berufswahl: beides sei insofern miteinander verknüpft, als Kornelia sich frage, ob sie die Schule nicht verlassen und einen Beruf ergreifen solle.

Wir verabredeten Untersuchungstermine für Ende Oktober 1980, führten in der Zwischenzeit aber Gespräche mit den Eltern und einer Lehrerin (der "Stammkursleiterin" von Fräulein Karen).

Aus diesen Vorgesprächen ergab sich, daß die Schwierigkeiten wohl nicht nur Schulbesuch und Berufswahl betreffen dürften, wie sich denn auch in den Untersuchungen bestätigte.

Bei einem ersten Termin, 29.10.1980, versuchten wir uns über drei Problembereiche zu orientieren: kognitive und konzentrative Leistungsfunktionen, Motivation in Zusammenhang mit der Schule, soziales Umfeld. Darauf waren die Verfahren abgestimmt.

Sehr rasch wurde uns klar, daß die eigentliche Problematik tiefer lag: Kornelia fühlte sich sozial isoliert, sie erlebte sich selber als lustlos, als chronisch verstimmt, sie versprach sich wenig von ihrer Zukunft. - Auf diese Fragestellung wurde eine zweite Untersuchung, 7.11.1980, abgestimmt, unter anderem wurden auch projektive Verfahren eingesetzt.

Die Auswertung aller Informationen legte es nahe, eine therapeutische Behandlung zu empfehlen. In einem Beratungsgespräch schlugen wir Fräulein Karen eine Gesprächstherapie vor (zur Lockerung emotionaler Blockierungen), im Anschluß daran eine verhaltenstherapeutische Behandlung (zum Erlernen von Strategien der Selbstbehauptung im sozialen Feld). Sie erklärte sich einverstanden. Wir vermittelten ihr Kontakte zu einer Therapeutengruppe. Die Behandlung ist im Gange. Mit Zustimmung von Fräulein Karen berichteten wir einem der Therapeuten über die Ergebnisse unserer Untersuchung.

Die Frage der Berufswahl war im Verlaufe der Untersuchung zurückgetreten. Wir hatten vorgeschlagen, sie im Verlaufe oder nach Abschluß der Therapie erneut aufzugreifen.

6.2 Zur konkreten Gestalt des Gutachtens

Der Bericht an den Therapeuten war wie ein Gutachten abgefaßt, hatte aber (natürlich) nicht die Gestalt eines "Schulbeispiels". Nur aus Gründen der Illustration wird das Gutachten in unserem Falle vollständig nach dem G-Schema entworfen.

6.3 Materialien zum Gutachten: Übersicht

Einige Informationen, auf denen das Gutachten beruht, werden in ihrer Vorform (oder Rohform) mitgeteilt. Die Auswahl soll Schritte der Aufbereitung veranschaulichen.

Fünf Bereiche seien unterschieden: (1) Fragestellung, Übersicht; (2) Leistungsfunktionen; (3) Einstellung zur Schule, Interessen; (4) Emotionalität, soziales Verhalten, Selbstbild, Stimmung; (5) unterschiedliche Persönlichkeitsmerkmale.

Nachdem die fünf Merkmalsbereiche vorgestellt sind, sei ein

Auszug der Befundliste und die vollständige Befundskizze mitgeteilt.

Fragestellung und Übersicht

Drei explorative Vorgehensweisen hatten einen doppelten Zweck. sie sollten in die Fragestellung einführen und darüberhinaus ein breites Spektrum relevanter Informationen liefern. Es handelt sich um die Exploration mit Kornelia Karen, die Anamnese mit den Eltern, das Vorgespräch mit einer Lehrerin.

Es folgt ein kurzer Auszug aus der Exploration (verarbeitet im Untersuchungsbericht des Gutachtens).

Exploration (Auszug: nach Tonband)

(Zur Schulsituation) So schlimm ist es nicht, wie Mutter das macht. Das war auch nicht das Eigentliche, weshalb **ich** hierher wollte. Das sagte nur meine Mutter, die das feststellen lassen wollte, wofür ich geeignet bin, beruflich meine ich. Das interessiert mich eigentlich nicht so. (Ihr Berufswunsch?) Weiß ich nicht, hab ich keinen. Worum es mir geht, ist, daß ich mit anderen Menschen zurechtkomme, weil ich da so immer Schwierigkeiten habe. Wenn ich mit vielen Menschen zusammen bin, traue ich mich nicht, etwas zu sagen, dann fällt mir nichts ein. (Und in der Klasse?) Kommt auf den Kurs an. Wo ich mich viel melde, das ist in Geschichte. Aber bei Diskussionen - Religion, Pädagogik, Deutsch - weiß ich nichts zu sagen. Wir sind ja kein Klassenverband mehr, sondern meist zwanzig bis dreißig in einem Kurs, mehr Mädchen. Ein Neusprachliches Gymnasium ist das, wo ich bin. Ich geh überall gerne hin. Fächer, wo ich toll begeistert bin, hab ich nicht. Eigentlich mag ich Mathe, aber da steige ich nicht mehr durch, muß ich aber noch bis Ende dieser Klasse machen.

Leistungsfunktionen

Zur Erfassung von Leistungsfunktionen wurden eingesetzt:

IST 70: Intelligenz-Struktur-Test von Amthauer (Form A),
PSB: Prüfsystem für Schul- und Bildungsberatung von Horn (Form A),
d2: Aufmerksamkeits-Belastungs-Test von Brickenkamp,

KLT:	Konzentrations-Leistungs-Test von Düker und Lienert (Form A, Schwierigkeitsstufe D),
LGT 3:	Lern- und Gedächtnistest von Bäumler (Form A),
SOP:	Sortierprobe nach Stein.

Der IST wurde gewählt zur Messung der mehr theoretisch orientierten Intelligenz, das PSB zur Erfassung der kognitiven Funktionen, die als schulisch relevant gelten.

Konzentrationstests wurden gewählt, weil sie in Verbindung mit Intelligenztests vergleichsweise verläßliche Aussagen zur Schullaufbahn stützen. Zwei Verfahren wurden herangezogen, weil sie unterschiedliche Aspekte der Konzentration betreffen (Konzentrationstests korrelieren niedrig miteinander): der d2 die visuelle Komponente, der KLT komplexere Formen der Aufmerksamkeit.

Der LGT sollte Aussagen ermöglichen über das mittelfristige Gedächtnis. Die SOP wurde eingeführt als Verfahren, das Verhaltensbeobachtung bei einer (leichten) Problemaufgabe ermöglicht.

Schritt 1 und 2 seien angeführt für PSB und LGT.

PSB (Form A)

Kürzel: UT: Untertest
RW: Rohwert
C: Centilwert (Mittelwert: 5, SD: 2)
PR: Prozentrang / GL: Gesamtleistung

Schritt 1:

UT	RW	C	PR
1+2	66	7	84
3	31	8	
4	32	9	
3+4	63	8	93
5	37	6	
6	30	5	
5+6	67	5	50

UT	RW	C	PR
7	13	3	
8	13	2	
7+8	26	2	7
9	16	4	
10	41	4	
9+10	57	4	31
GL	279	5.2	54

Schritt 2:

GL: Gesamtintelligenz bezogen auf schulische Anforderungen: durchschnittlich

1+2: - Wortverständnis, Wortschatz:
gut durchschnittlich / obere Durchschnittsgrenze
3+4: - Denkfähigkeit:
überdurchschnittlich
5: - Wortflüssigkeit:
durchschnittlich
6: - Ratefähigkeit, Wortschatz (Erkennen unvollständig geschriebener Wörter):
durchschnittlich
7+8: - Räumlich-visuelle Vorstellungs- und Gliederungsfähigkeit:
unterdurchschnittlich
9: - Addieren unter Zeitdruck:
durchschnittlich
10: - Wahrnehmungstempo (Erkennen von Fehlern):
durchschnittlich

LGT 3 (Form A)

Kürzel: RW: Rohwert
T-Wert: Mittelwert: 50, Standardabweichung: 10
LGS: Lern- und Gedächtnisstandard
FG: Figuralgedächtnis
VG: Verbalgedächtnis

Schritt 1:

Untertest	RW	T-Wert
Stadtplan	19	51
Türkisch	13	56
Gegenstände	14	66
Telefon	7	54
Bau	11	50
Zeichen	13	56
LGS		59
FG		58
VG		53

Schritt 2:

LGS: Allgemeine (mittelfristige) Gedächtnisfunktion: durchschnittlich (oberer Durchschnittsbereich)
FG: Visuelles/figurales Gedächtnis: durchschnittlich (oberer Durchschnittsbereich)
VG: Verbales Gedächtnis: durchschnittlich

Einstellungen, Interessen

Zwei Verfahren wurden verwandt, um Einstellungen und Interessen zu ermitteln:

KSE: Konstanzer Fragebogen von Koch, Cloetta, Müller-Fohrbrodt
DIT: Differentieller Interessen-Test von Todt (Langform)

Der KSE betrifft Einstellungen zum Schulbereich, der DIT erfaßt ein breites Interessenband.

Der KSE sei mit Schritt 1 und 2 dargestellt.

KSE

Kürzel: RW: Rohwert
Stanine: Mittelwert: 5, Standardabweichung: 2
AL: Untertest "Allgemeinbildung vs. Spezialisierung"
AN: Untertest "Anlage vs. Umwelt"

BE: Untertest "Berufung vs. Job"
DR: Untertest "Druck vs. Zug"
NR: Untertest "Negative Reformeinstellung vs. Veränderungsbereitschaft"
SP: Untertest "Selbstverständnis als Pädagoge vs. Selbstverständnis als Fachwissenschaftler"

Schritt 1:

	RW	Stanine
AL	62	6
AN	45	5
BE	63	5
DR	60	7
NR	63	7
SP	51	5

Schritt 2:

DR: Zum Erbringen von Leistungen 'Druck' bevorzugt gegenüber 'Zug'
NR: 'Negative Reformeinstellung' überwiegt 'Veränderungsbereitschaft'
AL: 'Allgemeinbildung' bevorzugt gegenüber 'Spezialisierung'

Keine Seite bevorzugt bei den Alternativen:
AN: 'Anlage' vs. 'Umwelt'
BE: 'Berufung' vs. 'Job'
SP: Selbstverständnis als 'Pädagoge' vs. Selbstverständnis als 'Fachwissenschaftler'

Emotionalität, soziales Verhalten, Selbstbild, Stimmung

Mit drei Verfahren sollten Persönlichkeitsmerkmale erfaßt werden, die als Hintergrund der (Schul-)Schwierigkeiten von Bedeutung schienen:

EPI: Eysenck-Persönlichkeits-Inventar (Forma A)
GT: Gießen-Test von Beckmann und Richter
Bf-S, Bf-S': Befindlichkeits-Skalen von Zerrsen (Form Bf-S und Bf-S')

Das EPI informiert über Emotionalität, Intro-/Extraversion im Sinne Eysencks, der GT gibt Einblicke in das Selbstbild, die Bf-S sollte die Grundstimmung erschließen helfen.

Die Bf-S seien mit Schritt 1 und 2 dargestellt:

Bf-S und Bf-S':

Kürzel:

RW:	Rohwert
T:	T-Wert (Mittelwert: 50, Standardabweichung: 10)
T_m:	T-Wert: männliche Normgruppe
T_w:	T-Wert: weibliche Normgruppe
St:	Stanine (Mittelwert: 5, Standardabweichung: 2)
St_m:	Stanine: männliche Normgruppe
St_w:	Stanine: weibliche Normgruppe
PR:	Prozentrang

Schritt 1:

Skala	RW	T_{m+w}	St_{m+w}	T_w	St_w	PR
Bf-S	37	70,4	9	70,7	9	98
Bf-S'	39	71,1	9	70,9	9	98
$\frac{(Bf\text{-}S)+(Bf\text{-}S')}{2}$	38	71,1	9	71,5	9	98

Schritt 2:

Deutliche Tendenz zu dysphorisch-depressiven Reaktionen (Unbehaglichkeitsgefühle).

Unterschiedliche Persönlichkeitsbereiche

Zwei projektive Verfahren wurden eingesetzt, um - bei allen Vorbehalten - Hinweise auf Problemfelder zu bekommen, die im "Gespräch" oder in den Fragebögen nicht unmittelbar auftauchten.

TAT: Thematischer Apperzeptionstest von Murray
Ro: Formdeuteverfahren nach Rorschach

Ergänzt werden diese beiden Verfahren durch den

WET: Wartegg-Erzähl-Test,

der nur graphologisch ausgewertet wurde.

Vom TAT seien vier exemplarische Geschichten wiedergegeben, vom Rorschach-Formdeuteverfahren einige Antworten. (Für die Auswertung sei auf das vollständige Gutachten verwiesen.)

TAT (Auswahl)

Tafel 2 (Auf dem Felde ...)

(Überlegt mehrere Minuten). Die rechte Frau macht einen hochmütigen, herrischen Eindruck, das Mädchen macht einen traurigen Eindruck. Das muß was mit der Frau zu tun haben. Es könnte sein, daß die Frau das Mädchen aus dem Haus gejagt hat und daß das Mädchen sich jetzt traurig den Landbesitz anschaut. Das Mädchen hatte sehr unter der Frau zu leiden. Sie hat es herumkommandiert. Es mußte auf dem Hof nur die Drecksarbeit tun. Das Mädchen will gern auf was Höheres hinaus, es will etwas lernen, es will nicht so wie die Bauersfrau an den Hof gebunden sein. (Wie geht es weiter?) Das Mädchen geht, und dann trifft sie einen Künstler, der auch so wie sie zu Höherem strebt und auch sehr arm ist wie sie. Und die beiden leben zwar sehr arm, aber auch sehr glücklich zusammen.

Tafel 7 GF (Frau und Mädchen auf Sofa)

(Überlegt mehrere Minuten). Das Mädchen wird von den anderen Spielkameraden nicht akzeptiert. Sie wollen es nicht dabei haben. Die Mutter versucht jetzt, ihr zuzureden und es zu erklären. Das Mädchen hört gar nicht zu. Es stellt sich immer nur vor, bei den anderen hereinzukommen. Ein Junge, der bei dem anderen Kreis ein hohes Ansehen genießt, kommt und holt sie herein, und dann wird sie akzeptiert.

Tafel 6 GF (Mann und Frau)

Von dieser Frau ist der Mann einfach spurlos verschwunden und über Nacht abgehauen. Und der andere Mann versucht, ihr jetzt einzureden, was für ein schlechter Kerl der ist, und er sei doch viel besser. "Nimm doch mich!" Sie glaubt es aber nicht, daß er schlecht ist und hat diesem da nicht getraut. Sie hat dann schließlich irgendwann den wahren Sachverhalt rausgekriegt, der ihren eigenen Mann entlastet und zeigt, daß dieser Mann auf dem Bild eigentlich der schlechte Mann war und nicht ihr eigener Mann. Ihr Mann mußte einfach weg, der hatte was rausgekriegt über diesen hier und hatte in der Zwischenzeit Nachforschungen angestellt.

Tafel 4 (Frau hält Mann fest)

(Überlegt mehrere Minuten). Die Frau hatte sich vorher mit dem Mann gestritten. Das hat ihr richtiger Mann mitgekriegt;

der ist jetzt furchtbar wütend, er will hinterher rennen und ihm eine runterschlagen. Die Frau will ihn aber daran hindern. (Wie wird es weitergehen?) Ja, da weiß ich nicht mehr so richtig weiter. Die Geschichte war überhaupt nicht so gut. Mir ist inzwischen was anderes eingefallen: Die beiden hatten ein Kind, und das ist von einem Auto angefahren worden, und es wurde im Krankenhaus operiert und ist gestorben. Der Mann würde nun am liebsten zum Arzt hinrennen und ihn fast umbringen, weil er das Kind nicht retten konnte. Die Frau hält ihn aber zurück und will ihn trösten, und das schafft sie dann auch, und dann adoptieren sie ein neues Kind.

Rorschach (einige Antworten)

Tafel I:	Zwei Vögel, die in der Mitte eine Frau festgekrallt haben, die streckt ihre Hand so, als ob sie um Hilfe schreien würde.
Tafel III:	Zwei Menschen, so wie Urvölker sie abstrakt am Fels dargestellt haben: an so was erinnert mich das.
Tafel V:	Das ist ein kleiner Berg, und das ist eine Gewitterwand, die groß am schwarzen Himmel steht.
Tafel VII:	Zwei Menschen, die am Strand knien, ganz allein da sind.
Tafel VIII:	Das ist schlimm: aber ich sehe in der Mitte wieder einen See mit Berg, das läuft aus in schneebedeckte Berge, und das sind Wolken hier da drüber.
Tafel IX:	Da ist mal so ein lebendiges Wesen, aber da weiß ich nicht so richtig, was das ist.

Zur Befundliste

Die vollständige Befundliste mitzuteilen, scheint ein zu großer Aufwand zu sein. Wir geben Ausschnitte wieder. Kurz sei noch einmal die Funktion der Befundliste kommentiert.

Die Befundliste hat den Zweck, die Informationen, die im Untersuchungsbericht nach Verfahren gruppiert sind, in einem ersten Schritt nach **Themen** zu ordnen: In Stichworten werden Aussagen zur gleichen Thematik aus allen Verfahren zusammengezogen. (Im nächsten Schritt, bei Erstellung der Befundskizze werden die Aussagen gewichtet und integriert, im letzten Schritt schließlich zum fortlaufenden Text des Befundes ausformuliert.)

Kürzel:		
	IST:	Intelligenz-Struktur-Test
	KLT:	Konzentrations-Leistungs-Test
	LGT:	Lern- und Gedächtnistest
	Ro:	Rorschach
	E:	Exploration
	VB:	Verhaltensbeobachtung

1) Kognitive Funktionen

Nr.	Aussage	Quelle
1	Intellektuelle Kapazität bei eher theoretisch-abstrakten Problemen: durchschnittlich	IST
2	Bildungsbezogene Intelligenz (Bezugsgruppe: Mittlere Reife einschließlich U II): durchschnittlich	IST
3	Leistungsschwerpunkte: "sprachliche Abstraktionsfähigkeit": überdurchschnittlich	IST (GE)
4	Leistungstiefpunkte: "Theoretisch-rechnerisches Denken": unterdurchschnittlich	IST (ZR)
	"Vorstellungsfähigkeit": unterdurchschnittlich	IST (FA)
5	usw.	

2) (Andere als kognitive) Leistungsfunktionen

Nr.	Aussage	Quelle
11	Mengenleistung bei konzentrativer Anspannung: unterdurchschnittlich	KLT

Nr.	Aussage	Quelle
12	Leistungsgüte bei konzentrativer Anspannung: (knapp) durchschnittlich	KLT
13	usw.	
17	Gedächtnisfunktion: gut durchschnittlich	LGT
18	Verbales Gedächtnis: durchschnittlich	LGT
19	Figurales Gedächtnis: durchschnittlich	LGT
20	Merkfähigkeit: überdurchschnittlich	IST (ME)
21	usw.	

5) Umwelterleben, Kontaktverhalten

Nr.	Aussage	Quelle
41	Zuwendungswünsche erkennbar, aber stark kontrolliert (unterdrückt)	Ro
42	Bisherige Erfahrung mit der Umwelt: eher enttäuschend (gebranntes Kind)	Ro
43	Im Kontakt zurückhaltend: nie spontan	E
44	Gegensatz erlebt zwischen lebhaften Kontaktwünschen und großer Kontaktschwäche	E
45	Bei Zusammenkünften nie spontan	E
46	Soweit Kontakt vorhanden, wird er nachhaltig erlebt und beharrlich festgehalten	E

Befundskizze

Die Befundskizze wird vollständig mitgeteilt: sie setzt die

Kenntnis und Auswertung der Verfahren voraus, müßte also im 'eigentlichen' Gutachten zwischen 'Untersuchungsbericht' und 'Befund' erscheinen. Um dort den fortlaufenden Text nicht zu unterbrechen, wird die Skizze an diese Stelle gesetzt.

Kurz sei an die Funktion der Befundskizze erinnert.

Die Befundliste hat die Informationen aus den verschiedenen Untersuchungsberichten und aus der Vorgeschichte thematisch geordnet. Die Befundskizze wählt aus ihr aus und reduziert: sie wählt aus, sofern sie nur solche Informationen übernimmt, die als hinreichend belegt gelten (Mehrfach- oder A-Beleg); sie reduziert, sofern sie mehrere ähnliche Aussagen zu einer integrierten Gesamtaussage zusammenfaßt. Auswahl und Reduktion schließen eine Gewichtung ein, sofern sie befinden, welche Beschreibungsdimensionen der verschiedenen Verfahren soweit miteinander übereinstimmen, daß sie gemeinsame Belege und gemeinsame Aussagen abgeben können, bezogen immer auf Merkmale von relativer Konstanz.

Diesen Teil der Urteilsbildung - sicher von Kritikern am leichtesten anzufechten - sollte der Gutachter möglichst transparent gestalten. Einem solchen Zweck dient der Vorschlag eines peniblen Belegnachweises in der Befundskizze. Obwohl der Belegnachweis im Gutachten-Original nicht erscheint, hat er eine entscheidende Funktion: er erleichtert die Analyse und Kontrolle dieses Urteilsabschnitts. Damit erhöht er die Chance, daß auch der Befund, der allein im Original erscheint, ein hohes Maß an Durchsichtigkeit gewinnt.

Als optisches Hilfsmittel kann eine Merkmals-Verfahrens-Matrix von Nutzen sein. Wenn man sie ausführlich genug anlegt, kann sie in Einzelfällen die (umfassendere) Befundskizze vertreten.

Zur Erleichterung der Übersicht seien die Abkürzungen der Verfahren wiederholt:

IST: Intelligenz-Struktur-Test
PSB: Prüfsystem für Schul- und Bildungsberatung
SOP: Sortierprobe nach Stein
d2: Aufmerksamkeits-Belastungs-Test
KLT: Konzentrations-Leistungs-Test
LGT: Lern- und Gedächtnistest
KSE: Konstanzer Fragebogen
DIT: Differentieller Interessen-Test
EPI: Eysenck-Persönlichkeits-Inventar

GT: Gießen-Test
Bf-S: Befindlichkeits-Skalen
WET: Wartegg-Erzähl-Test
TAT: Thematischer Apperzeptionstest
Ro: Rorschach
A: Anamnese (mit den Eltern)
VG: Vorgespräch (mit einer Lehrerin)
E: Exploration (mit Kornelia Karen)
VB: Verhaltensbeobachtung

Befundskizze

Nr.	Aussage	Quelle	Nr. der Befundliste
1	Intellektuelle Kapazität bei eher theoretisch-abstrakten Problemen: durchschnittlich	IST	1
2	Intelligenz, bezogen auf schulische Anforderungen, auf schulische Bildungsgruppe (mittlere Reife einschließlich U II): durchschnittlich	IST PSB	2
3	Wortverständnis im Sinne des passiven Wortschatzes: gut durchschnittlich	PSB	
4	Denkfähigkeit, logisches Denken: überdurchschnittlich	PSB	
5	Räumlich-visuelle Vorstellungsfähigkeit: unterdurchschnittlich	PSB IST (FA)	
6	Kognitive Umstellfähigkeit: eher gering	IST WET	
7	Konzentrative Belastbarkeit für den Teilbereich der visuellen Unterscheidung: durchschnittlich	d2	
8	Mengenleistung oder Arbeitstempo der Konzentrationsleistung im visuellen Bereich: durchschnittlich	d2	
9	Sorgfalt/Güte bei konzentrativer Zuwendung: knapp durchschnittlich	d2 KLT	 12

Nr.	Aussage	Quelle	Nr. der Befundliste
10	Konzentrative Anspannung, Leistungsmenge bei komplexeren Aufgaben: unterdurchschnittlich	KLT	11
11	Gedächtnisleistungen bei mittl. Zeitspanne: gut durchschnittlich	LGT	17
12	Verbales Gedächtnis: durchschnittlich	LGT (IST:ME)	18 20
13	Figurales Gedächtnis: gut durchschnittlich	LGT	19
14	Leistungsmotivation/Leistungsstreben (vorwiegend in Situationen, in denen sie sich persönlich engagiert fühlt): klar erkennbar	E VB Ro	
15	Bei Leistungen eher auf 'Druck' (als auf Zug) angewiesen	KSE VG, E	
16	Einstellung zur Schule: - nicht abgeneigt, nicht ablehnend, aber keine Freude, - weniger reformgeneigt, wenig veränderungsbereit	KSE E VG	
17	Interessensspanne: eher schmal	DIT, E A, VG	
18	Interesse relativ am stärksten für Sport	DIT, E A, VG	
19	Durchschnittliches Interesse für Technik und Naturwissenschaft sowie für Biologie und Mathematik	DIT E VG	
20	Geringes Interesse für Sozialpflege und Erziehung, Politik und Wirtschaft, Verwaltung und Wirtschaft, Unterhaltung, Musik, Kunst, Literatur und Sprache	DIT	
21	Sehr sensibel für Zeichen der Teilnahme oder der Abweisung aus der Umwelt	E, A WET VG	
22	Dabei jedoch deutliche Abschirmtendenzen / Die eigene "Welt" vor äußeren Einflüssen "schützen"	E WET VG	

Nr.	Aussage	Quelle	Nr. der Befundliste
23	Starke Tendenz, das eigene Verhalten unter Kontrolle zu bewahren, - bis hin zu zwanghaften Bemühungen um Steuerung der eigenen Antriebe und Wünsche	Ro E WET GT	
24	Tendenz zum Rationalisieren: unwahrscheinliche Erklärungen für das eigene Verhalten anführen	E WET VG	
25	Neigung zu "dysphorisch-depressiven" Stimmungen/Unbehaglichkeitsgefühle	Bf-S Bf-S' E,A,GT	
26	Tendenz, sich ungerecht behandelt zu fühlen	E, A TAT	
27	Starker Wunsch nach Kontakten / intensive Partnerwünsche	E, Ro TAT, A	41 44
28	Sich unfähig erleben, Kontakte herzustellen, spontan auf andere zuzugehen	E,A,VG EPI WET,GT	43 44 45
29	In diesem Sinne scheu, zurückhaltend	E,WET Ro,GT	
30	Hat die Vorstellung, daß sie bei anderen nicht ankomme, daß sie keinen Anklang finde	E GT	
31	Ängste vor Einschränkung oder Störung des vorhandenen Kontaktes	E A TAT	
32	Mit ihrer Elternbeziehung lebhaft beschäftigt / Ablöseprobleme stark erlebt, vor allem bezüglich der Mutter / Vater als übermächtig erlebt	E A TAT	
33	Geringe Tendenz, Zukunftsvorstellungen zu entwickeln	E,A VG	

6.4 Vollständiger Text des Gutachtens 1)

Es folgt das vollständige Gutachten. Wir fügen keine Kommentare mehr hinzu. Bei der "Stellungnahme" setzen wir einige **Hinweise, im Sinne einer Katamnese, in Fußnoten.**

Psychologisches Institut
der Universität Zürn
Dr. Vera Roggatz
Dr. Ivo Glaiser

67888 Zürn, 25. Nov. 1980
Winzerstr. 197
Telefon: (088888) 8471

An die
Therapeutengruppe Sieben
z. Hdn.
Herrn Dr.med. Udo Alpen
- Postfach -

67877 Beggen

Betr.: Psychologisches Gutachten über Fräulein Kornelia Karen

Sehr geehrter Herr Dr. Alpen,

wir nehmen Bezug auf unser Gespräch vom 20. November 1980, in dem Sie uns informierten, daß Sie bereit sind, Fräulein Kornelia Karen - geboren am 12. Mai 1962, wohnhaft in 67886 Burgenau, Heinestraße 10 - als Klientin Ihrer Therapeutengruppe zu übernehmen.

Fräulein Karen hatte sich im September dieses Jahres an uns gewandt mit der Bitte, sie bei der **Bewältigung** von Schulschwierigkeiten und der Klärung von Berufsfragen zu beraten, ihr vor allem aber bei der Lösung von Kontaktproblemen zu helfen. Im Laufe der Untersuchung hatte es sich als sinnvoll herausgestellt, zu einer therapeutischen Behandlung zu raten. Wie Sie uns mitteilen, hat Fräulein Karen aus diesem Grunde zu Ihnen Kontakt aufgenommen. Mit ihrer Zustimmung teilen wir Ihnen die Ergebnisse unserer psychologischen Untersuchung mit, - die an zwei Tagen, am 29. Oktober und am 7. November 1980, in unserem Institut stattgefunden hat.

---

1) Das Beispiel-Gutachten mußte kurzfristig vollständig umgearbeitet werden. Dabei haben mich meine Kolleginnen Frau Dr. A. Kipnowski und Frau Diplompsychologin P. Müller in einer Weise unterstützt - durch 'Gegenlesen' und Korrekturen - daß ich meinen Dank auch an dieser Stelle ausdrücken möchte.

Unserem Gutachten liegen zugrunde:

- ausführliche Gespräche mit den Eltern und mit einer Lehrerin von Fräulein Karen;
- eine zweimalige Exploration mit Fräulein Karen;
- die Resultate der folgenden Verfahren:
  1) Intelligenz-Struktur-Test 70 von Amthauer (IST 70, Form A),
  2) Prüfsystem für Schul- und Bildungsberatung von Horn (PSB, Form A),
  3) Aufmerksamkeits-Belastungs-Test von Brickenkamp (d2),
  4) Konzentrations-Leistungs-Test von Düker und Lienert (KLT, Form A, Schwierigkeitsstufe D),
  5) Lern- und Gedächtnistest 3 von Bäumler (LGT 3),
  6) Sortierprobe nach Stein (SOP),
  7) Konstanzer Fragebogen für Schul- und Erziehungseinstellungen von Koch, Cloetta und Müller-Fohrbrodt (KSE),
  8) Differentieller Interessen-Test von Todt (DIT),
  9) Eysenck-Persönlichkeits-Inventar (EPI, Form A),
  10) Gießen-Test von Beckmann und Richter (GT),
  11) Befindlichkeits-Skalen nach Zerrsen (Bf-S und Bf-S'),
  12) Wartegg-Erzähl-Test (WET),
  13) Thematischer Apperzeptionstest von Murray (TAT),
  14) Formdeuteverfahren nach Rorschach (Ro).

Vorgeschichte

Anamnese mit den Eltern

In einem zweistündigen Gespräch, am 18. September 1980, besprachen wir mit den Eltern die Schulschwierigkeiten, die Berufsfrage, vor allem aber die familiäre Situation ihrer Tochter Kornelia.

Zuerst sei zusammengefaßt, was beide Eltern gemeinsam sagten, - der Vater redete öfter und länger als die Mutter. Dann seien Hinweise auf Gegebenheiten gebracht, die jeweils ein Elternteil herausstellte.

Gemeinsam berichteten sie, Kornelia sei ein Wunschkind gewesen. Nach der Geburt jedoch - der Herr Karen beigewohnt habe - seien sie übereingekommen, kein weiteres Kind mehr zu haben. Das Erleben vor und während der Entbindung sei "zu schrecklich" gewesen: vor allem der Vater habe dies immer wieder betont. - Es habe zwar keine Komplikationen gegeben, aber Kornelia habe die ersten drei Wochen in der Kinderklinik in A. verbringen müssen: die Atmung habe "nicht so richtig geklappt". Geschädigt sei das Kind aber in keiner Weise gewesen. - So habe die Mutter das Baby natürlich nicht stillen können, die Milch sei aber abgepumpt und jeden Tag in die Klinik gebracht worden.

In der elterlichen Wohnung habe Kornelia von Anfang an ein eigenes Zimmer gehabt. Dort habe sie auch geschlafen, nur in Ausnahmefällen bei den Eltern.

Kornelia sei ein richtig "schönes Baby" gewesen. Nur hätten die Eltern nie genügend Zeit für sie gehabt.

Herr Karen habe damals seinen Betrieb ("fast eine Fabrik") aufgebaut: er stelle Kunststoff-Fenster her und "alles was dazugehört". Zwanzig Mann arbeiteten heute bei ihm, dazu eine Sekretärin: damals, während Kornelias Kindheit, habe die Mutter alle Schreibarbeit erledigen müssen, dafür sei sie aber auch im Haushalt entlastet worden: eine Nachbarin habe Küche, Wäsche "und das Kind" betreut.

Kornelia habe viel allein gespielt. Von sich aus sei sie kaum "auf die Straße" zu anderen Kindern gegangen. Sie habe sich auch kaum einmal beschwert, daß Vater oder Mutter sich nicht genug mit ihr beschäftigten.

In den Kindergarten sei sie ohne Widerspruch gegangen. Zwar habe sie immer erklärt, es sei "Quatsch", aber sie habe sich jeden Morgen hinbringen lassen, "ohne zu motzen". Die Nachbarin "als Aushilfe" habe das besorgt.

Als Kornelia in die Grundschule gekommen sei, habe die Mutter mehr Zeit gehabt, sich um sie zu kümmern. Sie habe die Hausaufgaben mit der Kleinen gemacht, sie sei auch schon mal zu Elternversammlungen gegangen. Aber da Kornelia nie in Gefahr gewesen sei, sitzenzubleiben, hätten sie keine allzu engen Beziehungen zu den Lehrern angestrebt.

Daß Kornelia zum Gymnasium ging, sei "von vorneherein" klar gewesen: die "Volksschullehrerin" habe es empfohlen, die Eltern hätten es schon "sehr früh beschlossen", Kornelia sei immer einverstanden gewesen.

Eigentlich sei auch alles gut gelaufen. Nie sei sie "hängengeblieben, wie andere", die mit ihr von der Volksschule gegangen seien. Insofern seien sie wie aus allen Wolken gefallen, als es aufeinmal hieß, die Versetzung sei in Gefahr: jetzt im letzten Jahr sei das gewesen, in der 11. Klasse: "Früher sagte man Obersekunda".

Der Vater habe dann sofort die Mutter gedrängt, an geeigneter Stelle nach Abhilfe zu suchen. Und so sei es zum "Kontakt mit den Psychologen" gekommen.

Befragt nach Freunden ihrer Tochter, sagten die Eltern: Nun ja, ihre Tochter habe nicht viele Interessen, eigentlich nur Sport, den betreibe sie aber intensiv, sie übertreibe es sogar, aber da solle sie freie Hand haben. Denn mit Freunden sei es nicht weit her. Den Kontakt, den sie beim Sport finde, wollten sie (die Eltern) nicht unterbrechen, - obwohl sie nicht einverstanden seien mit all den jungen Leuten, die ein- und ausgingen in dem Sportclub, in den Kornelia gehe.

Manchmal, wenn sie über Kornelia sprächen, kämen sie zu dem Schluß, daß sie von sich aus gar keine Freunde finde, daß eher andere sie (Kornelia) ansprechen müßten. Eigentlich sei sie ein "scheues Kind".

Das merke man auch daran, daß sie so leicht verletzbar sei, so schrecklich empfindlich: Wenn man mit ihr schimpfe, seien gleich die Tränen da. Aber wenn man sie lobe, strahle sie sofort "wie ein frisch geputztes Fenster".

Manchmal hätten sie auch den Eindruck, "das Kind" sei einsam. Es komme vor, daß Kornelia zu fabeln anfange von Reisen zum Polarkreis, auf denen sie einen Mann kennenlerne, mit dem sie dann in den Norden ziehe. Manchmal rede sie davon, sie wolle allein auf einer schwedischen Insel leben, dann wieder behaupte sie urplötzlich: "Ich hab ja niemanden."

Sie wüßten, daß solche Äußerungen nicht wörtlich zu nehmen seien. Aber es beunruhige sie doch, diesen starken "Wunsch nach jemandem, der zu ihr gehört" festzustellen. Offenbar genügten sie, die Eltern, als Partner nicht mehr den Ansprüchen. Sie beruhigten sich oft mit der Feststellung, daß dies der Lauf der Welt sei: Kornelia wolle aus dem Haus, obwohl sie dafür eigentlich noch gar nicht gerüstet sei.

So richtig wisse Kornelia aber noch nicht, was sie wolle. Eindeutig einen Beruf zu nennen, in dem sie ihr Brot verdienen wolle: das könne sie nicht, da müsse man viel Geduld mit ihr haben, denn einmal sage sie so und einmal so.

Zwei Dinge seien ihnen darüberhinaus aufgefallen. Das eine

sei: Kornelia sei manchmal für viele Tage geradezu ungenießbar, - "wie ein Depressiver, wie ein 'Kräutchen rühr mich nicht an'". Da wüßten sie oft keinen Rat.

Das andere sei: Wenn Kornelia einmal jemanden kenne, dann könne "nichts auf der Welt" sie dazu bringen, den Kontakt abzubrechen, - selbst wenn sie ihr beweisen könnten, daß die Beziehung wertlos sei. Schließlich müsse sie sich doch sagen, daß Eltern besser wissen, wer ein wahrer Freund und wer bloß ein Parasit, ein Schmarotzer sei.

Was die **Mutter** hervorhob, betraf den Sport: Sie habe sich gewundert, daß Kornelia sich für den Sport (Laufen und Werfen vor allem) begeisterte. Als Kind habe sie zwar früh gesprochen, aber keineswegs geturnt wie andere in ihrem Alter, - im Gegenteil, auf dem Spielplatz sei sie den Geräten (Leitern, Gummiringen am Seil, Kletterwürfeln) eher ferngeblieben. Als sie mit fünfzehn, sechzehn Jahren so intensiv zu turnen begann, habe sie als Mutter sich gefragt, ob Kornelia nicht einen Ausgleich suche. "Aber wofür? Das Kind hat doch alles. Naja, vielleicht den Papa nicht."

Ihr Mann, so betonte Frau Karen, kenne eigentlich nur eines: "Beruf, Beruf, Beruf. Oder sie könne auch sagen: Betrieb, Betrieb, seine Leute. Sehen Sie, er schmunzelt. Er meint, was ich sage, ist ein Lob. Ist es aber nicht. Ihm entgeht manches. Auch das Kind."

Der **Vater** hob eigens hervor, er sei es gewesen, der Kornelia auf ein Neusprachliches Gymnasium geschickt habe. "Alles, was ich nicht hatte, soll sie von vorneherein haben. Sie begreift das aber nicht, mein Angebot meine ich. Arbeiten soll sie, nicht zu anderen Leuten jammern gehen."

Er versuche, ihr alle Wege zu ebnen. So lasse er dem Sportclub regelmäßig Spenden zugehen für Geräte. Den Lehrern ihrer Schule stelle er eine Hütte als Ziel für Ausflüge zur Verfügung: eine Waldhütte, die zwar nicht ihm gehöre, deren Besitzer er aber gut kenne. Und er lasse auch "zum Verzehr was springen".

Wenn seine Frau sage, der Beruf gehe ihm über alles, so müßte sie eigentlich wissen: daß "Frau und Kind an erster Stelle rangierten", er lasse beide tun, was sie wollten, auch Kornelia. Nur sollten sie eben auf ihn hören. Seine Erfahrung im Berufsleben lasse ihn "die wirklichen Probleme" klarer sehen. Und da habe Kornelia noch viel zu lernen. Mit Jammern erreiche man nicht das Abitur, so wenig wie er mit Jammern etwas zustande gebracht habe, was man vorweisen könne. "Arbeiten muß sie, arbeiten: wie ich."

Gespräch mit einer Lehrerin

Frau Studienrätin Walther, heute die "Stammkursleiterin" (früher die Klassenlehrerin) von Fräulein Karen, erklärte sich auf Anfrage zu einem halbstündigen Gespräch bereit (das dann am 21. Okt. 1980 in der Schule während einer Springstunde stattfand). Wir geben summarisch die Inhalte wieder, die zur Sprache kamen.

Frau Walther sagte, Fräulein Karen sei "keine hochbegabte, aber eine sehr willige Schülerin". Zum Lernen brauche sie immer Anstöße, Mahnungen, Drängen. Sie mache den Eindruck, als habe sie zwar nichts gegen die Schule, finde aber nicht wirklich Freude daran. Vor Veränderungen, zum Beispiel dem Übergang vom Klassen- zum Kurssystem, schrecke sie eher zurück.

Interesse bekunde sie vor allem für Sport, darin nehme sie an einer Arbeitsgemeinschaft teil. Daß sie sich für sonstige Fächer wirklich interessiere, sei nicht erkennbar.

Als Stammkurs habe sie Biologie gewählt - ein Fach, das Frau Walther vertritt. Kornelia sei eine aufmerksame Zuhörerin, könne den Stoff auch recht ordentlich wiedergeben, aber aktiv schalte sie sich nicht ein.

Was die Beziehungen zu ihren Mitschülerinnen angehe, so fehle es Fräulein Karen an Spontanität. Sie selber, Frau Walther, wisse nicht, ob Kornelia mit jemandem in der Schule befreundet sei. Was sie aber beobachtet habe: Kornelia blühe auf, wenn man sie anrede, erst recht, wenn man sie lobe.

Unverständlich für sie, als Lehrerin, sei die Art, wie Fräulein Karen zuweilen Ausreden erfinde, wo es gar nicht nötig sei: So wenn sie einem gemeinsamen Ausflug ferngeblieben sei mit der Begründung, ihre Wanderschuhe seien gerade beim Schuster, oder wenn sie Hausarbeiten nicht gemacht habe und dann sage, der Schnupfen sei so stark gewesen, daß sie nicht habe am Tisch sitzen können.

Über sich selber erzähle Kornelia so gut wie nichts, da rücke sie nicht mit der Sprache heraus, zum Beispiel auch nicht, welchen Beruf sie einmal wählen wolle. Von vielen ihrer Schüler kenne sie, Frau Walther, die Berufswünsche, bei Fräulein Karen wisse sie nichts. "Aber bis zum Abitur - wenn sie durchhält - hat sie ja auch noch zweieinhalb Jahre Zeit."

Untersuchungsbericht

Die Verfahren, die bei unserer Untersuchung eingesetzt wurden, sollten folgende Funktions- und Persönlichkeitsbereiche erfassen: Intelligenzhöhe, Konzentration, Gedächtnis, Interessen, soziales Verhalten, Stimmungen. - Bei den Einzelverfahren fielen die Ergebnisse wie folgt aus:

Intelligenz-Struktur-Test 70 (IST)

Der IST ermöglicht eine Einstufung der Intelligenz durch Vergleich mit der Alters- und mit verschiedenen Bildungsgruppen. Darüberhinaus erlaubt er Aussagen über die Ausprägung intellektueller Teilfunktionen.

Fräulein Karen erfaßte die Erklärungsbeispiele sofort, es war keine Wiederholung nötig.

Sie erreichte folgende Ergebnisse, mitgeteilt als Standardwerte (SW) für die einzelnen Untertests (UT).

UT	SW 1)	Bereich	Ausprägung
SE (Satz-Ergänzen)	104	Urteilsbildung (logisches Denken, Wortverständnis)	Ø
WA (Wortauswahl)	109	Erfassen sprachlicher Bedeutungen (Wortverständnis, passiver Wortschatz)	Ø
AN (Analogien)	101	Kombinationsfähigkeit (Erfassen von Beziehungen)	Ø
GE (Gemeinsamkeiten)	116	Abstraktionsfähigkeit	über-Ø

1) SW: Mittelwert (M) = 100, Standardabweichung (SD) = 10

UT	SW	Bereich	Ausprägung
ME (Merkaufgaben)	114	Merkfähigkeit	über-Ø
RA (Rechenaufgaben)	108	Praktisch-rechnerisches Denken (Beherrschung der vier Grundrechnungsarten, logisches Denken)	gut-Ø
ZR (Zahlenreihen)	88	Theoretisch-rechnerisches Denken (induktives Denken)	unter-Ø
FA (Figurenauswahl)	89	Räumliches Vorstellen (zweidimensionale Gegebenheiten vergegenwärtigen)	unter-Ø
WÜ (Würfelaufgaben)	98	Räumliches Vorstellen (dreidimensionale Gegebenheiten vergegenwärtigen)	Ø

Der Gesamtstandardwert betrug 102, ihm entspricht ein Intelligenzquotient (IQ) von 103 und ein Prozentrang von 58, der besagt, daß die Leistung höher liegt als bei etwa 57 Prozent der Altersgruppe.

Der Schulstandardwert, bezogen auf die Gruppe von Probanden mit Mittlerer Reife oder Besuchern der Untersekunda, lag bei 96, ihm entspricht ein IQ von 94 und ein Prozentrang von 34.

Der Flexibilitäts-Index hatte den Wert 34.

Die Ergebnisse stützen folgende charakteristische Aussagen:

Die Gesamtintelligenz läßt sich, im Vergleich zur Alters- und zur entsprechenden Bildungsgruppe (Mittlere Reife), als durchschnittlich einstufen.

Die Teilfunktionen der Merk- und der (sprachlichen) Abstraktionsfähigkeit sind überdurchschnittlich, die des theoretisch-rechnerischen Denkens und des räumlich-figuralen Vorstellens sind unterdurchschnittlich ausgeprägt.

Die intellektuelle Umstellfähigkeit (Flexibilität) ist gering.

Prüfsystem für Schul- und Bildungsberatung (PSB)

Das PSB wurde entworfen, um solche intellektuellen Funktionen zu erfassen, die besonders relevant sind bei schulichen Anforderungen.

Fräulein Karen erzielte folgende Centilwerte (C) in den einzelnen Untertests (UT).

UT	C 1)	Bereich	Ausprägung
1 + 2	7	Wortverständnis, passiver Wortschatz	gut-Ø
3 + 4	8	Denkfähigkeit, logisches Denken	über-Ø
5	6	Aktiver Wortschatz	Ø
6	5	"Ratefähigkeit" in dem Sinne des Erkennens unvollständiger Wörter (Gestaltbindung)	Ø
7 + 8	2	Räumlich-visuelle Vorstellungs- und Gliederungsfähigkeit	unter-Ø
9	4	Arbeitsprobe: Umgang mit Zahlen, Addieren unter Zeitdruck	Ø
10	4	Wahrnehmungsgeschwindigkeit	Ø

Die Gesamtleistung lag bei 5.2 und dem Prozentrang 54.

Die Ergebnisse sprechen für eine durchschnittliche Intelligenz, bezogen auf schuliche Anforderungen.

Ein Leistungsschwerpunkt fand sich bei logischem Denken, ein Leistungstiefpunkt bei räumlich-visuellem Vorstellen und Gliedern.

Aufmerksamkeits-Belastungs-Test (d2)

Beim d2 werden dem Probanden vierzehn Buchstabenreihen

---

1) C: M = 5, SD =.2

vorgelegt. Anzukreuzen ist jedes d, das mit zwei Strichen versehen ist. Erfaßt wird die Konzentrationsfähigkeit im visuellen Bereich in kurzfristigen Belastungssituationen.

Fräulein Karen arbeitete zügig durch von Anfang bis Ende.

Die Leistungen, die sie erzielte, werden in Standardwerten (SW) und Prozenträngen (PR) mitgeteilt.

Testkürzel	SW 1)	PR	Bereich	Ausprägung
GZ (Gesamtzahl der bearbeiteten Zeichen)	95	31	Arbeitstempo bei konzentrativer Anspannung:	∅
F (Fehler)	-	25	Arbeitssorgfalt	(noch) ∅
GZ-F (fehlerfrei bearbeitete Zeichen)	94	27	Konzentrative Belastbarkeit im visuellen Bereich	∅
SB (Schwankungsbreite)	-	58	Konstanz der Aufmerksamkeitszuwendung	∅
Fehlerverteilung	14/7/4		Verlauf der Anspannungsleistung:	Abnahme der Fehler

Demnach läßt sich von einer durchschnittlichen konzentrativen **Belastbarkeit im visuellen Bereich sprechen und von einer (noch) durchschnittlichen Sorgfaltsleistung.**

Konzentrations-Leistungs-Test (KLT)

Der KLT prüft (wie der d2) die Konzentrationsfähigkeit, aber es werden komplexere Aufgaben gestellt: der Proband muß Rechenaufgaben lösen (Addition und Substraktion einstelliger Zahlen), er muß jeweils das Resultat zweier Zeilen vergleichen und dann eine Entscheidung treffen: Liegt Zeile Eins höher, wird Zeile Zwei abgezogen. Liegt Zeile Eins niedriger, wird Zeile Zwei addiert.

1) SW: M = 100, SD = 10

Fräulein Karen arbeitete sehr langsam. Mit dem Finger ging sie den einzelnen Aufgabenzeilen nach, mit den Lippen artikulierte sie die Rechenprozeduren so laut, daß der Untersucher alle Lösungen mithören konnte.

Ihre Ergebnisse lauteten wie folgt, mitgeteilt in Standardwert (SW), Prozentrang (PR), Fehlerprozent (F%) und Fehlerquotient (FQ) 1).

Testkürzel			Bereich	Ausprägung
Leistung	SW: unter 80	PR: unter 1	Mengenleistung bei konzentrativer Anspannung	unter-∅
Fehler	F%: 8	FQ: 0.73	Sorgfalt bei konzentrativer Anspannung	∅

Die Ergebnisse lassen, bei komplexeren Aufgaben, eine unterdurchschnittliche Konzentration (in dem Sinne einer Mengenleistung), aber eine durchschnittliche Sorgfaltsleistung erkennen.

Lern- und Gedächtnistest 3 (LGT)

Der LGT prüft das mittelfristige Gedächtnis. Der Proband muß sich zuerst sechs Aufgabenreihen aus unterschiedlichem Material einprägen. Dann muß er Einzelheiten wiedergeben.

Fräulein Karen hielt die Zeitgrenzen für die Einzelaufgaben genau ein. Sie versuchte nicht, die Zeit zu überschreiten und dadurch mehr Einzelheiten "zu lernen" oder mehr eingeprägte Details wiederzugeben.

Die Ergebnisse lassen sich wie folgt in T-Werten (T) und Prozenträngen (PR) zusammenfassen:

1) SW: 100, SD = 10, FQ: ∅-Bereich: 0,70 - 1,30

$$F\%: \frac{\text{Anzahl der Fehler}}{\text{Zahl der richtig bearbeiteten Zeichen}} \times 100$$

Testkürzel	T 1)	PR	Bereich	Ausprägung
LGS (Lern- und Gedächtnis-standard)	59	82	(Mittelfristiges) Gedächtnis allgemein	gut-Ø
FG (Figural-gedächtnis)	58	79	Visuelles, figurales Gedächtnis	gut-Ø
VG (Verbalge-dächtnis)	53	62	Verbales Gedächtnis	Ø

Die Ergebnisse legen die folgende Interpretation nahe:

Die allgemeine (mittelfristige) Gedächtnisfunktion ist gut durchschnittlich ausgeprägt.

Das Gedächtnis für visuell-figurale Gegebenheiten läßt sich als gut durchschnittlich, das Gedächtnis für verbales Material als durchschnittlich einstufen.

Sortierprobe (SOP)

Bei der SOP steht vor dem Probanden ein Kasten, in dessen Deckel Öffnungen von verschiedener Form geschnitten sind. Holzkörper, die den Öffnungen entsprechen, muß der Proband aussortieren und durch den Deckel in den Kasten stoßen. Das Verfahren ermöglicht es, Problemlöseverhalten bei einfachen Aufgaben zu beobachten.

Fräulein Karen nahm zuerst ein Klötzchen und probierte solange, bis sie die richtige Öffnung fand. Dann legte sie Klötzchen ähnlicher Form zu Gruppen zusammen und schob sie in den Kasten. - Zwischendurch sagte sie, dies hier sei doch wohl mehr ein Spiel als eine Anstrengung.

Bei einfachen praktischen Problemaufgaben trat somit deutlich eine Tendenz zu systematischem Vorgehen auf.

---

1) T: M=50, SD=10

Konstanzer Fragebogen für Schul- und Erziehungseinstellungen (KSE)

Der KSE untersucht, wie Schüler gegenüber Schul- und gegenüber Erziehungsproblemen eingestellt sind.

Fräulein Karen füllte den Antwortbogen rasch aus. Mehrmals setzte sie zu Fragen an, brach aber jedesmal ab. Als der Untersucher von sich aus nachfragte, ob eine Schwierigkeit bestehe, antwortete sie, der Fragebogen erlaube keine eindeutigen Stellungnahmen. Aber sie sehe ein, daß jetzt keine Diskussion möglich sei.

Zusammen mit den Ergebnissen, die in Stanine-Werten (ST) mitgeteilt werden, erscheint auch - nach Art eines Kataloges - die Interpretation.

Skala	ST 1)	Einstellung und Ausprägung
DR (Druck)	7	Zum Erbringen von Leistungen wird 'Druck' als wirksamer gewertet denn 'Zug' (sachbezogenes Interesse).
NR (Negative Reformeinstellung)	7	Schulsysteme, Unterrichtsformen und -inhalte sollten eher erhalten und gepflegt, sie sollten nicht ohne Not verändert werden.
AB (Allgemeinbildung)	6	Die Schule sollte eher einen breiten Überblick über vielfältige Sachbereiche vermitteln (Allgemeinbildung) als profunde Kenntnisse in Teilbereichen (Spezialisierung).
AN (Anlage)	5	'Anlage' und 'Umwelteinflüsse' werden als gleich bedeutsam angesehen für die Ausprägung von Leistungsfähigkeit und Persönlichkeit eines Menschen.
BE (Berufung)	5	Der Lehrerberuf schließt eine Art Berufung ein, ist zugleich jedoch eine Erwerbstätigkeit (ein "Job") wie jede andere.
SP (Selbstverständnis als Pädagoge)	5	Was die Aufgaben eines Lehrers angeht, so wird er in gleichem Maße als Erzieher (Pädagoge) und als Fachwissenschaftler betrachtet.

1) ST: M=5, SD=2

Differentieller Interessen-Test (DIT)

Der DIT erschließt die Interessen eines Probanden, indem er nach der Vorliebe für bestimmte Tätigkeiten, Berufe, Bücher und Zeitschriften fragt.

Auch bei diesem Verfahren genügt die Interpretation, die im Ergebnisteil erscheint. Die Testwerte bestehen in Prozenträngen (PR), die Skalenkürzel werden in der Spalte "Interessensrichtung" erklärt.

Skala	PR	Interessensrichtung und ihre Ausprägung
		Durchschnittlich ausgeprägt ist das Interesse für:
SR	60-75	Sport
TN	25-40	Technik und Naturwissenschaft
MA	25-40	Mathematik
BI	25-40	Biologie
		Unterdurchschnittlich ausgeprägt ist das Interesse für:
VW	10-25	Verwaltung und Wirtschaft
MU	10	Musik
UN	5-10	Unterhaltung
PW	5-10	Politik und Wirtschaft
KU	5	Kunst
LS	1- 5	Literatur und Sprache
SE	1- 5	Sozialpflege und Erziehung

Eysenck-Persönlichkeits-Inventar (EPI)

Das EPI erfaßt drei Persönlichkeitsmerkmale: 'Neurotizismus' (emotionale Instabilität), 'Extraversion' (Geselligkeit, Aufgeschlossenheit) und 'Lügen-Tendenz' (Tendenz, Aussagen über sich zu verfälschen).

Fräulein Karen füllte den Fragebogen sehr rasch, ohne jede Unterbrechung aus.

Die Ergebnisse werden in Rohwerten (RW) mitgeteilt. Zum Vergleich werden herangezogen die RW von zwei weiblichen Normgruppen (einer Gruppe von 14 und von 23 Jahren).

Skala	RW	Bereich	Ausprägung
N	7	Neurotizismus	Ø
E	10	Extraversion	unterer Ø-Bereich
L	3	Lügen-, Verfälschungstendenz	Ø

Gießen-Test (GT)

Aus den Antworten zum GT, einer Art Selbstbeschreibung, lassen sich Hinweise auf sechs Persönlichkeitsmerkmale gewinnen.

Bei diesem Verfahren legte Fräulein Karen plötzlich den Bleistift nieder und erklärte, eigentlich müsse man über jeden der Sätze des Fragebogens ein Gespräch führen. Dann füllte sie, ohne die Antwort des Untersuchers abzuwarten, den Bogen bis zu Ende aus.

Die Ergebnisse, mitgeteilt in T-Werten (T), fielen wie folgt aus:

Skala	T 1)	Merkmal	Ausprägung
NR vs PR (Negative vs positive soziale Resonanz)	37	Negative soziale Resonanz	über-Ø
DO vs GE (Dominanz vs Gefügigkeit)	58	Gefügigkeit	Ø (oberer Bereich)
UK vs ZW (Unterkontrolliertes vs zwanghaftes Verhalten)	62	Überkontrolliertes, zwanghaftes Verhalten	über-Ø
HM vs DE (Hypomanische vs depressive Grundstimmung)	63	Depressive Grundstimmung	über-Ø
DU vs RE (Durchlässigkeit vs Retentivität)	59	Retentives, verschlossenes Verhalten	Ø (oberer Ø-Bereich)

1) T-Werte: M=50, SD=10

Skala	T	Merkmal	Ausprägung
PO vs IP (Soziale Potenz vs soziale Impotenz)	61	Soziale Impotenz	über-∅

Die Ergebnisse lassen sich folgendermaßen interpretieren: es bekundete sich

- das Gefühl, unattraktiv, unbeliebt, nicht durchsetzungsfähig zu sein;
- eine Tendenz zu zwanghaftem, überkontrolliertem Verhalten;
- eine deutlich depressive Grundstimmung;
- ein Gefühl, sozial eher "ungesellig, im heterosexuellen Kontakt" eher befangen zu sein.

Befindlichkeits-Skala (Bf-S)

Die Bf-S soll die momentane subjektive Gestimmtheit erfassen.

Es wurden die Parallelformen vorgelegt, Bf-S am ersten, Bf-S' am zweiten Untersuchungstage.

Die Ergebnisse werden in Stanine (ST) mitgeteilt.

Skala	ST 1)	Merkmal	Ausprägung
Bf-S	9	Dysphorisch-depressive Reaktionen, Unbehaglichkeitsgefühle	über-∅
Bf-S'	9		

Demnach sprechen die Ergebnisse für eine depressive Gestimmtheit, für intensive Gefühle von Unbehaglichkeit.

Wartegg-Erzähl-Test (WET)

Beim WET soll eine angefangene Geschichte weitergeführt werden. - In dem vorliegenden Falle wurde das Verfahren verwandt, um von der Probandin eine Schriftprobe zu gewinnen.

1) ST: M=5, SD=2

Eine vorsichtige graphologische Interpretation erbrachte Hinweise auf

- eine geringe intellektuelle Umstellfähigkeit;
- eine Tendenz zu starker Steuerung des eigenen Verhaltens (bis zu zwanghaften Zügen);
- eine geringe soziale Spontaneität;
- eine deutlich erhöhte Sensibilität (Empfänglichkeit für Zeichen der Teilnahme);
- eine starke Tendenz zum Rationalisieren (Gründe bloß vorschieben);
- eine starke Tendenz, eigene Erlebensweisen nach außen abzuschirmen.

Thematischer Apperzeptionstest (TAT)

Beim TAT wird der Proband aufgefordert, zu verschiedenen vieldeutigen Bildern dramatische Geschichten zu erzählen. Aus einer Analyse können sich Hinweise auf Umwelterleben, auf Gefühle und Einstellungen, auf Probleme und Verhaltensstile ergeben.

Fräulein Karen wurden zehn Tafeln vorgelegt. Sie erzählte sehr langsam, legte viele Pausen ein, brachte aber alle Geschichten zum Abschluß.

In den Geschichten kamen vorwiegend folgende Themen zur Sprache:

- Konflikte zwischen Fremdbestimmung (z.B. durch eine Mutterfigur) und Selbstbestimmung;
- Verwirklichung eigener Wünsche mit Hilfe eines (männlichen) Partners;
- vorübergehende Störungen von Partnerschaft (zwischen Mann und Frau) durch außenstehende Männer.

Die Konflikte, die dabei geschildert wurden, betrafen den Gegensatz

- zwischen Frau (einer Mutterfigur) und Mädchen (Tochterfigur);
- zwischen einer Frau und einem die Partnerschaft störenden Mann;
- zwischen aggressiven Tendenzen bei dem Manne in einer Partnerschaft und Ausgleichstendenzen bei der Frau.

Die weibliche Hauptfigur vermied in den Auseinandersetzungen offene Konflikte, sie verhielt sich eher passiv gegenüber Problemen und akzeptierte die Hilfe von männlichen Partnern bei der Lösung von Konflikten.

Die Geschichten endeten meist positiv, nahmen dabei aber unrealistische Züge an.

Formdeuteverfahren nach Rorschach

Beim Formdeuteverfahren nach Rorschach soll der Proband seine Einfälle zu zehn sinnfreien Klecksbildern äußern. Aus der Analyse der Antworten sind Hinweise auf intellektuelle Funktionen, auf Leistungsverhalten, auf emotional und sozial bestimmte Persönlichkeitsmerkmale zu gewinnen.

Fräulein Karen gab ihre Antworten rasch, mehrmals unterbrach sie sich und fragte, ob sie es richtig mache, ob sie noch mehr sagen solle.

Den Antworten ließen sich Hinweise entnehmen auf

- eine Sichtweise, die Sachverhalte sowohl global betrachtet, sie aber auch im einzelnen genau differenziert;
- Einfallsreichtum;
- eine hohe Leistungsbereitschaft, wobei der Leistungsanspruch den Leistungsmöglichkeiten durchaus entspricht;
- eine introversive Erlebnisrichtung;
- eine Tendenz, die eigenen Wünsche und Antriebe nachhaltig zu kontrollieren;
- intensive Wünsche nach Zuwendung, die aber stark kontrolliert, sogar zurückgedrängt werden;
- Erfahrungen mit der Umwelt, die von Enttäuschung geprägt sind, von Furcht, verletzt zu werden ("gebranntes Kind").

Exploration

An beiden Untersuchungstagen führten wir mit Fräulein Karen ausführliche Gespräche. Wir geben eine Zusammenfassung unter fünf Titeln: Schule, Eltern, Interessen, Zukunft und Kontaktproblemen.

Als Grund für ihr Kommen nannte sie zunächst Schulschwierigkeiten, sagte dann aber, darin sehe eigentlich nur ihre Mutter den Grund. Für sie selber sei etwas anderes vorrangig:

" daß ich mit anderen Menschen zurechtkomme, weil ich da immer so Schwierigkeiten habe".

Zur gegenwärtigen Situation in der Schule berichtete sie: Sie besuche die elfte Klasse eines Neusprachlichen Gymnasiums in S. Nach dem Übergang vom Klassen- zum Kurssystem seien sie zwanzig bis dreißig Teilnehmer in einem Kurs, mehr Mädchen, sie habe als Leistungskurse Biologie und Geschichte gewählt. Sonst habe sie noch Sport, Kunst, Englisch, Deutsch, Mathematik, Pädagogik und Religion. "Natürlich habe ich die Fächer behalten, mit denen ich am besten zurechtkomme." Sehr gerne mache sie in Biologie mit, zur Zeit behandelten sie Reizphysiologie. Biologie gebe ihre Stammkursleiterin, Frau Walther. Sie, Fräulein Karen, höre ihr gerne zu, melde sich aber nur selten zu Wort. Das sei nichts Besonderes, auch in anderen Fächern sage sie nie etwas, besonders nicht bei Diskussionen, z.B. in Religion, Pädagogik oder Deutsch.

In Geschichte falle es ihr seltsamerweise leichter, sich zu melden. Warum, könne sie nicht sagen. Vielleicht liege es daran, daß sie in diesem Fach schon mehrmals freiwillig etwas Besonderes gemacht habe, und insofern besser vorbereitet gewesen sei, - das sei sonst nicht ihre Eigenart.

Insgesamt falle ihr die Arbeit für die Schule nicht leicht. Sie habe den Eindruck, daß sie länger arbeiten müsse als andere, die begabter seien. Sie sei langsam, vielleicht auch umständlich, darum brauche sie auch jemanden, der sie zum Arbeiten antreibe: das besorgten sehr gerne ihre Eltern, aber auch einige Lehrer.

Was ihre Eltern so aufgeschreckt habe, der Leistungsabfall in der Schule, erkläre sie mit der Umstellung auf das neue System, diese Kurse: die möge sie nicht so sehr, man lerne sich nicht so gut kennen wie früher in der Klasse. Über hundert Schüler seien sie in der Obersekunda, aber sie wisse nicht, ob sie alle Namen kenne. "Nein, mir hat die Umstellung nicht geschmeckt."

Aber sie meine, sie werde ihre Angst überwinden. Sogar das Abitur zu schaffen erscheine ihr nicht mehr so abwegig wie noch vor ein paar Wochen, "als Mutter aufgescheucht wurde", nur müsse eben ihr "eigentliches Problem" gelöst werden, das ihre Eltern ja so richtig gar nicht wahrhaben wollten.

Sie habe, nach der Umstellung auf Kurse, einige Arbeiten oder Tests danebengehauen. Bei einem Elternsprechtag habe ihre Mutter davon erfahren, habe es dem Vater erzählt, und der habe Alarm geschlagen: die Mutter habe beim Schulpsychologischen Dienst angerufen, bei mehreren Beratungsstellen, habe aber vorerst keinen Termin bekommen. Der Vater habe die Mutter dann gedrängt, doch einmal "bei der Universität" nachzufragen.

Was ihre Eltern nicht mitbekommen hätten, sei, daß es inzwischen mit den Kursen laufe: sie habe "fast richtig Spaß daran, nicht den ganz richtigen Spaß, aber es geht eben". Wenn die Eltern davon sprächen, die Versetzung sei gefährdet, sei das "heller Unsinn. Es ist doch erst Beginn des Schuljahres."

Über ihre Eltern berichtete Fräulein Karen des weiteren, sie ließen ihr volle Freiheit, zu tun, was sie wolle, legten aber Wert darauf, immer unterrichtet zu sein. Ihren Vater habe sie richtig gern, obwohl er ein Mensch sei, den man gar nicht gern haben könne. "Denn er ist ein Haustyrann, nein, er ist keiner. Aber er will immer alles bestimmen, sogar meine Freunde will er festlegen." Weil er es geschafft habe, aus einer Schreinerwerkstatt einen "Betrieb" zu entwickeln, der Fenster liefere, meine er, alles sei durch Arbeit zu erreichen, obwohl gerade ihn die ständige Arbeit dazu bringe, nicht mehr zu sehen, was um ihn her vorgehe. Er sei ein "lieber Mann", den sie "verabscheue", er wolle regieren und sei, wenn man ihn lasse, ein wohlwollender Regent. "Wenn ich mal heiraten sollte, sagt der mir noch, wann und wieviele Kinder ich kriegen darf."

Ihre Mutter sei demgegenüber schon einfacher zu nehmen, obwohl sie es nicht leicht habe neben dem Vater, "einem Koloß, den man gernhaben muß. Sie irren sich, wenn Sie meinen, daß ich ihn hasse. Ich habe ein gutes Verhältnis zu ihm. Ich wickele ihn, nein, er wickelt mich um den Finger." Die Mutter habe immer schon ausgleichend gewirkt, nur sei sie so leicht aus der Fassung zu bringen, - wie das Beispiel mit den Schulschwierigkeiten beweise. Sie sei nachgiebig: "Ich kann mir unheimlich viel erlauben." Sie sei fürsorglich: "Es ist lächerlich, sie kommt abends immer noch an mein Bett und fragt, ob mir etwas fehlt. Und ich freue mich auch noch."

Was sie aber an ihrer Mutter nicht ausstehen könne, sei, daß sie immer wieder "umfalle": So habe die Mutter nichts dagegen, wenn sie (Fräulein Karen) das Haus verlasse, ohne die Schularbeit erledigt zu haben; aber abends, wenn der Vater mal danach frage und dann erfahre, daß nicht alles für den folgenden Tag vorbereitet sei, stimme sie in seine Vorwürfe ein. - Oder wenn die Mutter ihr "definitiv gesagt" habe, sie dürfe an einer bestimmten Fête des Sportclubs, dem sie angehöre, nicht teilnehmen - "so mit fünfzehn kam das öfter vor" - dann habe sie, Fräulein Karen, schon damit gerechnet, daß sie die Mutter "herumbekommen" werde, in der Regel sei das auch der Fall gewesen. - Der Vater könne sie natürlich noch leichter umstimmen.

Seit einigen Jahren versuche sie, den Eltern nicht mehr alles zu sagen, was sie tue: sie erzähle nichts aus der Schule, sie berichte nichts aus ihrem Sportclub, sie treffe sich mit Freunden aus dem Club, ohne zuhause Bescheid zu sagen. Aber wirklich wichtige Sachen zu verschweigen, bringe sie nicht über sich. "Sie hängen ja doch an mir." Zwar wünsche sie nicht, daß ihre Mutter bestimme, welche Schuhe sie kaufen oder welche Kleider sie nicht mehr tragen solle, aber dann laufe es doch immer wieder darauf hinaus, daß sie mit der Mutter "alles bespreche". Vom Vater loszukommen sei leichter, der sei mit seinem Betrieb befaßt. Die Mutter "loszuwerden" sei nicht so einfach.

Über ihre Freizeit und ihre Interessen berichtete Fräulein Karen, der Arbeit für die Schule mache nur eine Sache Konkurrenz: der Sport. Sie sei im "Sportclub". Laufen und Werfen - Ball, Speer, Hammer dagegen nicht - seien ihre bevorzugten Disziplinen: "Nicht daß ich was Besonderes leiste, das Zusammensein ist das Wichtigste." Fast jeden Tag gehe sie zum Club, darauf freue sie sich nach Schulbesuch, Mittagsschlaf und Schularbeit. Etwa zwanzig seien sie, die regelmäßig trainierten, jeweils ein bis anderthalb Stunde. "Nach dem Training langes Umziehen, Herumalbern, dann - neben dem Platz ist unser Clubraum, wo man essen und trinken kann. Dort sitzen wir alle zusammen bis halb neun, neun, zehn Uhr. Dann gehe ich nachhause und gehe schlafen. Fernsehen habe ich mir völlig abgewöhnt, seit ich im Verein bin."

Gefragt, was sie sonst noch tue in ihrer Freizeit, antwortete sie, sie könne nichts aufzählen, - außer Sportverein. Lesen? Früher sehr oft, jetzt nicht mehr; sie wisse nicht, wann sie das letzte Buch freiwillig gelesen habe. Kinobesuch? Nein! Nichts gebe ihr soviel wie der Club. Zwar nehme sie auch in der Schule an einer Arbeitsgemeinschaft in Sport teil, aber das zähle gar nicht. "Es ist ja gar nicht der Sport, den ich suche. Dort - im Club - ist die einzige Stelle, wo ich wer bin." Das Erleben, so richtig dazuzugehören, sei das Wichtigste im Sportclub. Wenn ihre Eltern das nicht zu begreifen schienen - sie machten manchmal Einwände gegen ihre Club-Besuche und ihre Club-Kollegen - so müßten sie nach und nach verstehen lernen, daß sie es ihnen um keinen Preis erlaube, die einzigen Kontakte, die sie habe, "kaputtzumachen".

In den Club sei sie auf folgende Weise hineingekommen: Burgenau, ihr Heimatort, sei ein Dorf, aber ein kleiner Badeort, heute eingemeindet in die Stadt S., wo sie zum Gymnasium gehe. In einem solchen Ort spielten die Vereine eine wichtige Rolle. Darum habe sie, Fräulein Karen, den Sportclub natürlich lange gekannt. Eine Mitschülerin auf der Obertertia, der neunten Klasse, eine Freundin, habe sie eines Tages mitgenommen, sie habe einmal mitgeturnt - Hanteln, Seile, Barren, das hätte ihr gefallen, hätte sie aber nicht im Verein gehalten. "Was hinterher kam, daß wir zusammensaßen: das war es."

Nach ausführlichen Schilderungen von Wettkämpfen und verschiedenen Formen von "Fêten", die sie im Club miterlebt habe, wurde die Frage nach Hobbies neben dem Sport wiederholt. Fräulein Karen erwähnte dann ein Interesse, das sie als "Marotte" bezeichnete: sie gehe gern in Elektrogeschäfte, die Geräte führen wie elektronische Schreibmaschinen oder Diktiergeräte kleinsten Formats: dort probiere sie gern Speicherkapazitäten aus, - wie man etwa einen ganzen Briefkopf speichern, wie man Zeilen symmetrisch um die Zeitenmitte gruppieren könne, usw. Sie lasse sich verschiedene Mikrophone vorlegen. Aber sie kaufe solche Geräte nicht, sie probiere sie nur im Geschäft aus, sie lese auch nichts über Elektronik, sie habe nur Spaß an solchen technischen Auffälligkeiten.

Über ihr "eigentliches Problem", wie sie es mehrmals nannte, ihre Kontaktschwierigkeiten, sagte sie, sie erlebe sich wie "alleingelassen, wie eingeschlossen". Sie bringe es von sich aus nicht fertig, auf andere Menschen zuzugehen - wie sie ja auch zu uns nicht spontan gekommen, sondern geschickt worden sei. Sie wolle aber etwas tun, "um hinterher das zu überwinden, was mir Schwierigkeiten macht: das mit anderen Menschen, wo bei mir jetzt der Fehler liegt".

Mehrmals unterbrach sie sich auch und drückte ihre Verwunderung aus, daß sie in der Lage sei, mit uns über ihre Schwierigkeiten zu sprechen. "Normalerweise" bringe sie es nicht fertig, sich anderen mitzuteilen, auch ihren Eltern nicht, nicht einmal einem Freund, wenn sie einen habe. Im Gegenteil, sie fresse alles in sich hinein. Im Club, bei einer Silvester-

Fête, habe sie "einen von unseren Jungen" kennengelernt, sie seien sonntags auch zusammen ausgegangen. Aber sie sei nicht in der Lage gewesen, ihm ihre Gefühle so richtig zu zeigen. "Da war es natürlich aus."

Sie sehe die Schwierigkeit, aber sie könne die Lage von sich aus nicht ändern. Sie sei sehr froh, wenn andere sie ansprechen würden - ein Lehrer, auch ein Mitschüler oder Leute im Verein. Sie fühle sich auch so rasch links liegengelassen, - selbst wenn andere das nicht in diesem Sinne meinten. "Ich kann auch anderen oft nicht sagen, wie ich eine Sache meine, ich rede dann drauflos, und es klingt dann so, als wollte ich sie belügen." Nach einem Beispiel gefragt, sagte sie, was sie meine, könne sie so erklären: "Wenn ich mal mit Kollegen im Club nicht wegfahren will: daß ich dann nicht sage: 'Ich will nicht', sondern ich suche nach Ausreden: daß meine Eltern Besuch bekämen und daß ich da sein müßte. An den Haaren herbeigezogen!"

Sie leide richtig unter ihrer Unsicherheit, sie denke fortwährend daran, und das mache sie noch unsicherer, und sie versuche dann, nur ja nichts zu sagen und zu tun, was ihre Gefühle "verraten" könne. "Im Verein, wenn ich einfach so dabeistehe, ist es gut. Aber wenn ich mich mit einem einzelnen über ein Problem unterhalten soll, weiß ich nicht, was ich sagen soll. Andere können unheimlich kluge Sachen bringen. Bei mir ist da nichts."

Vielleicht seien ihre Eltern nicht ganz unschuldig an dieser Entwicklung. Vielleicht hätten sie nicht genug Zeit gehabt, sie auch nicht genug einbezogen in ihre Pläne: "Wenn Besuch kam, wegen des Geschäfts und so, wurde ich sofort nach oben gescheucht in mein Zimmer. Mein Vater hatte es auch nicht so gern, wenn ich mal Kinder mitbrachte, er hatte nie gern Besuch bei mir. Also, meinen Vater mache ich dafür verantwortlich, wegen seiner Erziehung, daß ich mit den anderen nicht so gut reden kann, daß ich nicht so frei bin, meinen Mitschülern gegenüber."

Nach Freunden oder Bekannten gefragt, antwortete sie: "Mit denen aus der Schule, also Mitschülern, habe ich nur Kontakt, wenn sie auch im Verein sind." - Wie es früher, noch im Klassenverband, gewesen sei? "Da hatte ich eigentlich mit keinem Kontakt. Während der Schulzeit, ich meine auf dem Gymnasium, da hatte ich mal Kontakt zu einem Mädchen, die ist aber dann weggezogen."

Sie habe keinen Freund, auch keine Freundin, nur eben die "Leute im Club". Aber dort sei sie nicht mit einem einzelnen eng befreundet. Solche Kontakte genügten ihr nicht, sie wolle mehr, sie stelle sich lebhaft vor, wie es sei, wenn sie einen Freund hätte und "eine richtige Freundin".

Ganz so wie jetzt sei es früher nicht gewesen. Als Kind, im Kindergarten und in der Grundschule, habe sie mit anderen Kindern gespielt. "Aber ich glaube, ich war auch als Kind schon so ruhig." Bei anderen Leuten sei sie fast nie gewesen: "Ab und zu gehen wir mal zu Verwandten, zu einem Onkel, zu einem bekannten Ehepaar. Sonst nichts! Seit ich auf dem Gymnasium bin, war ich immer allein zuhause, bis ich Kontakt zu der Freundin bekam, die weggezogen ist: die mich in den Sportclub gebracht hat. Seitdem ist es ja sehr viel besser geworden, obwohl - ich komme nicht an bei anderen."

Befragt nach ihren Vorstellungen für die Zukunft, antwortete Fräulein Karen, sie habe keine genaueren Pläne, gerne werde sie ins Ausland gehen, "nach dem Abitur, wenn ich es schaffe, irgendwohin, aber in den Norden: Skandinavien, Kanada oder Alaska". Sie stelle sich gerne vor, daß sie dann mit einem Partner in einer norwegischen Bucht lebe, auf einem Boot oder in einer Hütte, es könnte auch eine schwedische Schäre sein, nicht für immer, aber für eine unbestimmte Zeit. Oder sie werde in Kanada durch unbewohnte Gebiete reisen, mit jemandem, der auch Freude daran habe.

Auf die Frage, ob sie überlegt habe, wie sie solche Vorstellungen verwirklichen könne, sagte sie: "Soweit voraus mach ich mir keine Gedanken. Ich möchte einfach hin."

Ob sie nicht einen Beruf kenne, ganz konkret, den sie einmal ausüben möchte? "Nein! Viele kenne ich gar nicht. Da gibt es bestimmt vielleicht irgendetwas, was ich gern machen würde wovon ich nur noch nicht weiß, daß es das gibt."

Versucht man, das Gespräch mit Fräulein Karen zusammenzufassen, so dürften sich folgende Punkte heraussheben lassen:

Was die <u>Schule</u> angeht, finden sich Hinweise,

- daß sie nicht mit Freude, aber auch nicht mit Ablehnung das Gymnasium besucht;
- daß sie zum Lernen vergleichsweise viel Zeit braucht und dabei auf 'Druck' angewiesen ist;
- daß sie vor Änderungen und Umstellungen in der Schule

eher Angst empfindet;
- daß sie von sich aus die Schule nicht verlassen will, sondern damit rechnet, das Abitur zu erreichen.

Was die Eltern betrifft, so zeigt sich,

- daß sie ihren Vater "mag", sich aber von ihm in ihrem Entscheidungsraum eingeengt fühlt;
- daß sie sich über die fürsorgliche und verständnisvolle Haltung der Mutter freut, an ihr jedoch Weichheit und Nachgiebigkeit kritisiert;
- daß sie sich um Ablösung von den Eltern bemüht, aber weder von ihnen loskommt noch von ihnen freigegeben wird.

Was die Interessen angeht, so

- scheinen diese sich nur auf wenige Bereiche zu erstrecken, unter denen
- der Sport den ersten Platz einnimmt.

Was ihre Kontaktprobleme betrifft, so äußerte sie

- das Erleben, "wie alleingelassen, wie eingeschlossen" zu sein;
- die Erfahrung, auf andere Menschen nicht spontan zugehen zu können, sich vielmehr gegen sie abzuschirmen;
- lebhafte Wünsche nach Kontakten.

Was ihre Zukunft angeht, so beläßt sie es bei unklaren Vorstellungen.

Befund

Die Ergebnisse der Leistungs- und Persönlichkeitsuntersuchung, die Gespräche mit den Eltern, mit einer Lehrerin und mit der Probandin selber vermitteln das folgende Bild:

Fräulein Karen verfügt, im Vergleich zu ihrer Altersgruppe, über eine durchschnittliche Gesamtintelligenz: dies gilt generell, wenn sie vor theoretisch-abstrakten Problemen, aber auch speziell, wenn sie vor schulischen Anforderungen steht.

Was intellektuelle Teilfunktionen angeht, so ist ihr Wortverständnis im Sinne des passiven Wortschatzes gut durchschnittlich, ihre Denkfähigkeit im Sinne des logischen Denkens (sogar) überdurchschnittlich ausgeprägt. Dagegen ist ihre Raumvorstellung als unterdurchschnittlich einzustufen: gemeint ist die Fähigkeit, sich Sachverhalte zwei- oder dreidimensional zu vergegenwärtigen. Sie gerät auch in Schwierigkeiten, wenn es gilt, Aufgaben oder Situationen zu meistern, die ein rasches Umstellen, somit intellektuelle Flexibilität verlangen.

Durchschnittlich schnell und genau kann sie arbeiten bei Problemen, deren Lösungen konzentrative Zuwendung voraussetzen, aber einfach strukturiert sind. Bei komplexeren Aufgaben dagegen, die konzentrative Anspannung erfordern, liegt ihr Arbeitstempo unter dem Durchschnittsbereich. Ihre Merk- und Gedächtnisleistungen sind demgegenüber gut durchschnittlich.

Klar läßt sie Leistungsbereitschaft erkennen, aber vorwiegend zentriert auf Gebiete, wo Freude an der Sache und Erfolgserleben zusammentreffen. Auf Leistungsverhalten ist sie nicht generell ausgerichtet.

Ihre Einstellung zur Schule ist nicht durch Freude, aber auch nicht durch Ablehnung gekennzeichnet. Zum Lernen braucht sie immer wieder jemanden, der sie mahnt und antreibt, seien es Lehrer, seien es Eltern. Aus Sachinteresse arbeitet sie nur in Ausnahmefällen. Veränderungen oder Reformen, wie die Umstellung vom Klassen- zum Kurssystem, lehnt sie zwar nicht ab, fühlt sich von ihnen aber geradezu geängstigt.

Ihre Interessensspanne ist schmal. Am intensivsten betreibt sie Sport, in der Schule sowohl wie in ihrer Freizeit. Ein durchschnittliches Maß an Interesse bekundet sie für Biologie und Mathematik sowie für den Bereich der Technik und Naturwissenschaften, aber dieses Interesse ist nicht so stark, daß es sie anregen würde zu vertiefender Lektüre oder zu praktischen Tätigkeiten. Eigene Aktivität entfaltet sie nur für den Sport.

Mit Bereichen wie Musik und Kunst, Literatur und Sprache beschäftigt sie sich nur wenig. Gering ist ihr Interesse auch für Politik oder Wirtschaft, für Fragen der Erziehung oder der Sozialpflege.

Gegenüber anderen Personen zeigt Fräulein Karen Verhaltensweisen, die sie selbst als konflikthaft erlebt: Auf der einen Seite ist sie sehr empfänglich für Zeichen der Anteilnahme aus ihrer Umwelt. Ebenso sensibel reagiert sie auf Gesten der Ablehnung oder Zurückweisung: sehr schnell fühlt sie sich gekränkt oder ungerecht behandelt. Ihr selber jedoch fällt es außerordentlich schwer, andere Menschen an ihrem

Erleben teilnehmen zu lassen. Im Gegenteil, sie schirmt sich gegenüber anderen ab. Wenn ihr Verhalten für andere schwer verständlich erscheint, neigt sie dazu, es mit Erklärungen zu rechtfertigen, die für andere nicht ganz überzeugend klingen (Tendenz zu rationalisieren).

Sie ist bestrebt, ihre Äußerungen, ihr Gesamtverhalten ständig zu kontrollieren. Das geht so weit, daß sie spontane Wünsche, Einfälle, Impulse zurückdrängt, geradezu unterdrückt. Ihre Stimmung ist geprägt durch Gefühle wie Unbehagen, Gereiztheit, Übellaunigkeit.

Auf der anderen Seite hegt Fräulein Karen überaus lebhafte Wünsche nach partnerschaftlichen Bindungen. Sie leidet unter ihren Abschirmungstendenzen. Sie bringt es aber nicht über sich, spontan auf andere Menschen zuzugehen und Kontakte zu knüpfen. In diesem Sinne wirkt sie sehr scheu und zurückhaltend. Sie hat die Vorstellung, daß sie bei anderen Menschen keinen Anklang findet, daß sie bei ihnen also "nicht ankommt". Soweit sie freundschaftliche Beziehungen unterhält, ist sie geradezu ängstlich bemüht, jede Störung und Einschränkung fernzuhalten.

Intensiv beschäftigt sie sich mit der Beziehung zu ihren Eltern. In ihrem Vater sieht sie einen Menschen, der sie zwar sehr gern (und den sie gern) hat, der ihr aber nur wenig Raum für selbständige Entscheidungen beläßt: er sei jemand, so deutet sie sein Verhalten, der daran gewöhnt ist, in seiner Umgebung als einzige Person Entscheidungen zu treffen. - Zwiespältig wie zum Vater ist auch ihre Haltung zur Mutter: sie "mag" ihre Mutter, schätzt ihr fürsorgliches Verhalten, ihr Bemühen um Verständnis; sie bemängelt aber an ihr, daß sie zu weich und nachgiebig sei (sowohl dem Vater als auch ihr, der Tochter, gegenüber). Hinzu kommt folgendes: Fräulein Karen sucht zu ihren Eltern Distanz zu gewinnen, vor allem zur Mutter, sie strebt einen größeren Freiraum für selbständiges Handeln an. Sie erlebt aber immer wieder, daß sie selber innerlich abhängig ist und daß die Eltern, vor allem die Mutter, sie "aus ihrer Obhut" nicht freigeben wollen.

Über ihre Zukunft macht Fräulein Karen sich nur unklare Vorstellungen. Sie hat kein Berufsziel, das eindeutig umschreibbar wäre. Sie sieht es vorerst auch nicht für nötig an, ihre Wünsche und Erwartungen an die Zukunft genauer zu klären.

Stellungnahme

Die Ausgangsfrage unserer Untersuchung lautete: ob Kornelia Karen wegen ihrer Schulschwierigkeiten das Gymnasium verlassen und einen Beruf ergreifen oder ob sie bleiben und das Abitur anstreben solle. Sehr bald stellte sich heraus: diese Frage war für sie eher der Anlaß als der Grund des Kommens, ihr zentrales Problem betraf das Erleben von Isolierung, von Unfähigkeit, selber Kontakte herzustellen.

In unserer Stellungnahme gehen wir auf die verschiedenen Probleme nacheinander ein. Zuerst besprechen wir die Schulschwierigkeiten unter einem Leistungs- und einem Motivationsaspekt, dann die Berufsfrage und anschließend das Hauptproblem.

Was die Frage der Schulschwierigkeiten unter dem Leistungsaspekt betrifft, so geht es darum zu klären, ob Fräulein Karen über die Fähigkeiten und Fertigkeiten verfügt, die für einen erfolgreichen Abschluß des Gymnasiums Voraussetzung sind. Aus drei Perspektiven trägt unsere Untersuchung zu einer Antwort bei: einer Prüfung der Intelligenz, der Konzentration, der Merkfähigkeit/des Gedächtnisses.

Fräulein Karen verfügt über eine durchschnittliche intellektuelle Kapazität, auch in jener besonderen Ausprägung, wie sie für schulische Anforderungen benötigt wird. Auf Grund dieser Gegebenheit (zugespitzt formuliert: bei **nur** durchschnittlicher Intelligenz) ist damit zu rechnen, daß bestimmte schulische Anforderungen ihr Schwierigkeiten bereiten werden, die sich jedoch durch zusätzliche Anstrengungen bewältigen lassen. Demnach fällt der Frage der Motivation eine besondere Bedeutung zu.

Hinzu kommt folgendes: Eine wichtige Voraussetzung für den erfolgreichen Einsatz der Intelligenz ist die Fähigkeit zu konzentrierter Arbeit. Bei Fräulein Karen ist die Konzentrationsfähigkeit in durchschnittlicher Ausprägung vorhanden, dies trifft aber nur für Aufgaben und Probleme von einfacher Struktur zu. Bei komplexeren Konzentrationsaufgaben hat sie mit der Schwierigkeit zu kämpfen, daß sie zwar sorgfältig, also relativ fehlerfrei arbeiten kann, dabei aber nur langsam vorankommt. Übertragen auf die Schulsituation dürfte dies miterklären, warum Fräulein Karen, wie sie berichtet, für ihre Arbeiten in der Regel mehr Zeit einplanen muß als andere, begabtere Schüler.

Eine Erleichterung ihrer Arbeit ergibt sich aus einem anderen Fähigkeits- und Fertigkeitsbereich. Fräulein Karen verfügt über ein vorzügliches Gedächtnis: sowohl für Aufgaben, die mittelfristig, als auch für solche, die kurzfristig einzuprägen sind.

Beurteilen wir die Schulfrage allein vom Leistungsaspekt, so erscheint die Schlußfolgerung gerechtfertigt: Fräulein Kornelia Karen wird sich in einer Schullaufbahn vor Schwierigkeiten gestellt sehen. Da jedoch abzusehen ist, daß die Schwierigkeiten durch einen entsprechenden Einsatz gemeistert werden können, sehen wir darin keinen triftigen Grund, das Gymnasium vorzeitig zu verlassen. In einem anderen Licht stellt sich die Frage dar, wenn man die Motivationslage in die Überlegungen einbezieht.

Auf der einen Seite gilt: Fräulein Karen bekundet zwar keine Abneigung gegen die Schule, aber sie findet auch keine Freude daran. Zum Lernen muß sie meist unter Druck stehen, - nur selten wird sie von Sachinteresse geleitet: dabei stellt sich der Druck für sie als Drängen und Mahnen (der Lehrer, vor allem aber der Eltern) dar. Schulische Veränderungen, denen sie sich gegenübergestellt sieht (z.B. der Übergang vom Klassen- zum Kurssystem), ängstigen sie geradezu. Interessen bekundet sie für wenige Schulfächer: für Sport, für Biologie, dann für den (unscharf umrissenen) Bereich 'Technik und Naturwissenschaft'. Was den Sport betrifft, so nimmt sie zwar an einer schulischen Arbeitsgemeinschaft teil, findet ihre eigentliche Befriedigung aber im "Sportclub" außerhalb der Schule. Was die Biologie angeht, so gibt sie dazu nur an, daß sie das Fach "ganz gerne hört", - besondere Aktivität entspringt diesem Interesse nicht. Technik und Naturwissenschaften fesseln sie mehr in einem spielerischen Sinne (gelegentliche Besuche in Geschäften, die auffällige Elektrogeräte beschaffen). Auch hier führt das vorhandene Interesse jedoch nicht zu einer intensiveren Auseinandersetzung mit komplexeren Problemen, wie sie durch die naturwissenschaftlichen Fächer angeregt werden könnte.

Hinzu kommt, daß sie zwar leistungsbemüht ist, jedoch konzentriert sich ihre Aktivität auf Gebiete, wo Freude an der Sache und Erfolgserleben zusammentreffen, - vorwiegend auf den Sport außerhalb der Schule. Sie ist nicht (generell oder) in einem breiteren Ausschnitt leistungsorientiert. Nur in Ausnahmefällen richtet sich ihre Leistungsbereitschaft auf ein Schulfach (in Zusammenhang mit dem Fach Geschichte spricht sie von gelegentlicher besonderer Anstrengung).

In allen diesen Gegebenheiten drückt sich eine Einstellung und Orientierung aus, die kaum dazu ermuntert, durch zusätzliche Anstrengung Schulschwierigkeiten zu beheben, die bei einer durchschnittlichen intellektuellen und konzentrativen Befähigung zu erwarten sind. Aber die Lage ist auch nicht derartig eindeutig zu interpretieren, daß sich die Empfehlung ableiten ließe, die Schule zu verlassen.

Denn auf der anderen Seite ist festzuhalten: Von sich aus hat Fräulein Karen nicht den Wunsch, dem Gymnasium den Rücken zu kehren. Sie äußert sogar die Hoffnung, daß sie "es schaffen" werde, - sofern sich für ihr zentrales Problem eine Lösung finde.

Hier sehen wir den Ansatz für den Vorschlag, Fräulein Karen solle auf dem Gymnasium bleiben. Den Vorschlag stützen wir mit zwei weiteren Gründen.

Erstens, Fräulein Karen ist sehr empfänglich für Zeichen der Anteilnahme aus ihrer Umwelt. Wenn solche Zeichen von Eltern und Lehrern, mit dem Ziel der Ermutigung, in erhöhtem Maße gegeben werden, ist damit zu rechnen, daß die (geringe, aber vorhandene) Bereitschaft verstärkt wird, Schulschwierigkeiten durch zusätzliche Anstrengung zu bewältigen.

Zweitens, und dieser Grund hat größeres Gewicht: Wenn Fräulein Karen die Schule verläßt, sollte geklärt sein, was sie weiterhin tun, welchem Beruf sie sich zuwenden solle.

Was die Berufswahl betrifft, so hat Fräulein Karen keine klaren Vorstellungen über ihre Zukunft, - sie betont dies immer wieder selber. Ihre Äußerungen zu diesem Thema ähneln Tagträumen (nordische Gebiete bereisen: etwa in Kanada oder Alaska, für einige Zeit in einer norwegischen Bucht leben oder auf einer schwedischen Schäre wohnen).

Bei derart unklaren Vorstellungen könnte die Zuwendung zu einem Beruf bedeuten, daß sie entweder selber eine Wahl nach Zufall trifft oder aber eine andere Person (zum Beispiel der Vater) eine Entscheidung an ihrer Stelle fällt. Zu keiner der beiden Alternativen kann man Fräulein Karen raten.

Fassen wir unsere Überlegungen in einer Schlußfolgerung zusammen: Was die Schul-Motivation angeht, ergibt sich kein schlüssiger Hinweis, der dafür spräche, Fräulein Karen solle das Gymnasium verlassen, - wenn auch zuzugeben ist, daß offen bleibt, wieweit sie für einen weiteren Schulbesuch motiviert (oder zu motivieren) sei. Was die Berufswahl betrifft, so sprechen die unklaren Zukunftsvorstellungen gegen einen Abgang vom Gymnasium zum jetzigen Zeitpunkt.

Als zentrales Problem beschreibt Fräulein Karen nicht die Schul- und Berufsfrage, sondern das Erleben von Isolierung, von Unfähigkeit zu Kontaktaufnahme. (Die Mutter ahnt diese Problematik, erfaßt sie aber nicht sehr prägnant. Der Vater, fast ausschließlich seinem Beruf zugewandt, nimmt sie nur am Rande wahr.)

Worum geht es? Fräulein Karen erlebt sich - in ihrer Sprache formuliert - "alleingelassen, wie eingeschlossen". Anderen Personen kann sie ihre Gefühle und Empfindungen nur in Ausnahmefällen mitteilen, sie schirmt sich gegen sie ab, - erlebt diese Abschirmung aber als eine Einengung. Über diese Lage empfindet sie Gereiztheit, Übellaunigkeit, sie leidet unter Gefühlen des Unbehagens, sie ist sehr leicht kränkbar; sie versieht aus Unsicherheit manche ihrer Handlungsweisen mit Erklärungen, die unwahrscheinlich klingen; sie hat die Vorstellung, daß sie bei anderen "nicht ankomme".

Dabei hat sie lebhafte Wünsche, zu Partnern Kontakte herzustellen. Soweit Beziehungen bestehen, ist sie bemüht, die Bindungen zu erhalten. Ihre Suche nach Begegnungsmöglichkeiten ist einer der Hauptgründe, warum sie dem "Sportclub" angehört: dort hat sie noch am ehesten das Gefühl, als Partner unter Partnern angenommen zu sein.

Was die Gründe betrifft, aus denen sich diese Lage ergeben hat, so sei eine Herleitung nur soweit versucht, wie sie für eine Korrektur bedeutsam ist. In der Biographie von Fräulein Karen finden sich einige Erklärungshinweise.

Der Vater (wurde und) wird als ein Mensch erlebt, der - in einer besorgten gutmütigen Weise - (früher über das Kind und heute) über die junge Erwachsene eine Art Verfügungsgewalt ausübt: er nimmt ihr die Entscheidungen ab (z.B. in welche Schule sie gehen, welche Freunde sie ablehnen, welche sie behalten solle); er versucht, ihr "alle Wege zu ebnen" (indem er z.B. dem Sportclub Geld zum Anschaffen von Geräten spendet, in der Schule Lehrerausflüge, auch finanziell, mitermöglicht).

Der Einfluß des Vaters wirkt sich nicht so sehr in einer Beschränkung der realen Bewegungsmöglichkeiten aus: Fräulein Karen kann gehen, wohin sie will. Er verbreitet vielmehr eine Atmosphäre, in der nur einer entscheidet (wohlwollend) und in der andere sich wie Objekte vorkommen.

Demgegenüber kann die Mutter, von geringerer Durchsetzungskraft als der Vater, nicht genügend Handlungs- und Entscheidungs-Freiraum offenhalten: obwohl sie die Notwendigkeit dazu spürt (wenn auch nicht scharf sieht). Es resultiert eine nachgiebige, uneinheitliche Erziehungshaltung gegenüber ihrer Tochter, - die ihrerseits mit ambivalenten Einstellungen reagiert: sie mag die Mutter und verübelt ihr zur gleichen Zeit ihre Weichheit und Nachgiebigkeit. Seit einigen Jahren verschärft sich dieser konflikthafte Zustand, weil eine Ablöseproblematik hinzukommt. Fräulein Karen strebt nach Distanz zum Elternhaus, erfährt aber, daß sie (von sich aus) nicht frei wird von den Bindungen, (vom Vater und) von der Mutter aber auch nicht freigegeben wird.

Zu beachten ist auch: In der Kindheit und Jugend von Fräulein Karen konzentrierte sich alles Geschehen in der Familie um den Aufbau des väterlichen "Betriebes". Es blieb wenig Zeit und Gelegenheit für partnerschaftlichen Austausch, in dem die Entfaltung des Selbstwertgefühles gleichsam eingeübt worden wäre.

Den Gründen, die zu dem "eigentlichen Problem" bei Fräulein Karen geführt haben könnten, sei nicht weiter nachgegangen. Wir wollten sie nur soweit zur Sprache bringen, wie erforderlich ist, den Kreis von Personen zu bezeichnen, die sich an den Schritten zur Veränderung der Gesamtsituation beteiligen sollten.

Von welchen Maßnahmen wir eine Änderung der Situation erwarten, sei kurz erläutert.

Weder Fräulein Karen noch ihre Eltern (oder die Schule) sind von sich aus in der Lage, das Problem zu lösen; sie bedürfen der Mithilfe anderer Personen. Eine mögliche Form solcher Mithilfe sehen wir in therapeutischen Maßnahmen, - die sich sehr global unter zwei Titeln beschreiben lassen: Fräulein Karen sollte dazu geführt werden, ihre emotionale Blockierung zu lockern, und sie sollte erlernen, sich in einer sozialen Umgebung zu behaupten. Die zwei Aspekte seien als zwei Schritte eines Therapieablaufes gedeutet.

Einen ersten Schritt sehen wir in einem gesprächstherapeutischen Vorgehen 1): Fräulein Karen sollte dabei lernen, ihre Gefühle zu äußern und auf diese Weise allmählich aus ihrer "Eingeschlossenheit" herauszukommen. Uns scheint es sinnvoll, dies in einer Einzeltherapie zu versuchen, eine Gruppensituation könnte alte Ängste in ihr festigen. Später wäre das "Üben" von Verhalten in einer Gruppe aber durchaus sinnvoll.

Als einen zweiten Schritt raten wir ein verhaltenstherapeutisches Vorgehen 2) an: Fräulein Karen sollte sich dabei "Techniken" und "Stile" aneignen, die es ihr erleichtern, auf Partner zuzugehen und sich neben ihnen zu behaupten. Eingehendere Informationen über das konkrete situative Verhalten müßten in der Verhaltenstherapie selber erhoben werden.

Unsere Anregungen schließen andere Formen der Therapie nicht aus, - sofern das Therapeutenteam zu anderen Schlußfolgerungen kommt als wir.

Die therapeutischen Maßnahmen versprechen nur dann Erfolg, wenn die Eltern einbezogen werden. Gedacht ist an regelmäßige Besprechungen in einem "Elternkreis", der von einem Therapeuten geleitet wird. Ziel der Gespräche wäre es, die Eltern in die Bedeutung der therapeutischen Vorgänge einzuführen, - damit sie Änderungen, die sie bei ihrer Tochter beobachten, verstehen und begünstigen können.

---

1) Gesprächstherapie: "ein von C.R. Rogers u.a. entwickeltes Verfahren zur Behandlung seelischer Fehlanpassungen bei Erwachsenen und Kindern. Dabei stellt der Therapeut in seiner Haltung gegenüber dem Patienten die Atmosphäre dar, in der dieser seine Probleme selbst lösen kann. Der Therapeut stellt keine Fragen und gibt keine Ratschläge, sondern läßt dem Patienten volle Freiheit, worüber er sich aussprechen möchte, und reflektiert die Gefühle des Patienten. Im Verlauf der Therapie findet gleichsam ein Umlernen früher erworbener falscher Einstellungen statt." (Dorsch: Psychologisches Wörterbuch. Hamburg: Meiner, 1970, 8. Aufl., S. 285.)

2) Verhaltenstherapie: "Diesen Begriff prägte H.J. Eysenck im Jahre 1959... Im Ggs. zur tiefenpsychologisch orientierten Psychotherapie basiert die V. auf den Lerntheorien... Die Behandlung besteht aus einer Dekonditionierung des unangepaßten Verhaltens bzw. in einer Konditionierung angepaßter Verhaltensweisen." (Dorsch: Psychologisches Wörterbuch. Hamburg: Meiner, 1970, 8. Aufl., S. 441.)

Was sich als Folge der Therapie und der "Elterngespräche" ändern müßte, ist die Atmosphäre, in der Fräulein Karen zuhause lebt: ihr müßte ein Freiraum des Handelns gewährt werden, in dem sie sich wie selbstverständlich bewegt, - ein Ziel, leichter zu beschreiben als zu verwirklichen.

Ausdrücklich wurde in einem Gespräch mit Fräulein Karen die Wahl der Therapie erörtert, vor allem unter dem Aspekt, daß sie diese Maßnahme nicht (wie andere in ihrem Leben) als eine Verfügung auf sich nimmt, die andere Personen angeordnet haben, daß es für sie darauf ankomme, von sich aus den Kontakt zu Therapeuten aufzunehmen: wir von uns aus könnten nur Mittlerdienste anbieten. - Eine Aussprache in ähnlichem Sinne fand auch mit den Eltern statt 1).

Unsere Argumentation insgesamt läßt sich zusammenfassen wie folgt:

Was Leistungsfähigkeit und Motivation angeht, so ergeben sich keine triftigen Gründe, die einen Abgang von der Schule angeraten erscheinen lassen, - obwohl eine durchschnittliche Begabung und ein eher schwaches Engagement Schulschwierigkeiten zur Folge haben dürften.

Was die Berufsfrage angeht, so sprechen die ungeklärten Zukunftsvorstellungen gegen einen Rat, die Schule zu verlassen: die Berufswahl wäre zufällig oder würde von anderen Personen, vielleicht vom Vater, getroffen.

Weder Schul- noch Berufsfrage (die verquickt sind) bilden das eigentliche Problem. Dieses besteht vielmehr in dem Erleben sozialer Isoliertheit und der Unfähigkeit, diese Isolierung von sich aus zu durchbrechen und sich aktiv einem Partner zuzuwenden, - obwohl der Wunsch dazu lebhaft empfunden wird.

---

1) Tatsächlich hat sich Fräulein Karen mit der Therapeutengruppe in Verbindung gesetzt, die wir ihr genannt hatten. Dieser Kontakt führte dazu, daß Dr. Alpen bei uns rückfragte und wir die Ergebnisse unserer Untersuchung in einem Gutachten an ihn zusammenfassen.
Was die Eltern betrifft, so nimmt die Mutter an einem "Elternkreis" der Therapeutengruppe teil. Der Vater, schwerer zu überzeugen, erscheint gelegentlich als Gast.

Eine Entschärfung dieses Problems erwarten wir von zwei therapeutischen Schritten: zuerst sollte, in einer Gesprächstherapie, die emotionale Blockierung gelockert, dann, in einer Verhaltenstherapie, Techniken der sozialen Selbstbehauptung und Kontaktaufnahme erlernt werden. An diesen Maßnahmen sollten sich die Eltern beteiligen, sofern sie die Möglichkeit erhalten, sich in einem "Gesprächskreis" die Bedeutung des therapeutisichen Vorgehens zu erschließen.

Die Berufs- und die Schulfrage sollten im Verlaufe oder nach Abschluß der Therapie erneut gestellt werden. Wir erwarten, daß Fräulein Karen dann in die Lage versetzt ist, in beiden Fragen eine eigene Entscheidung zu treffen (die zum Beispiel durchaus darauf hinauslaufen könnte, noch vor dem Abitur das Gymnasium zu verlassen).

Dr. Vera Roggatz	Dr. Ivo Glaiser
(Diplompsychologin)	(Diplompsychologe)

7.0 VARIANTEN DES GRUNDSCHEMAS

Die Praxis erlaubt es nicht, jedes Gutachten vollständig so abzufassen, wie es dem Grundschema entspricht. Begrenzte Untersuchungszeiten, mangelnde Mitarbeit des Probanden, Sonderwünsche des Auftraggebers oder des Adressaten erzwingen oder ermöglichen Einschränkungen. Es muß also Varianten des Grundschemas geben.

Worauf kann die Variation sich beziehen? Sicher auf solche Momente wie Aufbau des Gutachtens, wie Beachtung von Sprachregelungen (etwa 'unpersönlicher Prädikation') oder Umfang der Einzelinformationen, die mitgeteilt werden (etwa Teilscores von Tests).

Was dagegen bei den Varianten ebenso streng beachtet werden sollte wie bei dem Grundschema, ist die Orientierung an einigen Prinzipien:

- die Informationsquellen müssen erkennbar sein;
- der Umfang der Informationsvorgabe muß dem Umfang der Stellungnahme entsprechen (oder in umgekehrter Formulierung: die Stellungnahme darf nicht über die vorgegebene Information hinausgehen);
- der Urteilsgang muß dem jeweiligen Adressaten transparent gemacht werden.

Unter zweierlei Hinsicht werden Variationen vorgestellt: ein erster Abschnitt gibt allgemeine Hinweise auf Variationsmöglichkeiten (7.1), ein zweiter demonstriert diese Möglichkeiten an zwei Gutachtenbeispielen (7.2).

7.1 Hinweise auf Variationsmöglichkeiten des Grundschemas

Eine erste Möglichkeit, das Grundschema zu variieren, besteht darin, die (fünf) Gutachtenabschnitte in unterschiedlicher Länge zu referieren. Dabei bleibt die generelle Regel in Geltung, daß sich der Umfang der Persönlichkeits- und Problembeschreibung an der Fragestellung bemißt (entsprechend dem bekannten Urteil des Bundesverwaltungsgerichts von 1963). Offen bleibt aber, wieweit die Einzeldaten geboten werden:

- In einem ersten Falle mag es geboten sein, in Vorgeschichte, Untersuchungsbericht und Befund alle wichtigen Informationen zu sammeln und vorzustellen.
- In einem zweiten Falle mag es genügen, alle Informations-

quellen in Abschnitt I (Übersicht) aufzulisten, aber in Vorgeschichte und Untersuchungsbericht nur charakteristische Einzelergebnisse herauszugreifen (ohne dabei Zahlen und Kürzel zu nennen).
- In einem dritten Falle kann es ausreichen, die Verfahren in Abschnitt I aufzuführen und nur eine Zusammenfassung der Ergebnisse im Befund zu geben, danach sofort zur Stellungnahme überzugehen, - all dies mit dem Verweis, daß jederzeit der Einzelbeleg abrufbar sei.

Bei solchen Kurzfassungen sollte man allerdings zwischen mündlichem Vortrag und schriftlicher Vorlage unterscheiden:

- Bei mündlichem Vortrag, etwa vor Gericht, empfiehlt sich die Auslassung aller Details, wie sie in Vorgeschichte und Untersuchungsbericht enthalten sind, also ein Vortrag, der nur Übersicht, Befund und Stellungnahme umfaßt. Wenn gewünscht, kann der Gutachter jederzeit die Zwischenglieder seiner Argumentation vorlegen.
- Bei schriftlicher Vorlage sollte man an dem Prinzip festhalten: die Informationen in dem Umfange vorzugeben, daß der Urteilsgang in sich logisch schlüssig erscheint.

Als ein Sonderproblem kann unter der Perspektive der Variation die Verwendung der Vorgeschichte betrachtet werden: Soll der Gutachter die Informationen der Vorgeschichte denen des Untersuchungsberichtes gleichstellen, - obwohl sie für ihn sozusagen aus zweiter Hand stammen?

- Einmal kann der Gutachter sich entscheiden (im gegebenen Kontext), die Vorgeschichte im Befund zu vernachlässigen, sie aber in der Stellungnahme zu berücksichtigen, die Persönlichkeitsschilderung also aus den eigenen Daten zu bestreiten, in der Erklärung von Einzelfragen jedoch Sekundärinformation (aus der Vorgeschichte) mitzuverwenden.
- Ein andermal kann er die Vorgeschichte so gewichtig einstufen, daß er sie in den Befund, aber auch in die Stellungnahme einbezieht, also sowohl konstantes Verhalten aus ihr ableitet als auch Einzelereignisse aus ihr erklärt.

Welcher der beiden Schritte zu tun ist, dafür sollte entscheidend sein, ob der Gutachter die Aussagen der Vorgeschichte ungeprüft stehen lassen muß oder ob er sie in ihrer Glaubhaftigkeit abschätzen kann.

7.2 Zwei Gutachten als Beispiele für eine Variation des Grundschemas

Es folgen zwei Beispiele, an denen die Variation des Grundschemas illustriert werden soll. Das erste betrifft einen ausländischen Studenten, der Studienschwierigkeiten hat, das zweite einen Arbeitnehmer, der den Beruf wechseln muß.

Beispiel 1 zur Variation des Grundschemas
(Studienschwierigkeit) 1)

Fragestellung: Der tunesische Student Said hat zweimal im medizinischen Schlußexamen versagt, nach seinen Angaben nicht aus Mangel an Sachkenntnis, sondern weil er mit der Prüfungsform, einem schriftlichen Verfahren, unvertraut gewesen sei, er sei sprachlich überfordert worden. - Eine psychologische Untersuchung soll zweierlei prüfen: (1) den Einfluß von Zeitdruck auf die Ergebnisse (speed vs power), (2) die Ausprägung von sprachlich stärker und sprachlich weniger stark gebundenen Teilfunktionen der Intelligenz.

Kommentar: Das Gutachten ist sehr kurz gehalten. Im Aufbau wird das G-Schema erkennbar (Überblick, Untersuchungsbericht, Befund, Stellungnahme). Entscheidender ist: die Informationen werden nur soweit vorgegeben, als es die Stellungnahme erfordert (z.B. werden keinerlei Teilscores aufgeführt). Aber alle Informationen, die zur Stellungnahme erforderlich sind, werden explizit aufgeführt (z.B. bei dem IST die (ungewöhnliche!) Gruppierung in stärker sprachbezogene und weniger stark sprachbezogene Untertests).

---

1) Das Original wurde erstellt in Zusammenarbeit mit Dipl.-Psychologin B. Gailus

Psychologisches Institut
der Universität Zürn
Dr. Verena Zank

67888 Zürn
Winzerstr. 177
Telefon: (088888) 8475

3.2.1979

An die
Studienberatung der Universität Zürn
Postfach 873

67888 Zürn

Betr.: Gutachten zur Frage der intellektuellen Begabung von Herrn Abu Said

Auf Veranlassung der zentralen Studienberatung der Universität Zürn wurde Herr Abu Said - geboren am 28. Mai 1954, wohnhaft in 5487 Erlekamp, Schneestr. 24 - am 17.1. und 21.1.1979 im Psychologischen Institut der Universität Zürn untersucht. Es war gebeten worden, die intellektuellen Fähigkeiten von Herrn Said abzuschätzen. Insbesondere sollte geklärt werden, ob die sogenannten sprachbezogenen und die sogenannten weniger sprachorientierten Teilfunktionen der Intelligenz unterschiedlich ausgeprägt seien.

'Sprachbezogen' konnte in dem gegebenen Zusammenhang nur heißen: auf die deutsche Sprache bezogen. - Zugleich sollte ermittelt werden, ob die Leistungen bei Aufgaben ohne Zeitbegrenzung günstiger ausfielen als bei Aufgaben mit Zeitbegrenzung. Zu diesem Zweck wurden bei der Untersuchung folgende Verfahren verwandt:

- der Mehrfach-Wortwahl-Intelligenztest von Lehrl,
- die Standard-Progressive-Matrices von Raven,
- der Grundintelligenztest von Cattell und Weiss,
- der Intelligenz-Struktur-Test von Amthauer.

Die Untersuchung erbrachte folgende Ergebnisse:

Im Mehrfach-Wortwahl-Intelligenz-Test wird das allgemeine Intelligenzniveau, vor allem in seinen sprachbezogenen Anteilen, dadurch geprüft, daß der Proband in einer umfangreichen Wortliste die ihm bekannten Wörter unterstreicht.

Herr Said erzielte einen Standard-Wert von 94, dem entspricht ein Intelligenz-Quotient (IQ) von 91 und ein Prozentrang von

27,6; demnach übertraf seine Leistung die von etwa 27 Prozent gleichaltriger Deutscher.

Das Resultat spricht für eine knapp durchschnittliche intellektuelle Kapazität, soweit sie sich auf den Gebrauch der (deutschen) Sprache bezieht.

Die Standard Progressive Matrices bestehen aus abstrakten Zeichenmustern, in denen ein Teil ausgespart ist. Aus mehreren einander ähnlichen Ergänzungsteilen soll der Proband das passende herausfinden. Der Test erfaßt die weniger sprachlich gebundenen Fähigkeiten der Gesamtintelligenz.

Herr Said erreichte einen Prozentrang von 90-95. Höchstens 9 Prozent, vielleicht nur 4 Prozent der entsprechenden Altersgruppe erzielen höhere Werte.

Dieses Ergebnis verweist auf eine überdurchschnittliche Ausprägung jener Funktionen der Gesamtintelligenz, die sich weniger stark auf sprachliche Inhalte beziehen.

Der Grundintelligenztest benutzt ebenfalls sogenannte sprachfreie Testaufgaben: In abstrakten Zeichenmustern sollen logische Reihen erfaßt oder Lücken sinnvoll ergänzt werden.

Der Test wurde zweimal durchgeführt: zuerst Form A (Teil 1 und 2) unter Zeitbegrenzung (zur Lösung der Aufgaben stand nur eine bestimmte Zeit zur Verfügung), dann Form B (Teil 1) ohne Zeitbegrenzung.

Unter Zeitbegrenzung (Form A) erreichte Herr Said mit einem Prozentrang von 83 einen IQ von 114. Das verweist auf eine gut durchschnittliche Gesamtintelligenz, vor allem in ihrer weniger sprachbezogenen Teilfunktion.

Ohne Zeitbegrenzung (Form B) erzielte Herr Said einen IQ von 127 mit einem Prozentrang von 99. Das spricht für eine weit überdurchschnittliche Gesamtintelligenz, soweit sie sich ohne Zeitdruck mit sprachfreieren Gehalten befaßt.

Der Intelligenz-Struktur-Test 70 erlaubt eine Abschätzung der Gesamtkapazität der Intelligenz sowie eine Einstufung verschiedener Teilfunktionen.

Herr Said erreichte einen Gesamtstandardwert von 94, dem entsprechen ein IQ von 91 und ein Prozentrang von 27. - (Vier sprachbezogene Untertests lagen im Mittel erheblich niedriger als vier weniger sprachorientierte Untertests, - Standardwerte: 88 zu 99).

Demnach ist von einer durchschnittlichen Gesamtintelligenz zu sprechen. - (Die mehr sprachgebundene Teilkomponente ist als unterdurchschnittlich einzustufen, bezogen auf die deutsche Sprache; die weniger sprachorientierte Teilfunktion läßt sich dagegen als durchschnittlich bezeichnen.)

Zusammenfassung und Stellungnahme

Die Ergebnisse der psychologischen Untersuchung sprechen dafür, daß Herr Said über eine gut durchschnittliche bis überdurchschnittliche Gesamtintelligenz verfügt. Seine auf die (deutsche) Sprache bezogenen Teilfunktionen sind unterdurchschnittlich (bis knapp durchschnittlich) ausgeprägt. Die weniger an der Sprache orientierten intellektuellen Fähigkeiten sind dagegen als durchschnittlich bis überdurchschnittlich einzustufen. Darüberhinaus bringt er bei vergleichbaren Aufgaben erheblich mehr richtige Lösungen, wenn er sich ohne Zeitdruck mit ihnen beschäftigen kann.

Aus den Befunden ist zu schließen, daß Herr Said seine intellektuelle Kapazität in einer Studien-Prüfung dann umfassender entfalten kann, wenn er nicht unter Zeitdruck steht und wenn die Lösung von Aufgaben nicht in erster Linie Fähigkeiten voraussetzt, die an eine leichte Verfügbarkeit der (deutschen) Sprache gebunden sind.

Dr. Verena Zank
(Diplompsychologin)

Beispiel 2 zur Variation des Grundschemas
(Berufswechsel) 1)

Fragestellung: Der Metalldreher Olaf Laup muß seinen Beruf aufgeben. Die Ärzte befürchten, das ständige Stehen an der Drehbank belaste seinen Kreislauf so stark, daß mit einem Dauerschaden zu rechnen sei, wenn er sich nicht umschulen lasse. Vorgeschlagen wird die Ausbildung in einem Verwal-

---

1) Das Original wurde erstellt in Zusammenarbeit mit Dipl.-Psychologen R. Schmauch.

tungsberuf. Das Gutachten soll die Eignung dazu klären.

Kommentar: Der Adressat ist Herr Frank, Sachbearbeiter im Arbeitsamt der Stadt Rehne. Er hat die Form des Gutachtens vorgeschlagen: wenige Seiten, keine Anrede, Angabe der Verfahren (keine Beschreibung), kurze Kommentare zu den Ergebnissen, eine Stellungnahme in wenigen Sätzen.

Herr Laup hatte beim Arbeitsamt die Finanzierung der beruflichen Umschulung beantragt. Dazu war ein psychologisches Gutachten erforderlich. Beim Arbeitsamt hätte es einer halbjährigen Wartezeit bedurft. Auf Vermittlung übernimmt Herr Mankel den 'Auftrag', das Gutachten zu erstellen.

Rudolf Mankel
Diplom-Psychologe

Siebenaustr. 42
5485 Verneburg 4
Tel.: 041 37/485

2. Oktober 1978

An das
Arbeitsamt der Stadt Rehne
Wiededorferstr. 74

5876 Rehne

Betrifft: Antrag auf Umschulung von Herrn Olaf Laup

Bezug: Schreiben des Arbeitsamtes vom 12. September 1978, Az. WV/K3

Gutachten

gemäß dem Schreiben des Arbeitsamtes der Stadt Rehne vom 12. September 1978.

Das Gutachten soll die Frage prüfen, ob Herr Olaf Laup, geboren am 3.5.1943, zur Ausbildung in einem Verwaltungsberuf geeignet ist. Den bisherigen Beruf eines Metalldrehers muß er auf ärztlichen Rat aufgeben.

In einer psychologischen Untersuchung am 19. und 21. September 1978 wurden folgende Verfahren verwandt:

- Intelligenz-Struktur-Test von Amthauer (IST 70),
- Aufmerksamkeitsbelastungstest von Brickenkamp (d2),
- Differentieller Interessentest von Todt (DIT),
- Lern- und Gedächtnistest von Bäumler (LGT 3),
- Büro-Test von Marschner (BT),
- Allgemeiner Büro-Arbeitstest von Lienert (ABAT),
- eine Exploration mit Herrn Laup.

Herr Laup arbeitete während der Untersuchung bereitwillig und interessiert mit. Die Testaufgaben erledigte er sehr zügig, gleichzeitig bemüht um sorgfältige Antworten. - Im Gespräch schilderte er übersichtlich seinen Berufsweg, differenziert beschrieb er seine nebenberuflichen Interessen, sehr ausführlich ging er auch auf seine familiäre Situation ein.

Die Untersuchungsergebnisse lassen sich wie folgt zusammenfassen:

Verglichen mit Gleichaltrigen, verfügt Herr Laup über eine überdurchschnittliche Intelligenz (IST: SW von 119). Besonders hoch ist seine Leistungsfähigkeit im rechnerischen Denken und im Bereich sprachlichen Abstrahierens.

Sein Gedächtnis und seine Merkfähigkeit übertreffen erheblich das Durchschnittsniveau (LGT: TW: 63) 1). Dabei sind figurales und verbales Einprägen und Behalten gleich gut ausgeprägt. Herr Laup ist in der Lage, konzentriert, dabei schnell und sorgfältig zu arbeiten (d2: GZ-F, SW: 117) 2). Diese Ergebnisse sprechen für eine hohe Lernfähigkeit.

Bei Aufgaben, wie einfache Büroarbeiten sie fordern, - Sortieren von Akten; Vergleichen von Adressen und Karteikarten; einfache Rechenaufgaben; Rechtschreibung und Zeichensetzung - erbringt Herr Laup überdurchschnittliche Leistungen (ABAT). Im praktisch-kaufmännischen Bereich, der Aspekte betrifft wie anschauliches Denken, Kombinationsfähigkeit, Verständnis für Organisationsaufgaben, erreicht er, verglichen mit seiner Altersgruppe, gut durchschnittliche Ergebnisse (BT, LA: SW 108; KA: SW 106; HTB: SW 118) 3).

---

1) LGT: TW: T-Wert mit Mittelw.=50 und Standardabw.=10
2) d2 : GZ-F: Zahl der fehlerfrei bearbeiteten Zeichen
SW: Standwert mit Mittelw.=100 und Standardabw.=10
3) BT : LA: Normwerte bezogen auf Lebensalter
KA: Normwerte bezogen auf Pbn mit kaufmännischer Ausbildung
HTB: Normwerte bezogen auf handwerkl.-techn. Berufe

Seine Interessen sind breit gestreut, Schwerpunkte lassen sich erkennen für die Bereiche Sozialpflege und Erziehung, Politik und Wirtschaft sowie speziell auch für Mathematik (DIT und Exploration).

Stellungnahme:

Faßt man die Befunde zusammen, so läßt sich folgern: Herr Laup ist aufgrund seiner hohen Intelligenz, seiner Fähigkeiten im Bereich organisatorischer und verwaltungstechnischer Aufgaben, ebenso aufgrund seiner Lern- und Gedächtnisleistungen für eine Umschulung in einen Verwaltungsberuf sehr geeignet.

Rudolf Mankel
(Diplom-Psychologe)

8.0 FRAGEN, AUFGABEN UND KORREKTURBEISPIEL ZUM GRUNDSCHEMA

Als Abschluß des praktischen Teiles seien zur Übung einige Wiederholgungsfragen gestellt (8.1), einige Aufgaben vorgelegt (8.2) und ein Korrekturbeispiel gegeben (8.3).

Von Anfang an wurde zwar betont, der Gutachter müsse alle Abschnitte von der Fragestellung her konzipieren; dieser Forderung scheint ein Vorschlag zu widersprechen, der darauf hinausläuft, Teile außerhalb eines Gesamtrahmens zu bearbeiten. Jedoch ist zu beachten, daß die 'Aufgaben' nur in dem Sinne von Fingerübungen zu verstehen sind, die größere Teileinheiten ausgliedern und für sich einüben sollen.

8.1 Fragen und Antworten zum Grundschema

Einige Fragen zur Funktionsverteilung und zur Textgestaltung im Grundschema:

(1) Wie unterscheiden sich Vorgeschichte und Untersuchungsbericht?
(2) Wie unterscheiden sich Untersuchungsbericht und Befund?
(3) Was ist bei Abfassung der Vorgeschichte zu beachten?
(4) Wie wird der Untersuchungsbericht aufgebaut?
(5) Warum wird empfohlen, im Untersuchungsbericht die Ergebnisse im Imperfekt zu formulieren?

(6) Warum wird empfohlen, im Untersuchungsbericht die Interpretation 'unpersönlich' zu formulieren?
(7) Welche Gliederung des Untersuchungsberichtes wird für TAT oder Rorschach vorgeschlagen?
(8) Inwiefern nimmt die (Wiedergabe der) Exploration eine Sonderstellung im Untersuchungsbericht ein?
(9) Welche Funktion hat der Befund im Gutachten?
(10) Welche Rolle hat die Befundliste, welche Rolle die Befundskizze?
(11) Wie lauten die Abfassungsregeln für den Befund?
(12) Warum wird gefordert, jede Befundaussage in der Regel auf Mehrfachbelege zu stützen?
(13) Inwiefern nimmt der Befund eine Art Schlüsselstellung im Gutachten ein?
(14) In welchem Sinne ist die Befunderstellung auch ein 'subjektiver' Prozeß, in welchem soll sie es nicht sein?
(15) Welche Funktion hat die Stellungnahme im Gutachten?
(16) Welche außerpsychologischen Aspekte sind bei Abfassung eines Gutachtens zu beachten?

Antworten zu den Fragen könnten lauten wie folgt:

(1) Vorgeschichte (VG) und Untersuchungsbericht (UB) unterscheiden sich nach Herkunft der Information.

In der VG stellt der Gutachter Informationen über den Probanden zusammen, die ihm schon zur Verfügung stehen, wenn er seine Untersuchung beim Pb beginnt. Die Vorgeschichte berücksichtigt die biographische Einbettung aktueller Probleme.

Im UB berichtet der Gutachter über Informationen, die er neu beim Pb erhoben hat: allein oder im Team. Der UB erfaßt die aktuelle Problemlage (auf der Folie biographischer Einbettung).

(2) Untersuchungsbericht (UB) und Befund (Bf) unterscheiden sich in der Art, wie sie die Information referieren.

Der UB legt die Information test- und situationsbezogen vor: Jedes Verfahren erhält einen eigenen UB. Zwischen den Verfahren wird aber kein Vergleich angestellt. Die Interpretation bleibt unpersönlich.

Der Bf stellt die Information themen- und personbezogen

vor: Aussagen zu dem gleichen Merkmal werden aus verschiedenen UB gesammelt und auf die Person des Probanden bezogen. Zugleich wird die Information gewichtet: aufgenommen werden nur Aussagen, wenn sie relativ konstante Merkmale betreffen und hinreichend belegt sind (Mehrfachbeleg oder A-Beleg).

(3) Bei Abfassung der Vorgeschichte (VG) sollte der Gutachter die Quellen kenntlich machen (durch explizite Nennung, indirekte Rede), um anzuzeigen, daß es um Aussagen von Drittpersonen geht. - Darüberhinaus sollte er auf Kürze sehen (also eine strenge Stoffauswahl treffen), damit die VG nicht über Gebühr anschwillt.

(4) Es wird vorgeschlagen, den Untersuchungsbericht in vier Abschnitte zu gliedern:

(a) Testbeschreibung: dem Adressaten als einem Laien wird das Verfahren vorgestellt. Tempus: Präsens.

(b) Verhaltensbeschreibung: das Verhalten des Probanden bei Durchführung eines Einzelverfahrens wird beschrieben, z.B. Art der Mitarbeit, emotionale Beteiligung. Tempus: Imperfekt. Art der Darstellung: Persönliche Prädikation.

(c) Ergebnisbericht: die Ergebnisse, soweit sie als Zahlen oder Kürzel vorliegen, werden referiert. Tempus: Imperfekt. Art der Darstellung: Persönliche Prädikation. - (Die Ergebnisse sollte man übersichtlich auflisten und den Zahlen oder Kürzeln Konstrukte zuordnen.)

(d) Interpretation: Die durch Zahlen oder Kürzel repräsentierten Merkmale werden in ihrer Ausprägung beschrieben. (Wie ausführlich, entscheidet der Gutachter.) Art der Darstellung: Unpersönliche Prädikation.

(5) Im Untersuchungsbericht werden Verhaltensbeschreibung und Ergebnisteil im Imperfekt formuliert, um zum Ausdruck zu bringen, daß die Aussagen sich nur auf ein bestimmtes Verfahren und eine bestimmte Situation beziehen, - daß noch nicht über verschiedene Verfahren und verschiedene Situationen hinweg generalisiert wird.

(6) Es wird empfohlen, die Interpretation im Untersuchungsbericht unpersönlich zu formulieren, um eine vorzeitige Identifikation von Person und Merkmal zu vermeiden. Im einzelnen Untersuchungsbericht werden die personspezi-

fischen, die situations- und methodenspezifischen Anteile im Ergebnis noch nicht getrennt. Es wird darauf verzichtet, von einem Einzelverfahren her zu unterscheiden, ob ein Merkmal zum konstanten Verhaltensrepertoire des Probanden gehört. In dieser Zurückhaltung drückt sich der Vorbehalt gegen Aussagen eines einzelnen Untersuchungsverfahrens aus.

Die unpersönliche Prädikation ist eine sprachliche Vorsichtsmaßnahme, sie ist kein Garant gegen Fehlaussagen.

(7) Bei projektiven Verfahren, z.B. TAT und Rorschach, läßt man im Untersuchungsbericht meist den Ergebnisteil aus, weil er zuviel Platz einnähme. (Somit ergibt sich eine dreiteilige Gliederung: Testbeschreibung, Verhaltensbeobachtung, Interpretation.)

(8) Eine Sonderstellung nimmt die Exploration im Untersuchungsbericht (UB) aus mehreren Gründen ein:

(a) In der Exploration kann der Proband seine persönliche Sicht der Dinge ausdrücken. Diese persönliche Sichtweise soll in der Wiedergabe erkennbar bleiben.

(b) In der Regel berührt die Exploration mehr Themen als jedes andere Verfahren, sehr oft auch Themen, die kein anderes Verfahren erfaßt. Dieser Vielfalt muß der UB Rechnung tragen.

(c) Mehr als bei den anderen Verfahren muß der Gutachter den UB zur Exploration individuell strukturieren. In ihrem tatsächlichen Verlauf berührt die Exploration die gleichen Themen meist an verschiedenen Stellen, in der Wiedergabe sollte der Gutachter Aussagen zu demselben Thema zusammenziehen.

Bei der Wiedergabe der Exploration empfehlen wir daher folgende Regelungen:

(a) Die Exploration wird nicht wörtlich aufgenommen, sondern in einer <u>Inhaltsangabe</u> zusammengefaßt.

(b) Aussagen zu gleichen <u>Themen</u> werden an einer Stelle zusammengezogen. (Die Gliederung steht dem Gutachter frei.)

(c) Der <u>Proband</u> wird als <u>Sprecher</u> kenntlich gemacht (indirekte Rede; ausdrückliche Nennung).

(d) In einer Zusammenfassung, als einem zusätzlichen Auswertungsschritt, kann eine Interpretation der Aussagen folgen.

(9) Der Befund hat eine zentrale Stellung, sofern er alle vorhergehende Information zusammenfaßt (aus Vorgeschichte und Untersuchungsbericht) und die nachfolgenden Urteile vorbereitet.

Im Bf stellt der Gutachter relativ konstante Verhaltensmerkmale des Probanden dar, soweit sie aus Vorgeschichte und Untersuchungsbericht belegbar sind. Diese Darstellung geht thematisch vor: Aussagen zu denselben Merkmalen, die in verschiedenen Untersuchungsberichten auftauchen, werden im Bf zusammengezogen. Die Prädikation ist persönlich.

Der Bf formuliert keine Antwort auf die Fragestellung, er gibt weder eine Bewertung noch eine Erklärung der Problemlage, er bleibt bei Feststellungen stehen. Aber er bildet die Basis für die Stellungnahme, sofern Diagnose, Prognose, Entscheidungsvorschlag mit auf Argumenten des Bf beruhen.

(10) Befundliste und Befundskizze sind Zwischenschritte zu Vorbereitung des Befundes.

In der Befundliste werden die Informationen aus allen Untersuchungsberichten nach Themenkreisen stichwortartig zusammengestellt.

Aus der Befundliste werden in der Befundskizze die Aussagen ausgewählt, die hinreichend belegt sind (in der Regel Mehrfachbeleg für eine Einzelaussage). Der Schritt von der Befundliste zur Befundskizze enthält also einen der wichtigsten Abwägeprozesse der Begutachtung.

(Im Gutachten selber erscheint weder Befundliste noch Befundskizze.)

(11) Für die Abfassung des Befundes empfehlen sich folgende Regeln:

- die Einzelaussagen thematisch gruppieren;
- sie weder kausal noch final verknüpfen;

- in der Wortwahl neutral bleiben;
- die Aussagen im Präsens formulieren;
- die Aussagen auf die Person des Probanden beziehen (persönliche Prädikation);
- nur übergreifende Beschreibungsdimensionen einführen (keine Einzelbeobachtungen mehr).

(12) In der Forderung, daß sich eine Aussage des Befundes in der Regel auf einen Mehrfachbeleg stützen soll, spricht sich der Vorbehalt gegen jedes psychologische Einzelverfahren aus. Bei jedem Einzelverfahren muß man mit einem error-Anteil rechnen. Einbeziehung mehrerer Verfahren erlaubt es in der Regel, diesen Anteil zu reduzieren. Denn wenn das gleiche Resultat an mehreren Untersuchungsstellen erscheint, erhöht sich die Wahrscheinlichkeit, daß ein systematischer und nicht ein zufälliger Effekt vorliegt.

(13) Eine Schlüsselstellung hat der Befund insofern, als er die vorhergehenden Aussagen aus Vorgeschichte und Untersuchungsbericht (gewichtet und) zusammenfaßt und zugleich die nachfolgenden Urteilsschritte vorbereitet (Diagnose, Prognose, Entscheidungsvorschlag).

(14) Die Befunderstellung ist ein subjektiver Urteilsprozeß, sofern der Untersucher den Einzelaussagen ein spezifisches Gewicht zuerkennt und entscheidet, welche Aussagen sich decken. Gewichtung und Zusammenfassung sind aber nicht ins Belieben des Urteilenden gestellt, sie müssen an den Verfahren abgelesen werden, denen die Aussagen entstammen: an den Gütekriterien, an den Interkorrelationen, an der Ähnlichkeit der Elementarkategorien (z.B. der Items).

(15) Die Stellungnahme enthält die explizite Antwort auf die Fragestellung des Gutachtens. Sie kann sowohl Diagnose als auch Prognose einschließen. Zuweilen ist aber weder (eine explizite) Diagnose noch (eine explizite) Prognose vonnöten, sondern es genügt ein Entscheidungsvorschlag. Für die Stellungnahme können die wenigsten handwerklichen Abfassungsregeln gegeben werden. Sie orientiert sich am unmittelbarsten an der Fragestellung.

Formulierungshilfen können folgende Ratschläge leisten:

- den Begründungszusammenhang erhellen;

- die Beziehung der Antwort zu Vorgeschichte, Untersuchungsbericht und Befund herstellen;
- Unklarheiten im Sachverhalt nicht verschleiern, sondern zur Sprache bringen;
- die Rolle des Gutachters einhalten als die eines Entscheidungshelfers, nicht eines Entscheidungsträgers (z.B. keine juristischen Fragen entscheiden, sondern psychologische Befunde vorlegen).

(16) Neben psychologischen Problemen ergeben sich bei der Erstellung eines Gutachtens auch Fragen aus Nachbargebieten, z.B. Beachtung rechtlicher Vorschriften (etwa, wie das Einverständnis eines Probanden mit der Untersuchung abzuklären sei) oder Überlegungen zu taktischem Vorgehen (etwa, wie eine Stellungnahme abzufassen sei, damit sie Aussicht habe, als Entscheidungshilfe anerkannt zu werden) oder finanzielle Aspekte (etwa, wie das Honorar für Arbeitszeit zu bemessen sei).

Diese Fragen bedürfen einer eigenen, an den Einzelproblemen orientierten Darstellung (vgl. z.B. Jessnitzer 198O).

8.2 Aufgaben und Lösungsvorschläge

Es werden vier Aufgaben gestellt: (1) Zu einem Leistungstest sollen Schritt 1, 2 und 3 formuliert, (2) zu einem anderen Leistungstest nur Schritt 3 erstellt werden. (3) Eine Exploration soll zusammengefaßt und (4) aus einer Befundliste eine Befundskizze abgeleitet werden.

8.2.1 Aufgaben

8.2.1.1 (1) Aufmerksamkeits-Belastungstest von Brickenkamp (d2)

Ein Proband, 33 Jahre, erzielte folgende Werte:

GZ 626
F 29
GZ-F 597
SB 14
Fehlerverteilung 16/7/6

Erstellen Sie Schritt 1, Schritt 2, Schritt 3!

8.2.1.2 (2) Standard Progessive Matrices von Raven

Ein Pb, 25 Jahre alt, erreichte folgende Werte:

Aufgabenreihe	A	B	C	D	E
Richtig	12	12	9	11	8
Erwartungswerte	12	11	11	10	8

Bearbeitungszeit: 60 Minuten

Erstellen Sie einen Untersuchungsbericht, nur Schritt 3!

8.2.1.3 (3) Exploration

Fassen Sie den folgenden Explorationsausschnitt zusammen. Die Probandin ist 22 Jahre alt. Die Fragen des Untersuchers werden nur in Stichworten angedeutet.

(Warum zur Untersuchung gekommen?) Ja, ich sah in der Untersuchung eine Möglichkeit, damit ich weiß, woran ich bin. Es war so, daß ich in der Untersekunda, nein, nach der Untersekunda von der Schule runtergehen mußte. Die Noten, die waren schlecht, und meine Eltern sagten, es hätte keinen Zweck mehr. Das kam aber, weil ich damals meinen ersten Freund hatte. Aber das wußten meine Eltern nicht. Nachdem ich nicht mehr auf der Schule war, und meine Brüder waren alle besser als ich, da hieß es dann immer nur: Du bist dumm, du schaffst es nicht, du kannst nichts. Dann habe ich es dann auch so geglaubt.

(Was nachher gemacht?) Ich habe damals eine kaufmännische Lehre gemacht, und ich bin jetzt da in X. bei der Firma Y. als Sekretärin. Ich hab also nicht viel erreicht. Ja, wenn ich damals so gekonnt hätte, wie ich es mir vorgestellt habe, ich wäre gerne Zeichenlehrerin geworden, weil, ich glaube, das kann ich vielleicht ganz gut, und der Umgang mit Kindern macht mir eigentlich auch Spaß.

(Kontakt zu den Eltern?) Ich wohne nicht mehr da. Und Kontakt? Ja, man sieht sich so hin und wieder. Ich muß dann immer wieder daran denken, daß sie mir ja praktisch eingeredet haben, daß ich nichts kann, daß ich ja dadurch keine Möglichkeit hatte, etwas anderes auszuprobieren. (Und Ihre Brüder?) Der ältere Bruder ist Lehrer, der ist an einer Realschule, und der zweitälteste Bruder, der ist Ingenieur. (Sehen Sie die beiden?) Eigentlich so wie meine Eltern auch.

(Abitur nachholen?) Ich habe schon mal daran gedacht, das Abitur auf der Abendschule nachzuholen und dann Zeichenlehrerin zu werden. Aber eigentlich, ich gehe abends lieber weg und mache mir ein bißchen Vergnügen. Manchmal bin ich auch einfach zu müde, und kann ich mir nicht vorstellen, daß ich da noch was lernen soll.

(Freizeit?) Ich treffe mich abends mit meinen Bekannten, Freunden, Freundinnen, und dann gehen wir tanzen, aber fast nur an Wochenenden, und in der Woche, da besucht man sich oder geht zusammen ins Kino.

(Fester Freund?) Nein, ich habe keinen festen Freund, ich habe da ein bißchen Angst vor, mich nochmals fest zu binden, weil ich hatte mal einen Freund, der ist aber nach einer Weile wieder gegangen, und deswegen möchte ich das jetzt nicht nochmal erleben. Die Leute, mit denen ich ausgehe, abends, das sind die Mädchen vom Büro, und ab und zu sind auch mal Jungen dabei. Ja, und dann mach ich, das ist so das einzige, ein bißchen Judo, und von dem Judo-Verein, da kenn ich auch ein paar Jungen.

(Noch einmal Freizeit?) Lesen, ich lese viel. In der letzten Zeit habe ich zwei Simmel-Bücher gelesen, gelegentlich einen Kriminalroman, und dann gucke ich mal so in psychologische Sachen. Es heißt doch, wenn man ein bißchen Ahnung hat, dann weiß man, wie andere sind und wie man selber ist. Und dann habe ich mal eine Holzarbeit gemacht, oder ich zeichne dann ein bißchen. Wenn mal einer das sieht, die sagen, das sähe ganz gut aus. Wie gesagt, die Psychologie-Bücher waren auch der Grund, warum ich versucht habe, in eine Untersuchung, also mich an einer Untersuchung zu beteiligen, mich untersuchen zu lassen.

8.2.1.4 (4) Befundliste

Erstellen Sie aus der folgenden Befundliste eine Befundskizze: Pb ist ein 25-jähriger Mann.

Kürzel:

Hawie:	Hamburg-Wechsler-Intelligenz-Test für Erwachsene
VT u. HT:	Verbal-Teil und Handlungs-Teil des Hawie
LPS:	Leistungsprüfsystem von Horn
LPS (1+2):	Untertest 1 und 2 des LPS

CFT 3:	Cattell-Grundintelligenztest, Skala 3 (Culture Fair Intelligence Test, Scale 3)
d2:	Aufmerksamkeits-Belastungstest von Brickenkamp
GZ:	Gesamtzahl der bearbeiteten Zeichen im d2
F:	Fehlerzahl im d2
GZ-F:	Zahl der fehlerfrei bearbeiteten Zeichen im d2
Fvtlg:	Fehlerverteilung im d2
KLT:	Konzentrations-Leistungs-Test von Düker und Lienert
KLT(FQ):	Fehlerquotient im KLT
DIT:	Differentieller Interessen-Test von Todt
E:	Exploration

Nr.	Aussage	Quelle
	1. Intelligenz	
1.	Gesamtintelligenz: durchschnittlich	Hawie
2.	Gesamtintelligenz: gut durchschnittlich	LPS
3.	Gesamtintelligenz (weniger auf sprachliche Inhalte bezogen): oberer Durchschnittsbereich	CFT 3
4.	stärker sprachlich orientierte Teilfunktion: überdurchschnittlich	Hawie (VT)
5.	weniger sprachbezogene Teilfunktion: knapp durchschnittlich	Hawie (HT)
6.	Erheblicher Unterschied zwischen stärker sprachlich und weniger sprachlich orientierter Teilfunktionen	Hawie: VT/HT
7.	Allgemeinwissen im Sinne eines passiven Wortschatzes: überdurchschnittlich	LPS (1+2)
8.	Denkfähigkeit im Sinne des induktiven Erkennens von Gesetzmäßigkeiten: durchschnittlich	LPS (3+4)
9.	Worteinfall und Wortflüssigkeit (aktiver Wortschatz): obere Durchschnittsgrenze	LPS (5+6)
10.	Räumlich-figurales Vorstellen: oberer Durchschnittsbereich	LPS (7-10)
11.	"Ratefähigkeit" i.S. des Erkennens von unvollständigen Figuren: durchschnittlich	LPS (11-12)

Nr.	Aussage	Quelle
12.	Wahrnehmungstempo (als Erkennen von Fehlern): überdurchschnittlich	LPS (13-14)
	2. Andere Leistungsfunktionen	
13.	Konzentrationsleistung (Leistungsmenge): überdurchschnittlich	KLT
14.	Güte der konzentrativen Leistung: überdurchschnittlich	KLT (FQ)
15.	Konzentrative Belastbarkeit im visuellen Bereich: überdurchschnittlich	d2 (GZ-F)
16.	Arbeitstempo bei konzentrativer Anspannung: durchschnittlich	d2 (GZ)
17.	Sorgfaltsleistung unter konzentrativer Anspannung: überdurchschnittlich	d2 (F%)
18.	Zunahme der konzentrativen Aufmerksamkeit im Verlaufe einer kurzfristigen Anspannungsphase	d2 (Fvtlg)
19.	Arbeitssorgfalt unter Anspannung: überdurchscnittlich	LPS (13-)
	3. Interessen	
20.	für Sozialpflege u. Erziehung: über-Ø	DIT
21.	für Politik und Wirtschaft: Ø	DIT
22.	für Verwaltung u. Wirtschaft: unter-Ø	DIT
23.	für Unterhaltung: Ø	DIT
24.	für Technik und Naturwissenschaften: Ø	DIT
25.	für Biologie: unter-Ø	DIT
26.	für Mathematik: unter-Ø	DIT
27.	für Musik: Ø	DIT
28.	für Kunst: Ø	DIT
29.	für Literatur und Sprache: über-Ø	DIT
30.	für Sport: über-Ø	DIT
31.	Großes Interesse für sozialpflegerische und pädagogische Fragen	E

Nr.	Aussage	Quelle
32.	Ausgeprägtes Interesse für Sport	E
33.	Großes Interesse für literarische Probleme	E
34.	Sehr geringes Interesse für Fragen der Verwaltung (eher Abneigung)	E

Kommentar: Sehr deutlich tritt bei dieser Aufgabe das reine Übungsmoment hervor; denn vor allem der Befund (den Befundliste und Befundskizze ja nur vorbereiten) erhält seine Funktion von der Fragestellung, die hier außer Betracht bleibt.

8.2.2 Lösungsvorschläge

8.2.2.1 Aufgabe 1: d2 (Lösungsvorschlag)

Schritt 1: Quantitative Auswertung

(Testkürzel: GZ = Gesamtzahl der bearbeiteten Zeichen
F = Fehler
GZ-F = Zahl der fehlerfrei bearbeiteten Zeichen
SB = Schwankungsbreite
Fvtlg. = Fehlerverteilung
RW = Rohwerte
SW = Standardwerte (M = 100; SD = 10)
PR = Prozentrang)

	RW	SW	PR
GZ	626	größer 130	größer 99
F	29	-	50-75
GZ-F	597	größer 130	größer 99
SB	14	-	50-75
Fvtlg.	16/7/6		

Schritt 2: Interpretation

GZ : Arbeitstempo bei konzentrativer Anspannung: weit überdurchschnittlich

F : Sorgfaltsleistung bei der konzentrativen Anspannung: (gut) durchschnittlich

GZ-F : Konzentrative Belastbarkeit im visuellen Bereich: weit überdurchschnittlich

SB : Stabilität/Konstanz der Aufmerksamkeit: (gut) durchschnittlich

Fvtlg. : Zunahme der Aufmerksamkeit im Verlauf der Anspannungsleistung

Kommentar: Die Auswertung kann nur der Leser verfolgen, dem der Test vertraut ist: eine legitime Voraussetzung, weil Schritt 1 und 2 nur für den Erstentwurf (das Konzept) des Gutachtens bestimmt sind, nicht für den Empfänger des Gutachtens.

Schritt 3: Zusammenhängender Untersuchungsbericht

(Testbeschreibung) Beim Aufmerksamkeits-Belastungs-Test d2 von Brickenkamp sind in einer Buchstabenreihe bestimmte Buchstaben durchzustreichen. Das Ergebnis gibt Aufschluß über die Aufmerksamkeitsbelastbarkeit im visuellen Bereich.

(Verhaltensbeobachtung: entfällt)

(Ergebnisbericht) Herr J.R. erreichte im Test d2 folgende Werte, angegeben in Standardwerten (SW) und in Prozenträngen (PR):

	SW	PR	Konstrukt
GZ	130	99	Arbeitstempo bei konzentrativer Anspannung
F	-	50-75	Sorgfalt bei konzentrativer Anspannung
GZ-F	130	99	Konzentrative Belastbarkeit im visuellen Bereich
SB	-	50-75	Stabilität und Konstanz der Aufmerksamkeit
Fvtlg.	16/7/6		Verlauf der Anspannungsleistung

(Interpretation) Die Ergebnisse sprechen für eine weit überdurchschnittliche Belastbarkeit im visuellen Bereich. Ebenso weit überdurchschnittlich war die Schnelligkeit der Differenzierungsleistungen. Die Sorgfalt des Vorgehens und die Konstanz der Aufmerksamkeitszuwendung waren (gut) durchschnittlich. Die Genauigkeit des Unterscheidens nahm im Verlauf der Anspannungsleistung zu.

Kommentar: Man kann überlegen, ob man die Testkürzel (GZ, F, GZ-F, SB, Fvtlg.) nicht auch erklären solle.
- Die Interpretation setzt die Hauptaussage an die Spitze (GZ-F), schließt die anderen Aussagen nach dem Grad ihrer Bedeutsamkeit an.

8.2.2.2 Aufgabe 2: SPM (Lösungsvorschläg)

(Testbeschreibung) Die Standardform der Progessiven Matrizen von Raven besteht aus ..., usw.

(Verhaltensbeobachtung: es liegen keine Angaben vor).

(Ergebnisbericht) Herr X. errreichte bei der Standardform der Progressiven Matrizen einen Gesamtwert von 52 Punkten; das entspricht einem Prozentrang von 75-90 und einem "Grade" von II+. Die Diskrepanzen bei den fünf Aufgabenreihen zwischen gegebenen und erwarteten Lösungen betrug: 0 / +1 / -2 / +1 / 0. Herr X. benötigte eine Bearbeitungszeit von 60 Minuten.

(Interpretation) Demnach manifestierte sich eine intellektuelle Gesamtkapazität, die als überdurchschnittlich zu klassifizieren ist. - Das Tempo, mit der sprachfreie Probleme gelöst werden, scheint dagegen verlangsamt zu sein.

Kommentar: Die Scores des Ergebnisteils ließen sich auch in einer Liste aufführen. Bei einer so geringen Anzahl von Werten wie hier bleibt aber die Darstellung in fortlaufendem Text ebenfalls übersichtlich.

8.2.2.3 Aufgabe 3: Exploration (Lösungsvorschlag)

In einem Gespräch ging Frau E. auf folgende Lebensbereiche ein: auf ihre Beziehung zu Eltern und Geschwistern, ihre frühere Schul- und jetzige Berufssituation, auf ihre Freizeitbeschäftigung und ihre Kontakte zu Freunden und Bekannten.

Was das Verhältnis zu ihren Eltern und Geschwistern betrifft, so berichtete Frau E., sie habe zu ihnen zwar Kontakte, wohne jedoch nicht mit ihnen zusammen, sehe sie aber hin und wieder. Ihr ältester Bruder sei Lehrer, der zweitälteste Ingenieur. - Schwierig sei dieses Verhältnis, weil ihre Eltern sie gedrängt hätten, nach der Untersekunda die Schule zu verlassen, da die Noten sehr schlecht gewesen seien. Sie hätten ihr vorgehalten, sie könne nichts, ihre Brüder seien tüchtiger als sie. - Den eigentlichen Grund für die schwachen Leistungen hätten die Eltern nicht gekannt: daß sie ihren ersten Freund gehabt habe.

Von sich aus, so betonte Frau E., wäre sie gerne Zeichenlehrerin geworden; zeichnen könne sie ganz gut. Spaß habe ihr auch der Umgang mit Kindern gemacht. - Aber nach Verlassen der Schule habe sie eine kaufmännische Lehre durchlaufen und sei nun in X. bei der Firma Y. als Sekretärin tätig.

Gefragt, ob sie nicht das Abitur nachholen wolle, erwiderte sie: gedacht habe sie selber an eine solche Möglichkeit, sie könnte das Abitur an einer Abendschule nachmachen, um in den eigentlich erwünschten Beruf einer Zeichenlehrerin zu kommen. Aber abends sei sie zu müde und gönne sich lieber ein wenig Vergnügen.

Sie treffe sich abends mit Bekannten: Während der Woche besuche man sich wechselseitig oder sehe im Kino einen Film an; man gehe auch tanzen, vor allem an Wochenenden. Ihre Bekannten seien Mädchen aus dem Büro, aber auch Jungen, die sie aus einem Judo-Verein kenne, dem sie angehöre. Sie treibe ein bißchen Judo.

Einen festen Freund habe sie nicht. Vor einer solchen Bindung habe sie Angst. Sie habe einmal einen Freund gehabt, der habe sich von ihr getrennt, das wolle sie nicht noch einmal erleben.

Was ihre Freizeitbeschäftigung angehe, so zeichne sie ein bißchen, habe schon einmal eine Holzarbeit gemacht; sie lese auch einiges: etwa Kriminalromane, in letzter Zeit zwei Simmel-Bücher, manchmal auch "psychologische Sachen", um andere und sich selber besser zu verstehen. Dieser Wunsch, zu wissen, woran sie mit sich selber sei, habe sie auch bewogen, sich einer psychologischen Untersuchung zu stellen.

8.2.2.4 Aufgabe 4: Befundskizze (Lösungsvorschlag)

Nr.	Aussage	Quelle	Nr. der Befundl.
1	Intellektuelle Gesamtkapazität: (oberer) Durchschnittsbereich	Hawie, LPS, CFT 3	1 2, 3
2	Stärker sprachlich bezogene Teilfunktion der Intelligenz: überdurchschnittlich	Hawie: VT	4
3	Weniger sprachorientierte Teilfähigkeit der Intelligenz: knapp durchschnittlich	Hawie: HT	5
4	Allgemeinbildung in dem Sinne eines passiven Wortschatzes: überdurchschnittlich	LPS (1+2)	7
5	Denkfähigkeit/Induktives Denken: durchschnittlich	LPS (3+4)	8
6	Worteinfall, Wortflüssigkeit, aktiver Wortschatz: obere Durchschnittsgrenze	LPS (5+6)	9
7	Räumlich-figurales Vorstellen: oberer Durchschnittsbereich	LPS (7-10)	10
8	"Ratefähigkeit" i.S. des Erkennens unvollständiger Figuren: durchschnittlich	LPS (11+12)	11
9	Wahrnehmungstempo (Erkennen von Fehlern): überdurchschnittlich	LPS (13+14)	12
10	Konzentrationsleistung unter quantitativem Aspekt: mindestens durchschnittlich	KLT, d2 (GZ)	13 16
11	Konzentrationsleistung unter qualitativem Aspekt (Güte,	KLT (FQ) d2 (F)	14 17

Nr.	Aussage	Quelle	Nr. der Befundl.
	Sorgfalt der konzentrativen Zuwendung): überdurchschnittlich	LPS (13-)	19
12	Konzentrative Belastbarkeit im visuellen Bereich: überdurchschnittlich	d2 (GZ-F)	15
13	Großes Interesse für sozialpflegerische und pädagogische Aufgaben	DIT E	20 31
14	Ausgeprägtes Interesse für literarische Fragen	DIT E	29 33
15	starke sportliche Interessen	DIT E	30 32

Kommentar: Unter Nr. 1 der Befundskizze ziehen wir hier die Gesamtaussagen von Hawie, LPS und CTF 3 zusammen zu einer Angabe, - ein Vorgehen, gegen das man erhebliche Einwände anmelden kann. Die Fragestellung müßte bestimmen, ob man die drei Scores deutlicher differenziert, z.B. in der folgenden Weise:

° Hawie: Intelligenzleistung, wie sie zur Lösung von Problemen erforderlich ist, die der Lebensalltag aufwirft: durchschnittlich
° LPS: Intellektuelle Kapazität, wie sie bei Problemen auf höherem Abstraktionsniveau aktiviert werden muß: gut durchschnittlich
° CFT 3: Gesamtintelligenz (weniger auf sprachliche Inhalte bezogen): gut durchschnittlich

8.3 Korrekturbeispiel

Es wird ein komplettes Beispiel vorgelegt und kommentiert.

Korrekturbeispiel: Vollständiges Gutachten
(Übersicht)

Waltraud Winnegold
Diplompsychologin

4876 Weilersburg,
Rehbergstraße 24
Tel.: 75 87

10.12.76

Gutachten über Bernd Weizen, 10 Jahre alt, mit der Fragestellung: Welchen weiterführenden Schultyp soll Bernd besuchen?

Um die Fragestellung zu beantworten, wurden folgende Informationsquellen herangezogen:

1. KLT
2. AFS
3. Hawik
4. PSB
5. TAT
6. Exploration
7. Verhaltensbeobachtung 1)

Bernd ist am 8.11.1966 geboren und wurde mir vorgestellt, da er seit einiger Zeit in seinen Schulleistungen nachließ, wenn auch nicht gravierend. Zudem sollte festgestellt werden, auf welche weiterführende Schule Bernd gehen solle.

---

1) KLT: Konzentrations-Leistungs-Test. Autoren: Düker und Lienert. Göttingen: Hogrefe, 1965 (2. Auflage).
AFS: Angstfragebogen für Schüler. Autoren: Wieczerkowski u. Nickel. Braunschweig: Westermann, 1974.
Hawik: Hamburg-Wechsler-Intelligenztest für Kinder. Autor: D. Wechsler. Deutsch: Hardesty u. Priester. Bern: Huber, 1966 (3. Auflage).
PSB: Prüfsystem für Schul- und Bildungsberatung. Autor: W. Horn. Göttingen: Hogrefe, 1969.
TAT: Thematischer Apperzeptionstest. Autor: H.A. Murray. Cambridge, Mass.: Harvard Univ. Press, 1943.

Kommentar: Das Gutachten folgt, im großen, dem Grundschema: Überblick, (Vorgeschichte entfällt), Untersuchungsbericht, Stellungnahme (Diagnose, Beurteilung, Prognose). Es stellt umfangreiche Informationen zur Beantwortung der Fragestellung bereit, Einwände beziehen sich auf die Darstellungsart.

(1) Zur Übersicht

Im Gutachten erscheinen Angaben über Untersucher, Fragestellung und über die Verfahren. Was fehlt, ist die Nennung der Adressaten und des Untersuchungstermins. Daß es zwei Termine gab, erfährt man nur aus den Ergebnissen; dort ist die Rede von 1. und 2. Testsitzung.

Die Verfahren werden nur mit ihren Kürzeln aufgeführt (KLT, AFS, usw.), eine Form der Unterrichtung, die unter Fachkollegen angebracht ist, aber nicht gegenüber Laien als Gutachtenempfänger.

Der Abschnitt nach der Verfahrensliste ("Bernd ist am 8.11.1966 geboren...") nennt einmal einen Untersuchungsanlaß (nachlassende Schulleistungen) und einmal einen Untersuchungsgegenstand (Eignung für eine weiterführende Schule). Angemessen wäre eine Parallelität der Formulierung: Festgestellt werden soll (1) die Leistungsfähigkeit für Schulanforderungen (allgemein), (2) die Eignung zum Besuch einer weiterführenden Schule (insbesondere).

Die Reihenfolge der Informationen ist gewiß dem Gutachter zu überlassen. Zu fordern ist nur, daß sie stimmig sei. Ist es aber stimmig, die Untersuchungsverfahren vor dem Untersuchungsgegenstand zu nennen? Wäre es nicht sinnvoller, den Abschnitt, der die Fragestellung referiert, ("Bernd ... wurde mir vorgestellt, da er ...") vor die Verfahrensliste zu setzen?

(Vorgeschichte) (entfällt)

(Untersuchungsbericht)

Ergebnisse der verwendeten Verfahren

1. Testsitzung:

KLT:	SW 100 PR 50	FQ	0.26
AFS:	Prüfungsangst	PR	46
	Manifeste Angst	PR	19
	Schulunlust	PR	65
	Soziale Erwünschtheit	PR	60

2. Testsitzung:

Hawik:

Verbalteil	IQ 125	
Allgemeines Wissen	Wertpunkte (WP)	12
Allgemeines Verständnis		18
Rechnerisches Denken		10
Gemeinsamkeiten finden		17
Zahlen nachsprechen		13
Handlungsteil	IQ 127	
Zahlensymboltest	Wertpunkte (WP)	12
Bilderergänzen		13
Bilderordnen		17
Mosaiktest		14
Figurenlegen		13

PSB

Gesamtleistung:		7 Centilwert, 84 PR, 115 IQ
Subtests:	1+ 2	5.4
	3+ 4	8.7
	5+ 6	4.6
	7+ 8	7.7
	9+10	5.0

TAT, Exploration und Verhaltensbeobachtung: die Ergebnisse werden in den ausführlichen Untersuchungsberichten referiert.

Kommentar:

(2) Zur Vorgeschichte

Daß die Vorgeschichte entfällt, mag berechtigt sein. Aber es fragt sich, ob es nicht doch sinnvoll gewesen wäre, Informationen zu sammeln, von denen der Untersucher hätte ausgehen können (etwa Zeugnisse, Lehrerurteile, usw.).

(3) Zum Untersuchungsbericht

Die Ergebnisse stellt das Gutachten unterschiedlich dar: Die Resultate der psychometrischen Verfahren werden zuerst in einem Überblick aufgeführt (Ergebnisse der verwendeten Verfahren), dann in einem fortlaufenden Text kommentiert, zum Teil interpretiert. Die Resultate der offenen Verfahren (Exploration, Verhaltensbeobachtung, TAT) werden gesondert referiert, aber uneinheitlich behandelt.

Der Ergebnisüberblick, wie er dem Untersuchungsbericht vorausgestellt wird, ist in unserem Gutachtenschema nicht vorgesehen. Das ist kein entscheidender Einwand. Beanstanden läßt sich aber die ungleichmäßige Darstellung der Ergebnisse: bei KLT, AFS, PSB werden Gesamt- und Teilergebnisse aufgeführt, bei Hawik nur Teilergebnisse. Gewichtiger ist der Einwand, daß diese Art der Trennung von Ergebnisbericht und Interpretation unnötiges Rückblättern erforderlich macht.

Untersuchungsbericht zu den psychometrischen Verfahren:

Der Proband (Pb) erreichte im KLT einen Standardwert (SW) von 100. Dies entspricht einer durchschnittlichen Leistung, gemessen an der entsprechenden schulischen Vergleichsgruppe. Der Prozentrang von 50 besagt, daß ca. 49,9% seiner Vergleichsgruppe eine bessere Leistung vollbringt. Der Fehlerquotient (FQ) von 0,26 besagt, daß der Pb unterdurchschnittlich wenig Fehler machte.

Hinsichtlich des AFS erreichte der Pb folgende Werte: Prüfungsangst 46, d.h. ca. 53,9% seiner Vergleichsgruppe haben mehr Prüfungsangst. Manifeste Angst PR 19, Schulunlust PR 65, Soziale Erwünschtheit PR 60.

Beim HAWIK erreichte der Pb folgende Werte: Im Verbal-Teil einen IQ von 125, im Handlungsteil einen IQ von 127. Der Gesamt-IQ war 129. Diese Werte liegen alle gemessen an seiner altersmäßigen Vergleichsgruppe weit über dem Durchschnitt. Hinsichtlich der Untertests lagen folgende über dem Durchschnitt der Vergleichsgruppe: Allgemeines Verständnis, Gemeinsamkeiten, Zahlennachsprechen, Bilderergänzen, Bilderordnen, Mosaiktest und Figurenlegen. Bezogen auf seinen eigenen Durchschnittswert erbrachte er beim Rechnerischen Denken eine unterdurchschnittliche Leistung und überdurchschnittliche bei den Subtests Allgemeines Verständnis, Gemeinsamkeiten finden und Bilderordnen. Bezogen auf die Gesamtleistung wäre noch zu sagen, daß ca. 2,9% der Gesamtbevölkerung ein besseres Ergebnis erbringen würden. Bezogen auf Volksschüler beträgt der PR über 99.

Beim PSB erreichte der Pb folgende Werte: Gesamtleistung IQ 115. Dies entspricht einem PR von 84, was einer überdurchschnittlichen Leistung entspricht. Bezogen auf seine Vergleichsgruppe erreichte er bei den Subtests 3 und 4 (Denkfähigkeit) überdurchschnittliche Werte (IQ von 120 bzw. 130 oder PR von 90, bzw. 98). Dies war auch beim Subtest 8 (Gliederungsfähigkeit) der Fall. Hier erreichte er ebenfalls einen IQ von 130 bzw. PR 98. Bezogen auf seinen eigenen Durchschnitt, erreichte er im Subtest 6 (Ratefähigkeit) einen unterdurchschnittlichen Wert (IQ 95, PR 35) und in den Subtests 4 (Denkfähigkeit) und 9 überdurchschnittliche Werte.

Kommentar: Der ausdrücklich 'Untersuchungsbericht' genannte Abschnitt ist uneinheitlich abgefaßt. Einmal wiederholt er Ergebnisse, diese aber nicht vollständig

(KLT, AFS, Hawik, PSB). Einmal bringt er Ansätze von Interpretation (AFS, PSB), wieder jedoch unvollständig: Beim KLT gibt es keinen Hinweis auf Konzentration. Beim Hawik werden Untertestnamen genannt; es wird aber nicht gesagt, was sie bedeuten: Kein Konstrukt taucht auf. Beim PSB erscheinen die Konstrukte für einige Subtests (Denk-, Gliederungs- und Ratefähigkeit); sie fehlen für Gesamtleistung und für einige Subtests. Beim AFS wieder findet sich eine ausführliche Interpretation (Prüfungsangst, Manifeste Angst, Schulunlust, Soziale Erwünschtheit).

Exploration der Mutter

Bernd ist das Kind aus erster Ehe und lebt bislang bei der Oma. Weitere Kinder sind nicht vorhanden. Bernd sehnt sich jedoch danach, zu seinen Eltern ziehen zu dürfen. Dies war jedoch bislang nicht möglich, da beide Eltern ganztags arbeiten, da sie ein Haus bauen wollen. Ab Oktober wird die Mutter jedoch nur noch halbtags arbeiten, damit Bernd bei den Eltern bleiben kann. "Bernd freut sich schon riesig darauf". Die Mutter ist der Meinung, daß Bernd dann ausgeglichener ist und sich der Wohnungswechsel auch auf die Schulleistung auswirken wird. Seine Leistungsfähigkeit in der Schule hängt stark von seiner psychischen Befindlichkeit ab. Dies zeigte sich z.B. auch, als die Gesamtschule, auf die er sich sehr gefreut hatte, ihn wegen Platzmangels nicht aufnahm. Seine Leistungen fielen sofort stark ab (siehe VB und Expl. Bernd). Eigentlich würde die Mutter ihn gerne auf ein Gymnasium schicken, aber sie weiß nicht, ob sie ihm das zutrauen kann. Deshalb hat sie ihn bei einer Realschule angemeldet. "Das mit der Gesamtschule hat ihn sehr getroffen". Sie ist sich unsicher, was sie machen soll und wendet sich an mich mit der Bitte, festzustellen, für welchen Schultyp Bernd geeignet sei. Hinsichtlich ihrer ersten Ehe deutet sie nur an, daß diese sehr konfliktbeladen war und sie nicht mehr daran denken möchte. Bezüglich des Stiefvaters von Bernd berichtet sie, daß dieser Orthopädiemechaniker sei und sehr erfolgreich in seinem Beruf. Von ihrem Mann weiß sie, daß selbst in handwerklichen Berufen Abiturienten in der Ausbildung anderen Schülern vorgezogen werden, was ihre Unsicherheit im Hinblick auf Bernds weiteren Schulweg noch erhöht. Bernd hat nach Aussagen der Mutter ein gutes Verhältnis zu seinem Stiefvater und orientiert sich hinsichtlich der Leistungen stark an ihm.

Exploration mit Bernd

Bernd wußte nicht genau, warum er zu mir geschickt wurde, nur, daß er irgendwelche Tests machen solle. Der Grund war ihm nicht einsichtig, da er ja jetzt nicht mehr auf die Gesamtschule gehen könne. Die Mutter habe ihn bei der Realschule angemeldet und er wisse auch nicht, warum er sich bemühen solle, auf eine höhere Schule zu gehen, da er diese Kenntnisse ja doch nicht brauche. "Ja, wenn man so etwas werden will wie Sie, dann braucht man das schon". (Dies war vor der ersten Testsitzung).

Ansonsten erzählte er, daß er Spaß an der Schule habe. Sein größter Wunsch zu der Zeit war jedoch, endlich zu den Eltern ziehen zu dürfen.

Bei einem Gespräch gemeinsam mit seiner Mutter nach der zweiten Testsitzung äußerte er Kritik an der Mutter. Er fühlte sich manchmal von ihr verlassen, denn sie stelle zwar Anforderungen an ihn, lasse ihn jedoch des öfteren aus Bequemlichkeit ohne Hilfe. Im Gegensatz dazu sei die Oma immer bereit, ihm zu helfen, und passe auch besser bei den Schulaufgaben auf.

Kommentar: Die Exploration (mit Bernd und mit seiner Mutter) ist thematisch gegliedert und knapp (wohl zu knapp) gefaßt. Die Wiedergabe des Gespräches mit Bernd läßt erkennen, daß es um Aussagen des Probanden geht (die meisten Sätze stehen im Konjunktiv). Dagegen klingt die Wiedergabe des Gespräches mit der Mutter mehr wie ein Tatsachenbericht.

Verhaltensbeobachtung Bernd

Als Bernd zur ersten Testsitzung erschien, war er sehr niedergeschlagen und hatte resigniert, denn kurz zuvor hatte er erfahren, daß er auf der Gesamtschule keinen Platz bekommen würde. Er unterzog sich dem Test, obwohl er dessen Sinn nicht einsehen konnte, weil die Mutter es von ihm verlangt hat. Aufgrund dieser Gegebenheiten und der nachmittäglichen Zeit wurde diese Sitzung schnell abgebrochen und ein neuer Termin an einem Vormittag anberaumt.

Bei diesem Test war festzustellen, daß Bernd sich auf den Versuchsleiter eingestellt hatte, und diesem auch ein gewisses Vertrauen entgegenbrachte, besonders in der Hinsicht, daß er nicht mehr befürchtete, daß hier seine "Unfähigkeit" festgestellt werden sollte, sondern vielmehr, daß der Versuchsleiter ihm helfen wolle. Dies machte sich sehr stark in seinem Leistungswillen und Verhalten bemerkbar. Er war gut motiviert. Dementsprechend waren auch die Ergebnisse.

Der Druck, unter dem Bernd vorher gestanden haben muß, machte sich erst deutlich, nachdem ihm und seiner Mutter in einem gemeinsamen Gespräch die Ergebnisse des Intelligenztests mitgeteilt worden waren. Er machte einen überaus erlösten Eindruck, so als ob eine große Last von ihm gefallen sei. Er sprang erfreut auf den Versuchsleiter zu und schüttelte ihm dankbar lange die Hand. Das Ergebnis gab ihm seine Sicherheit wieder und er drückte auch in Worten aus, daß er sehr froh darüber sei, daß er nicht zu dumm fürs Gymnasium ist. Er konnte sich endlich auf die neue Schule freuen (die Mutter hat ihn sofort bei einem Gymnasium angemeldet).

Der Versuchsleiter hatte Gelegenheit, Bernd nicht nur während der Testsituation zu beobachten. Hierbei konnte festgestellt werden, daß Bernd ein überaus angepaßter Junge ist, der zwar ab und an, besonders in Gesellschaft, versucht, die von seiner Mutter gesetzten Grenzen zu überschreiten, was ihm auch ab und zu gestattet wird. Wird er jedoch, oft impulsiv, zurechtgewiesen, reagiert er sofort wunschgemäß.

In Situationen, wo Mutter und Sohn beobachtet werden konnten, entstand in hohem Maße der Eindruck, daß die Mutter in Bernd einen kleinen Erwachsenen sieht und sich sehr freuen würde, wenn dieser sie entlasten würde.

Kommentar: Die Verhaltensbeobachtung besteht zum größten Teil aus bloßer Interpretation von Verhaltensweisen statt aus ihrer Registrierung. Beispiele: "Bei diesem Termin war festzustellen, daß Bernd sich auf den Versuchsleiter eingestellt hatte". Statt dieser Interpretation sollten Einzelbeobachtungen angeführt werden, aus denen auf die 'Einstellung zum Versuchsleiter' geschlossen wird. - "Er machte einen überaus erlösten Eindruck". Dieser Satz könnte entfallen. Der anschließende Satz drückt das gleiche aus, aber als beobachtete Verhaltensweise: "Er sprang erfreut auf den Versuchsleiter zu und schüttelte ihm dankbar die Hand." (Die interpretativen Ausdrücke 'dankbar' und 'erfreut' sind sicher legitim.)

Persönlichkeitsskizze **Bernd** aufgrund der TAT-Protokolls

A. Formalia

Die Geschichten wurden instruktionsgerecht erzählt. Bei 7 der 10 Geschichten war der Ausgang positiv, einer war negativ und zwei offen. 6 der Geschichten waren mittellang, 4 lang.

B. Inhalt

Für Bernd sind Anpassung und Leistung ein zentrales Thema. Beides ist eng miteinander verbunden, da Leistung auch als Anpassung empfunden und in diesem Sinne eingesetzt wird. Ziele und Maßstäbe werden kritiklos von der als äußerst mächtig empfundenen Umwelt übernommen bzw. internalisiert. Anpassung und Leistung sind Mittel, Konflikten vorzubauen bzw. diese zu beenden. Der mit Sanktionen verbundene Anpassungsdruck wird so stark empfunden, daß auch hierdurch eigene Bedürfnisse zu kurz kommen. Am liebsten hätte Bernd daher eine konfliktfreie, harmonische Umwelt.

Die partnerschaftlichen Beziehungen werden von Bernd als konfliktreich erlebt, wobei die Frau "die Einengende" ist, die durch ihr Fehlverhalten Konflikte auslöst, jedoch ihre Fehler hinterher einsehen und sich anpassen muß. Die Eltern sehen zwar auch ihre Fehler ein, manchmal jedoch nur widersträubend oder zu spät. Andererseits sind sie und die Umwelt bereit, bei Einsicht und Anpassung Fehlverhalten zu verzeihen. Die Eltern werden, wenn es um die Probleme von Bernd geht, als verständnis- und ratlos empfunden. Sie sind nicht in der Lage, ihm zu helfen. (Hier scheint die Scheidung seiner Mutter ein noch akuter Konflikt zu sein). Bernd kommt sich hilflos und verlassen vor und möchte dafür seine Umwelt am liebsten bestrafen. Bernd fühlt seine Bedürfnisse zu kurz gekommen, und es besteht die Gefahr, wenn darauf nicht stärker eingegangen wird und der Anpassungsdruck nicht nachläßt, daß er Überreaktionen zeigt, wobei Suizidversuche nicht ausgeschlossen sind.

Kommentar: In den Untersuchungsbericht wird eingeschoben eine "Persönlichkeitsskizze aufgrund des TAT-Protokolls", ein Unterfangen, das unserem Gutachtenschema völlig zuwiderläuft.

Wegen dieser unterschiedlichen Konzeption sei von einzelnen Einwendungen abgesehen. Hingewiesen sei nur auf einen Punkt: Projektionen, wie sie in den TAT-Geschichten beschrieben werden, erhalten hier den Rang manifesten Verhaltens (Bernd fühlt sich zu kurz gekommen, Suizidversuche sind nicht ausgeschlossen). Angemessen wäre unseres Erachtens eine Interpretation, die auf der Ebene vorgestellten Verhaltens bleibt.

Befund

Bei Bernd handelt es sich um einen überdurchschnittlich intelligenten Jungen. In den Bereichen Denkfähigkeit und räumlich-visuelles Vorstellen und Gliederungsfähigkeit erbringt er sogar weit überdurchschnittliche Leistungen.

Bernd erbringt jedoch nicht immer seinen Fähigkeiten entsprechende Leistungen. Diese sind jedoch dann immer noch durchschnittlich.

Bernd zeigt in sehr hohem Maße an seine Umwelt angepaßte Verhaltensweisen. Er übernimmt kritiklos Ziel- und Wertvorstellungen seiner Umwelt.

Temporär zeigt er eine ziemlich hohe Prüfungsangst und Schulunlust.

Kommentar:

(4) Zum Befund

Der Befund fällt sehr dürftig aus.

Der erste Abschnitt (über Intelligenz) entspricht unserem Befundkonzept, der zweite Abschnitt nicht mehr, er bleibt vage: "Bernd erbringt nicht immer seinen Fähigkeiten entsprechende Leistungen. Diese sind jedoch dann immer noch durchschnittlich." - Um welche Leistungen geht es? Vermutlich um solche der Intelligenz. - Was sind Leistungen, die "seinen Fähigkeiten entsprechen"? - Was heißt "bringt nicht immer"? - Der zweite Satz schließt ungeschickt an den ersten an; ausgesagt werden soll vermutlich: "Selbst wenn Bernd seine Fähigkeiten nicht voll einsetzt, erbringt er immer noch durchschnittliche Leistungen." Das Adverb (oder die Konjunktion) 'dann' drückt diesen Sachverhalt nur unzureichend aus. ("Diese Leistungen sind dann immer noch durchschnittlich.")

Der dritte Abschnitt beschreibt im ersten Satz Bernds Anpassungsleistung, legt sie im zweiten Satz aber abwertend aus: "Bernd zeigt in sehr hohem Maße an seine Umwelt angepaßte Verhaltensweisen. Er übernimmt kritiklos Ziel- und Wertvorstellungen seiner Umwelt." - Erwartete der Gutachter von einem Zehnjährigen eine kritische

Auseinandersetzung mit den "Ziel- und Wertvorstellungen seiner Umwelt"?

In dem letzten Satz klingt die Fragestellung an: "Temporär zeigt er eine ziemlich hohe Prüfungsangst und Schulunlust." Aber die Auswahl der Aussagen ist beliebig: Warum fehlen andere Angaben zur Schulsituation? Was heißt "temporäre Angst und Schulunlust"? Wenn es um einen temporären Sachverhalt geht, sollte er nicht im Befund erscheinen. Im übrigen liegt bei Bernd keineswegs eine "ziemlich hohe" Angst und Unlust vor, die Ausprägung ist mittelhoch (durchschnittlich).

Aussagen, die möglich wären, fehlen: über Konzentration, über die Einstellung zu Eltern und zur Schule usw.

Diagnose

Für Bernd sind Anpassung und Leistung ein zentrales Thema. Beides ist eng miteinander verbunden, da Leistung auch als Anpassung empfunden und in diesem Sinne eingesetzt wird. Die Übernahme von Ziel- und Wertvorstellungen aus der Umwelt sind daher für ihn ein Mittel der Anpassung. Anpassung und Leistung wiederum sind für ihn Mittel, Konflikten vorzubauen bzw. diese zu beenden. Der empfundene starke Anpassungsdruck und die empfundene Verständnis- und Ratlosigkeit der Eltern führen dazu, daß Bernd das Gefühl hat, daß seine Bedürfnisse zu kurz kommen. Dieser innere Konflikt, aber auch der äußere, führen dazu, daß Bernd seine inneren Kräfte in solchen Situationen nicht voll wirksam einsetzen kann.

Beurteilung

Aufgrund des vorgenannten Sachverhalts wird empfohlen, Bernd auf ein Gymnasium zu schicken.

Prognose

Aufgrund seiner Intelligenz und seiner Anpassungsfähigkeit hat Bernd die Möglichkeit, auf dem Gymnasium überdurchschnittlich gute Leistungen zu erzielen. Um ein Absinken der Leistungen aus psychischen Gründen zu vermeiden, aber auch aus Gründen, die die Persönlichkeitsentwicklung betreffen, sollte der Anpassungsdruck stark vermindert und mehr auf die Bedürfnisse von Bernd eingegangen werden (zumal sich tendenziell andeutete, daß Bernd, sollte sich seine Situation nicht ändern, zu Überreaktionen neigen könnte, wobei ein Suizidversuch nicht ausgeschlossen ist).

Das Erziehungsverhalten sollte also dahingehend geändert werden, daß Bernd vermehrt eigene Ziel- und Wertvorstellungen aufbaut und den Leistungsaspekt mehr im Sinne einer intrinsischen Motivation betrachtet.

Kommentar:

(5) Zur Stellungnahme

Die Aussagen der Stellungnahme, einzeln genommen, mögen zutreffend sein. Ihr Zusammenhang bleibt unerhellt.

Die Diagnose wird nicht aus Untersuchungsbericht und Befund hergeleitet, sie legt ungestützte Interpretationen vor, an denen vieles richtig sein mag; sie werden aber nicht transparent gemacht, nicht diskutiert, nur apodiktisch vorgetragen.

Noch weniger als die Diagnose steht die Beurteilung in einem Begründungszusammenhang.

In der Prognose begründet der erste Satz die Empfehlung zum Besuch des Gymnasiums (mit Begabung und Anpassungsfähigkeit); darin liegt ein Element von Vorhersage, aber dieses Moment ist zu karg, um den Titel 'Prognose' zu rechtfertigen. Den übrigen Sätzen folgen gute Ratschläge, aber keine Prognosen mehr.

Nachwort: Zur pragmatischen Dimension der Persönlichkeitsbeurteilung

Was das Grundschema (G-Schema) leistet, sollte man klar trennen von dem, was es nicht leistet. Seine Leistung besteht darin, an einer Persönlichkeitsbeurteilung Urteilsbasis und Urteilsverlauf transparent zu machen. Dagegen legt das Schema weder den Bestand der Urteilsbasis fest noch bestimmt es die Richtung, die das Urteil nimmt.

Wie der Unterschied gemeint ist, soll - in Zuspitzung - ein Beispiel veranschaulichen. In demselben forensischen Falle - Herr Müller sei des Totschlags angeklagt - seien zwei Gutachten erstellt worden: ein erstes Gutachten im Auftrag des Gerichts (A), ein zweites (ein Parteien-Gutachten) im Dienste des Verteidigers (B). Beide mögen nach dem G-Schema angelegt sein, aber zu entgegengesetzten Schlüssen kommen: Gutachten A, daß Herr Müller strafrechtlich verantwortlich, Gutachten B, daß er strafrechtlich nicht verantwortlich sei.

Was in den beiden Fällen gleich sein müßte, ist die Transparenz, mit der Urteilsbasis und Urteilsverlauf geschildert werden. Unterscheiden müßten sich dagegen das Design, das Instrumentar, die Verknüpfung der Einzelergebnisse, die Gewichtung der Befunde, - kurz: die Urteilsbasis und der Urteilsverlauf.

Pointiert gesagt: die Leistung des G-Schemas besteht darin, ein gegebenes Material durchsichtig zu strukturieren, aber nicht darin, das Material selbst auszuwählen. Eine solche Wahl liegt, wissenschaftstheoretisch und wissenschaftsethisch, außerhalb des Rahmens, den das G-Schema abgrenzt. Persönlichkeitsbeurteilung geht demnach weit über die Anwendung eines formalen Schemas hinaus.

Angemessener ist allerdings eine andere Sichtweise: das G-Schema selber, von seinem Konzept und Anspruch her, soll anleiten, in der Persönlichkeitsbeurteilung mehr zu sehen als eine formale Meisterschaft.

Zum einen fordert Persönlichkeitsbeurteilung von dem Urteilenden, sein ganzes fachliches Wissen abzurufen: ein Vorgang der Erfahrungsbildung, der nach eigenen Zeit- und eigenen Lerndimensionen abläuft.

Zum anderen enthüllt sich dieser Prozeß als eine hochbewertete und hochdotierte Beteiligung am gesellschaftspolitischen Leben:

die Urteile werden formiert und werden wirksam im Rahmen bestehender Verhältnisse, z.B. des Rechts- oder des Schulsystems. In der Regel dienen sie eher dem Erhalt als der Änderung der bestehenden Systeme. (Grubitzsch und Rexilius weisen geradezu mit Ingrimm auf diesen Part hin: 1978). In der Regel ist das einzelne Gutachten auch kein Instrument, gesellschaftliche Verhältnisse zu revidieren: Echo und Hebelwirkung sind zu gering. Der Ort für Reformer - es wurde darauf verwiesen (Seite 115) - ist der im engeren Sinne politische Raum.

Die gesellschaftspolitische Dimension schließt eine ethische Komponente ein: - wie hier an dem Ratschlag der 'neutralen Diktion' sichtbar gemacht sei.

Wertend oder neutral formulierte Gutachten können beide zu demselben Ergebnis führen. Ob es heißt, der Schüler Manfred Wülber erreiche 'weit unterdurchschnittliche Werte' im Test X (neutrale Version) oder aber, er sei ein 'äußerst schlechter Schüler' (wertende Version): die Konsequenz kann in beiden Fällen gleich ausfallen, nämlich auf die Empfehlung hinauslaufen, Manfred auf eine Sonderschule zu schicken. Ob in Schule, vor Gericht, im Betrieb vorgelegt: ein Gutachten beeinflußt die Laufbahn von Menschen. Der Verwertungszusammenhang setzt jedes Gutachten in einen wertbestimmten Rahmen.

Dennoch besteht zwischen neutraler und wertender Diktion ein charakteristischer Unterschied: seine ethische Seite sei herausgestellt.

Neutrale Diktion legt den Urteilenden auf das Prinzip fest, an den Erkenntnisschritten nur die gesicherten Anteile bekanntzugeben. Konkret heißt das, für jede Information genau die Quelle, die Meßoperation, das Instrument zu nennen - und nicht darüber hinauszugehen.

Eine wertende Diktion geht über dieses Prinzip weit hinaus. Sie schleppt in ihre Aussagen zusätzliche Angaben ein, die nicht explizit und publik gemacht sind, nämlich ungeprüfte Vorannahmen in Gestalt von Vorurteilen, Stereotypien oder auch Herabsetzungen.

Wer Personen beurteilt und dem Leser oder Hörer die Struktur seines Urteils möglichst klar vorlegen will, wird seinen Aussagenbereich abgrenzen, - definieren müssen, auch wenn er weiß, daß jeder begrenzte Bezirk einen unbegrenzten voraussetzt, von dem aus er begrenzt, - definiert wird. Zu dem

Versuch, im begrenzten Rahmen genaue Angaben zu machen, kann die neutrale Diktion einen Beitrag leisten.

LITERATUR

Arnold, W.: 1972, Gutachten. In Arnold, W. (Hg): Psychologisches Praktikum. Bd. 2. Stuttgart: Fischer. 7. Auflage

Barendregt, J.T.: 1961, Research in Psychodiagnostics. The Hague- Paris: Mouton

Behn, S.: 1953, Über die Kunst des praktisch brauchbaren Gutachtens. Psychol. Beiträge, 1, 361-388

Bierkens, P.B.: 1968, Die Urteilsbildung in der Psychodiagnostik. München: Barth

Bochenski, I.M.: 1980, Die zeitgenössischen Denkmethoden. München: Francke. UTB 6

Brandenberger, W.: 1976, Was erwartet der Richter vom forensisch-psychiatrischen Gutachten? In: Rehberg, J. (Hg): Probleme des gerichtspsychiatrischen und -psychologischen Gutachtens, 5-11. Diessenhofen: Ruegger

Brandner, Antonie: 1972, Anlässe und Begründungen der psychiatrischen Begutachtung im Verlauf von Strafprozessen. Freiburg/Br.: Med. Diss.

Brickenkamp, R.: 1975, Handbuch psychologischer und pädagogischer Tests. Göttingen: Hogrefe

Cline, V.B.: 1955, Ability to judge personality. J. abnorm. soc. Psychol., 50, 183-187

Cohen, R.: 1967, vgl. Hörmann, Jäger, et al. 1967

Diesinger, Ingrid: 1977, Der Affekttäter. Eine Analyse seiner Darstellung im forensich-psychiatrischen Gutachten. Berlin: de Gruyter

Dietrich, G. u. H. Walter: 1970, Grundbegriffe der psychologischen Fachsprache. München: Ehrenwirth

Dorsch, F.: 1963, Psychologisches Wörterbuch. Hamburg: Meiner, 7. Auflage

Graumann, C.F.: 1960, Eigenschaften als Problem der Persönlichkeitsforschung. In: Lersch, Ph. u. H. Thomae (Hg) Hb Psych, Bd IV (Persönlichkeitsforschung und Persönlichkeitstheorie), 87-154. Göttingen: Hogrefe

Graumann, C.F.: 1967, vgl. Hörmann, Jäger, et al. 1967

Grubitzsch, S. u. G. Rexilius: 1978, Testtheorie - Testpraxis. Hamburg: Rowohlt, rororo 7157

Gruhle, W.: 1955, Gutachtentechnik. Berlin: Springer

Haas, R.M.: 1975, Die Vermittlung inter- und intraindividueller Persönlichkeitsunterschiede im Begutachtungsprozeß. Bonn: Philos. Diss.

Hartmann, H.: 1973, Psychologische Diagnostik. Stuttgart: Kohlhammer. 2. Auflage. Urban TB 135

Heiss, R.: 1964, Technik, Methodik und Problematik des Gutachtens. In: Heiss, R. (Hg): Hb Psych, Bd VI (Psychologische Diagnostik), 975-995. Göttingen: Hogrefe

Herrmann, Th.: 1967, vgl. Hörmann, Jäger, et al. 1967
Herrmann, Th.: 1972, Lehrbuch der empirischen Persönlichkeitsforschung. Göttingen: Hogrefe, 2. Auflage
Herrmann, Th.: 1973, Persönlichkeitsmerkmale. Stuttgart: Kohlhammer
Hörmann, H.: 1967, vgl. Hörmann, Jäger, et al. 1967
Hörmann, H., A.O. Jäger, G. Kaminski, R. Cohen, Th. Herrmann, C.F. Graumann: 1967. Die Beziehung zwischen psychologischer Diagnostik und Grundlagenforschung. Symposion III. In: Merz, F. (Hg): Bericht über den 25. Kongreß der Deutschen Gesellschaft für Psychologie, Münster 1966, 101-131, Göttingen: Hogrefe
Huber, J.T.: 1961, Report writing in Psychology and Psychiatry. New York: Harper and Brothers
Jäger, A.O.: 1967, vgl. Hörmann, Jäger, et al. 1967
Jessnitzer, K.: 1969, Das gerichtliche Sachverständigengutachten. Med. Klin., 64, 853
Jessnitzer, K.: 1980, Der gerichtliche Sachverständige. München: Heymanns, 8. Auflage
Kaminski, G.: 1967, vgl. Hörmann, Jäger, et al. 1967
Kaminski, G.: 1970, Verhaltenstheorie und Verhaltensmodifikation. Stuttgart: Klett
Klopfer, W.G.: 1954, Principles of Report Writing. In: Klopfer, B. and Mary D. Ainsworth and W.G. Klopfer and R.R. Holt (eds): Rorschach Technique. Vol. I, 601-610. New York: Harcourt, Brace and World
Langwieler, G.: 1977, Anspruch und soziale Wirklichkeit des diagnostischen Prozesses traditioneller forensisch-psychiatrischer Begutachtung. Krim. J., 9, 126-136
Lückert, H.R.: 1964, Persönlichkeitsgutachten. In: Lückert, H.R. (Hg): Hb der Erziehungsberatung, Bd. 1, 361-418. München: Reinhardt
Madeja, H.G.: 1976, Psychiatrische Gutachten anläßlich von Ladendiebstählen. Köln: Med. Diss.
Meehl, P.E.: 1967, What Can the Clinician Do Well? In: Jackson, D.M. and S. Messick (eds): Problems in Human Assessment, 594-599. New York: McGraw Hill
Mehl, J.: 1970, Über den gegenwärtigen Stand des Problems klinischer und statistischer Vorhersage. In: Rösler, H.-D., H,-D. Schmidt und H. Szewcyk (Hg): Persönlichkeitsdiagnostik, 24-36. Berlin: VEB
Osswald, H.: 1975, Psychiatrisch-psychologische Begutachtung und Fahrbewährung. Tübingen: Med. Diss.
Pelzmann, Sieglinde: 1972, Experimente zum Einfluß des psychologischen Befundes auf das psychiatrische Urteil. Graz: Phil. Diss.

Pfäfflin, F.: 1978, Vorurteilsstruktur und Ideologie psychiatrischer Gutachten über Sexualstraftäter. Stuttgart: Enke

Rehberg, J. (Hg): 1976, Probleme des gerichtspsychiatrischen und -psychologischen Gutachtens. Diessenhofen: Ruegger

Sader, M.: 1980, Psychologie der Persönlichkeit. München: Juventa

Salber, W.: 1955, Die Kunst der Charakterschilderung. Weinheim: Beltz

Schmidtchen, St.: 1975, Psychologische Tests für Kinder und Jugendliche. Göttingen: Hogrefe

Schreiber, H.-L. und Gundula Müller-Dethard: 1977, Der medizinische Sachverständige im Strafprozeß. Deutsches Ärzteblatt, 6, 373-378

Schröder, R.-D.: 1976, Das diagnostische Urteil. Mannheim: Phil. Diss.

Schubenz, S.: 1967, Über den Aufbau eines psychologischen Befundes. diagnostica, 13, 89-117

Spörli, S.: 1978, Kritische Theorie diagnostischer Praxis. Bern: Huber

Taft, R.: 1971, The ability to judge people. In: Ronan, W.W. and E.P. Prien (eds): Perspectives of the Measurement of Human Performance, 153-181. New York: Meredith

Thomae, H.: 1967, Prinzipien und Formen der Gestaltung psychologischer Gutachten. In: Undeutsch, U. (Hg): Hb Psych, Bd. XI (Forensische Psychologie), 743-767. Göttingen: Hogrefe

Thomae, H.: 1968, Das Individuum und seine Welt. Göttingen: Hogrefe

Thomae, H.: 1977, Psychologie in der modernen Gesellschaft. Hamburg: Hoffmann und Campe

Tismer-Puschner, Ingrid, H.J. Fisseni und K.G. Tismer: 1976, Das psychologische Gutachten in der Einzelfallberatung. In: Heller, K. (Hg): Hb der Bildungsberatung, Bd. III, 901-918. Stuttgart: Klett

Vossen, R.: 1976, Möglichkeiten und Grenzen des forensisch-psychiatrisichen Gutachtens. In: Rehberg, J. (Hg): Probleme des gerichtspsychiatrischen und -psychologischen Gutachtens, 13-26. Diessenhofen: Ruegger

Weise, G.: 1975, Psychologische Leistungstests. Bd. 1. Göttingen: Hogrefe

NACHTRAG:

Angleitner, A.: 1976, Methodische und theoretische Probleme bei Persönlichkeitsfragebogen mit einer ausführlichen Analyse deutschsprachiger Persönlichkeitsfragebogen. Habilitationsschrift, Bonn

Fehlow, P.: 1973, Über Ursachen und forensische Begutachtung von Sexualdelikten. Psychiat., Neurol. u. Med.Psychol. 29, 535-544

Leichner, R.: 1975, Zur Verarbeitung psychiatrischer Information. Diagnostica, 21, 147-163

Mischel, W.: 1977, On the Future of Personality Measurement. American Psychol., 32, 246-254

NAMENVERZEICHNIS

SACHVERZEICHNIS